HELMUT TEICHMANN

Rechtsprobleme bei Mehrwegverpackungen

Münsterische Beiträge zur Rechtswissenschaft

Herausgegeben im Auftrag der Rechtswissenschaftlichen Fakultät
der Westfälischen Wilhelms-Universität in Münster durch die Professoren
Dr. Hans-Uwe Erichsen Dr. Helmut Kollhosser Dr. Jürgen Welp

Band 43

Rechtsprobleme bei Mehrwegverpackungen

Von

Helmut Teichmann

Duncker & Humblot · Berlin

CIP-Titelaufnahme der Deutschen Bibliothek

Teichmann, Helmut:
Rechtsprobleme bei Mehrwegverpackungen / von Helmut Teichmann. — Berlin: Duncker u. Humblot, 1990
(Münsterische Beiträge zur Rechtswissenschaft; Bd. 43)
Zugl.: Münster, Univ., Diss., 1988/89
ISBN 3-428-06834-3
NE: GT

D 6

Druck: Druckerei Gerike GmbH, Berlin 36
Printed in Germany

ISSN 0935-5383
ISBN 3-428-06834-3

Meiner Frau

Vorwort

Die Rechtswissenschaftliche Fakultät der Westfälischen Wilhelms-Universität hat die vorliegende Arbeit im Wintersemester 1988/89 als Dissertation angenommen. Rechtsprechung und Literatur wurden bis Mitte 1988 berücksichtigt.

Mein besonderer Dank gilt Herrn Prof. Dr. Helmut Kollhosser, Direktor des Instituts für Arbeits- und Wirtschaftsrecht der Westfälischen Wilhelms-Universität, der die Schrift angeregt, betreut und durch seine Unterstützung einen ganz wesentlichen Beitrag zur Fertigstellung geleistet hat. Dank gebührt auch den Herausgebern der „Münsterischen Beiträge zur Rechtswissenschaft" für die Aufnahme dieser Arbeit in ihre Schriftenreihe.

Münster, im November 1989

Helmut Teichmann

Inhaltsverzeichnis

2. Abschnitt

Rechtsnatur des Pfandes

3. Abschnitt

Leergutüberlassung und Schuldvertragstypen

2. Kapitel

Fässer, Gasflaschen und Säcke

1. Abschnitt

Eigentumsverhältnisse und Konkursfragen

2. Abschnitt

Schuldvertragstypen

3. Kapitel

Mehrweg-Paletten

1. Abschnitt

Definition, Arten, Funktion und Vorkommen

2. Abschnitt

Die Problematik des sog. „Palettentausches", Eigentumsverhältnisse und Schuldvertragstypen

3. Abschnitt

Die Problematik der verspäteten Rücklieferung und der Nichtrücklieferung von Leerpaletten

4. Abschnitt

Schadensfälle

4. Kapitel

Container

1. Abschnitt

Definition, Arten, Funktion und Vorkommen

2. Abschnitt

Eigentumsverhältnisse und Schuldvertragstypen

3. Abschnitt

Schadensfälle

Abkürzungsverzeichnis

Aktz.	Aktenzeichen
AO	Anordnung
BIC	Bureau International des Containers (Paris)
bspw.	beispielsweise
Combidoc	Combined Transport Document
CTO	Combined Transport Operator
eGmbH	eingetragene Genossenschaft mit beschränkter Haftung
Einl.	Einleitung
engl.	englisch
EPP	Europäischer Paletten-Pool
FBL	FIATA Combined Transport Bill of Lading
FIATA	Fédération Internationale des Associations des Transporteurs et Assimilés (Internationaler Spediteurverband)
FS	Festschrift
gem.	gemäß
GDB	Genossenschaft Deutscher Brunnen eGmbH
H.S.	Halbsatz
IATA	International Air Transport Association
MTO	Multimodal Transport-Operator
o. Verf.	ohne Verfasser
PBS	Palettenbegleitschein
pVV.	positive Vertragsverletzung
RAL	Ausschuß für Lieferbedingungen und Gütesicherung beim Rationalisierungkuratorium der Deutschen Wirtschaft
Rico	Internationale Ordnung für die Beförderung von Behältern (Containern)
TD	Transport-Dienst (Jahr und Nummer)
Überbl.	Überblick
UIC	Union Internationale des Chemins de Fer (Internationaler Eisenbahnverband)
USL	Unternehmensberatung Spedition und Lagerei GmbH
Ziff.	Ziffer

Aufgeführt sind nur solche Abkürzungen, die nicht im Kirchner, Hildebert, Abkürzungsverzeichnis der Rechtssprache, 3. Auflage, Berlin 1983, sowie im Duden, Rechtschreibung der deutschen Sprache und der Fremdwörter, 19. Auflage, Mannheim, Wien, Zürich 1986, enthalten sind.

Einleitung

Ein verstärktes Umweltbewußtsein, einhergehend mit der Einsicht in der Bevölkerung und in Wirtschaftskreisen, daß die Rohstoffressourcen nicht unerschöpflich sind, haben Mehrwegverpackungen in jüngerer Zeit wieder in den Vordergrund der Diskussion gerückt. Obwohl die wirtschaftliche Bedeutung der einzelnen Mehrwegverpackungen heute schon immens ist — so sind z. B. Euro-Paletten im Handel und Transportwesen unverzichtbar und Container sind im Überseeverkehr das Ladehilfsmittel schlechthin — und noch weiter zunehmen wird, ist die Rechtslage beim Umgang mit den Emballagen in vielen Fragen unklar. Das ist insofern unbefriedigend, als den einzelnen Verpackungen ein hoher Wert zukommen kann. Dies gilt nicht nur für Container, die in Spezialausführungen bis zu 40.000 DM kosten, sondern auch für Mehrwegflaschen und -flaschenkästen oder -paletten, sofern diese in großen Beständen gelagert werden. Bei der Lösung der einzelnen Rechtsfragen ist schwerpunktmäßig Gewicht darauf gelegt worden, wie die am Umgang mit den Emballagen Beteiligten diese tatsächlich handhaben. Auffallend oft ergab sich hieraus eine Rechtslage, die im Widerspruch steht zu den heute weitverbreiteten und im Wortlaut nahezu identischen Allgemeinen Geschäftsbedingungen, aufgrund derer die Überlassung von Mehrwegverpackungen vereinbart werden.

1. Kapitel

Mehrwegflaschen und -flaschenkästen

Im Getränkehandel der Bundesrepublik Deutschland lassen sich drei Typen von Mehrwegflaschen und -flaschenkästen unterscheiden. Es handelt sich dabei um individualisierte Mehrwegflaschen und -flaschenkästen eines einzelnen Herstellers, individualisierte Mehrwegflaschen und -flaschenkästen einer geschlossenen Herstellergruppe und um nicht-individualisierte Mehrweg-Einheitsflaschen und Mehrweg-Einheitsflaschenkästen[1].

Im folgenden werden die Rechtsprobleme für die unterschiedlichen Leerguttypen getrennt untersucht.

1. Abschnitt

Eigentumsverhältnisse und Konkursfragen

A. Eigentumsverhältnisse und Konkursfragen bei individualisierten Mehrwegflaschen und -flaschenkästen eines einzelnen Herstellers

Dieser Typus von Leergut weist eine spezielle Gestaltung und / oder unveränderliche Kennzeichnung auf, die direkt und unverwechselbar auf einen bestimmten Hersteller hinweist. Bei Flaschenkästen geschieht dies durch eine besondere Farbgebung und regelmäßig durch den deutlich sichtbaren Herstelleraufdruck[2]. Bei Flaschen können Form, Farbe und Material unverwechselbar den Hersteller bestimmen. Vielfach wird auch der Firmenname oder ein Kürzel in die Flaschen eingraviert[3].

---

[1] Termini nach Kollhosser / Bork, BB 1987, 909ff. Ebenso Baur, Der Mineralbrunnen 1981, 264. Baur kritisiert die ungenaue Verwendung einschlägiger Begriffe — insbesondere den der „Einheitsflasche“ — in Rechtsprechung und Literatur.

[2] Als Beispiel seien die Kästen für die 0,33l-Bierflaschen der Brauereien Warsteiner, König und Krombacher genannt.

[3] Als Beispiel seien die grünen 0,7l-Flaschen des Heilwasserabfüllers „Fachinger“ genannt, die mit einer Bodeneinprägung „F“ versehen sind. Diese Flaschen waren mit den dazugehörigen Kästen Streitgegenstand der sog. „Fachinger-Entscheidung“ des OLG Köln, ZIP 1980, 1096.

I. Eigentumsverhältnisse

Es ist davon auszugehen, daß der Getränkehersteller mit dem Ankauf des Leerguts auch das Eigentum daran erwirbt. Nach der Abfüllung erlangen auf der Händlerebene zunächst Zwischen-, Groß- oder Einzelhändler und schließlich der Verbraucher Besitz am Leergut. Zu untersuchen ist, ob der Hersteller durch die Weitergabe der Flaschen und Kästen neben dem Besitz auch das Eigentum verliert, gegebenenfalls, auf welcher Vertriebsstufe dies passiert.

1. Ebene Hersteller — Zwischenhändler[4]

Im tatsächlichen Bereich spielt sich das Verhältnis zwischen Hersteller und Händler wie folgt ab:

Die Hersteller schließen mit den Händlern Lieferverträge auf der Grundlage Allgemeiner Geschäftsbedingungen (AGB)[5], in denen sich die Hersteller das Eigentum am Leergut vorbehalten[6]. Für jeden Händler wird ein sog. „Leergutkonto" und häufig auch ein „Leergutgeldkonto" geführt. Auf letzterem werden die Pfandgelder[7] registriert, die der Händler gleichzeitig mit der Warenrechnung, allerdings von dieser getrennt ausgewiesen, an den Hersteller zahlt. Auf dem „Leergutkonto" dagegen wird das hingegebene und zurückgenommene Leergut mengenmäßig festgehalten. Über den Saldo wird periodisch, häufig aber erst bei Lösung des Vertragsverhältnisses abgerechnet.

Weil der Hersteller im allgemeinen eine Vielzahl von Händlern beliefert, ist so gut wie sicher, daß er von keinem dieser Händler ausschließlich die Flaschen und Kästen zurückerhält, die er ihm vorher geliefert hat. Anders wäre es, wenn ein Hersteller nur an einen Händler liefert und nur dieser die Flaschen an die Endverbraucher abgibt[8]. Da dieses Leergut aber unverwechselbar gekennzeich-

---

[4] Soweit der Hersteller ohne Einschaltung eines Zwischenhändlers direkt an Groß- oder Einzelhändler liefert, was nicht unüblich ist, gilt das hier Gesagte entsprechend. Der Getränkezwischenhandel ist hier als ein besonderer Zweig des Getränkegroßhandels zu verstehen. Er zeichnet sich dadurch aus, daß er Getänkeprodukte in Massen an- und verkauft und eine große Sortenvielfalt inländischer regionalfremder und ausländischer Produkte anbietet. Teilweise kommt es auch vor, daß die Getränkehersteller ihre Produkte in Containern liefern und diese erst von den Zwischenhändlern in Flaschen abgefüllt werden.

[5] Die AGB sind häufig überschrieben mit „Allgemeine Lieferungs- und Zahlungsbedingungen".

[6] Vgl. nur OLG Köln, ZIP 1980, 1096. Rechnungsformulare enthielten die Klausel: „Emballagen bleiben Eigentum der Lieferfirma".

[7] In ihrer Höhe entsprechen die vom Händler gezahlten Pfandbeträge regelmäßig dem Betrag, den letztendlich auch der Verbraucher als „Pfand" bei dem Händler entrichtet. Teilweise erheben die Hersteller von den Händlern aber auch Beträge bis zur Höhe der Wiederbeschaffungskosten für neues Leergut, die den normalen Pfandbetrag erheblich übersteigen (Vgl. den Sachverhalt der Entscheidung des BFH vom 7.5.1987, BB 1987, 1376).

net ist, läuft es stets zum Hersteller zurück. Die jeweiligen Händler müssen allerdings zusehen, daß auf den Leergutkonten keine Sollsalden entstehen. Andernfalls laufen sie Gefahr, daß die Pfandgelder vom Hersteller nicht zurückgezahlt werden oder daß gar das nicht zurückgelieferte Leergut ihnen — laut Vereinbarung in den Allgemeinen Geschäftsbedingungen (AGB) des Herstellers — zum Wiederbeschaffungspreis in Rechnung gestellt wird, der beträchtlich höher ist als der vom Verbraucher einbehaltene Pfandbetrag[9].

Rechtlich läßt sich zur Eigentumsfrage hieraus feststellen:

Ein Eigentumsübergang am Leergut vom Hersteller auf den Zwischenhändler könnte sich rechtsgeschäftlich durch Einigung und Übergabe nach § 929 S. 1 BGB bei Lieferung der Ware vollziehen. Die Einigung ist ein auf Eigentumsübergang gerichteter dinglicher Vertrag[10], wobei das Angebot die Erklärung und damit den Willen des Veräußerers beinhalten muß, daß das Eigentum übergehen soll[11]. Gerade dieser Wille fehlt aber dem Getränkehersteller, was durch den „Eigentumsvorbehalt"[12] in seinen AGB dem Händler gegenüber eindeutig zum Ausdruck gebracht wird. Folglich kann der Händler die Lieferung der Flaschen und Kästen nicht als Angebot des Herstellers zur Übereignung derselben nach § 929 S. 1 BGB verstehen[13]. Ein rechtsgeschäftlicher Eigentumsübergang liegt demnach bei Lieferung der Ware nicht vor[14].

Ein anderes Ergebnis läßt sich nicht daraus ableiten, daß der Hersteller vom Händler nicht die speziell ausgelieferten Flaschen und Kästen zurückfordert, sondern nur solche gleicher Art, Güte und Menge. Das Vorliegen einer gattungsmäßig ausgestalteten Rückgabepflicht ist — wie sich noch zeigen wird[15]

---

[8] Baur, ZIP 1980, 1101 (Anm. zu OLG Köln, ZIP 1980, 1098).

[9] Vgl. nur Schäfer / Schäfer, ZIP 1983, 656. Zur Problematik der sog. „Wiederbeschaffungspreis-Klausel" in den AGB, siehe unten, 4. Abschnitt, A.

[10] Siehe nur Palandt-*Bassenge*, § 929 Anm. 2 a.

[11] Müko-*Quack*, § 929 Rz. 73.

[12] Die Formulierung in den Hersteller-AGB, daß Leergut im Eigentum des Herstellers verbleibe, wird gemeinhin als „Eigentumsvorbehalt" bezeichnet. Wie Kollhosser / Bork (BB 1987, 909 Fn. 3) richtigerweise ausführen, ist die Begriffsverwendung mißverständlich und nicht mit einem „Eigentumsvorbehalt" i. S. von § 455 BGB identisch. Denn im Falle des § 455 BGB soll der Käufer „nach Zahlung des Kaufpreises Eigentümer werden, was bei den Mehrwegverpackungen durch die entsprechenden Klauseln gerade verhindert werden soll." Ebenso, nur mit anderer Begründung, Oertmann, LZ 1918, Sp. 479 (480).

[13] OLG Köln, ZIP 1980, 1096 (1097); Kollhosser / Bork, BB 1987, 909 (912); Schäfer / Schäfer, ZIP 1983, 656 (658 f.).

[14] Dieses Ergebnis wird noch dadurch gestützt, daß es den Zwischenhändlern regelmäßig am Erwerbswillen fehlt. Das wird deutlich anhand von Einkaufsbedingungen des Getränkefachgroßhandels, die als Konditionenkartell (§ 2 GWB) beim Bundeskartellamt angemeldet werden sollen und von der Interessenvertretung der Getränkegroßhändler — dem Bundesverband des Deutschen Bier- und Getränkefachgroßhandels e.V. — entworfen worden sind. Darin heißt es: „Den Eigentumsvorbehalt des Lieferanten an Leergut und an Paletten erkennt der Händler an".

[15] Siehe unten, 3. Abschnitt B I, II.

— nicht zwingend für die Annahme, die Parteien hätten bezüglich des Leerguts einen Darlehnsvertrag geschlossen und damit in Wirklichkeit einen Eigentumsübergang vereinbart[16].

Die verabredete Gattungsschuld widerspricht dem hier gefundenen Ergebnis schon deswegen nicht, weil die ganze Gattung bei diesem Leerguttypus nur einem einzigen Hersteller und nicht mehreren zugeordnet ist. Das hat zur Folge, daß der „Eigentumsvorbehalt" zugunsten der ganzen Gattung zu wirken vermag. Und das ist zugleich der Grund dafür, warum auch ein Verlust des Alleineigentums des Herstellers kraft Gesetzes gem. §§ 947 I, 948 I BGB für den Fall außer Betracht zu bleiben hat, in dem sich beim Rücklauf des Leerguts Flaschen und Kästen unterschiedlicher Herkunft im Lager des Zwischenhändlers ansammeln. Von einer „Vermengung" i. S. von § 948 I BGB läßt sich nämlich nur dann sprechen, wenn die Sachen nicht mehr als einzelne dem bisherigen Alleineigentümer zuzuordnen sind[17]. Dies ist jedoch bei diesem Leerguttypus gerade nicht der Fall, denn die Herkunft von einem bestimmten Hersteller kann aufgrund der unveränderlichen Kennzeichen verwechslungsfrei jederzeit festgestellt werden[18], so daß die Flaschen und Kästen aussonderbar bleiben.

Auf der Ebene Hersteller — Zwischenhändler verbleibt dem Hersteller somit das Eigentum am Leergut[19].

2. Ebene Zwischenhändler — Groß- oder Einzelhändler

Wie die Hersteller erheben auch die Zwischenhändler von ihren Abnehmern Pfandgelder für das Leergut und führen für diese regelmäßig „Leergutkonten" und „Leergutgeldkonten". Den „Eigentumsvorbehalt" des Herstellers am

---

16 So aber in der Argumentation bei sog. „Brunneneinheitsleergut" (siehe unten, B): OLG Köln, ZIP 1980, 1098 (1100) und LG Darmstadt, ZIP 1980, 113 (114).

17 Siehe nur Palandt-*Bassenge*, § 948 Anm. 1.

18 Ebenso: BGH, GRUR 1957, 84 (85) = BGH, LM Nr. 27 zu § 1004 BGB; OLG Köln, ZIP 1980, 1096 (1097).

19 A. A. OLG Celle, BB 1967, 778, das den Eigentumsübergang von besonders gekennzeichneten Holzflaschenkästen auf den Händler annimmt. Allerdings lag dieser Entscheidung ein besonderer Sachverhalt zugrunde. Das Gericht stellte fest, daß die betreffenden Brauereien gar nicht auf die Rückgabe der mit ihren Firmenzeichen versehenen Kästen bestanden, sondern sich ebenso mit der Rückgabe von Kästen anderer Brauereien zufrieden gaben. Diese „Fremdkästen" verwendeten die Brauereien bei der weiteren Ausgabe von Flaschenbier wie eigene Kästen. Das OLG Celle bestätigt das hier gefundene Ergebnis, wenn es ausführt, daß die Kennzeichnung von Leergut, verbunden mit dem „Eigentumsvorbehalt", auf den Willen der Brauereien schließen lasse, daß „Eigentum an den Kästen bei ihrer Übergabe an den Kunden nicht aufzugeben, sondern zu behalten". Die Tatsache jedoch, daß die Brauereien „Fremdkästen" wie eigene behandelten, führte das Gericht folgerichtig zu dem Schluß, daß „dieses Verhalten mit ihrem ursprünglichen Willen, das Eigentum an den Kästen bei Ausgabe an den Abnehmer zu behalten, rechtlich schlechterdings unvereinbar" ist. Insoweit zustimmend Kollhosser / Bork, BB 1987, 909 (915 Fn. 54).

Leergut geben die Zwischenhändler mittels eigener AGB vielfach an ihre Abnehmer weiter.

Ein rechtsgeschäftlicher Eigentumserwerb am Leergut durch die Groß- oder Einzelhändler kommt nur durch einen redlichen Erwerb nach § 932 BGB in Betracht. Dies folgt daraus, daß der Zwischenhändler selber nicht Eigentümer des Leerguts wird und daher allenfalls als „Nichtberechtigter" verfügen könnte, denn eine Ermächtigung zur Weiterverfügung im Sinne von § 185 I BGB seitens des Herstellers liegt nicht vor. Neben der Redlichkeit des Erwerbers setzt § 932 BGB zunächst eine Einigung mit dem Veräußerer gem. § 929 S. 1 BGB voraus. Soweit der Zwischenhändler den „Eigentumsvorbehalt" des Herstellers mittels ausdrücklicher Erklärung in seinen AGB weitergibt, können die Abnehmer die Lieferung der Ware nicht als Angebot zur Eigentumsübertragung des Leerguts verstehen. Eine Einigung gem. § 929 S. 1 BGB liegt dann nicht vor[20].

Für den (praktisch seltenen) Fall, in dem der Zwischenhändler den „Eigentumsvorbehalt" des Herstellers nicht weitergibt, könnte eine Einigung nur dann bejaht werden, wenn sich aus den Gesamtumständen die schlüssige Erklärung des Zwischenhändlers entnehmen ließe, auch das Eigentum am Leergut übertragen zu wollen.

Hiergegen spricht zunächst die individuelle Kennzeichnung des Leerguts. Aus der Sicht der Groß- oder Einzelhändler kann die Verwendung von gekennzeichnetem Leergut nur den Zweck verfolgen, es von dem Leergut anderer Hersteller unterscheidbar zu halten, um so einen reibungslosen Rücklauf der Flaschen und Kästen über den Zwischenhändler zum Hersteller zu gewährleisten. Dieser Zweck wäre zumindest gefährdet, wenn auf einer rangniederen Vertriebsstufe dem Hersteller das Eigentum verlorenginge. Die individuelle Kennzeichnung von Flaschen und Kästen läßt demnach für die Abnehmer des Zwischenhändlers das Interesse und damit auch den Willen des Herstellers erkennbar werden, das Eigentum am Leergut zu behalten. Dies erkennen die Groß- oder Einzelhändler zudem daran, daß der Zwischenhändler von ihnen Pfandgelder einbehält. Auch hier ist das erstrebte Ziel, die Rückführung des Leerguts über den Zwischenhändler an den Hersteller sicherzustellen. Daß die Groß- oder Einzelhändler dieses Ziel fördern wollen, zeigt die Tatsache, daß sie selber von den Verbrauchern Pfandgelder erheben und damit eine sogenannte „geschlossene Pfandregelung"[21] — vom Hersteller zum Verbraucher — aufzubauen helfen. Erkennen die Abnehmer des Zwischenhändlers aber an der Kennzeichnung und der Pfandnahme das Interesse und den Willen des Herstellers, das Eigentum am Leergut zu behalten, so können sie die Anlieferung der Ware nicht als Angebot zur Eigentumsübertragung verstehen.

Gegen einen Eigentumserwerb der Groß- oder Einzelhändler läßt sich zusätzlich anführen, daß bei diesen kein Interesse an einem Eigentumserwerb

---

[20] Vgl. oben, I 1.

[21] OLG Köln, ZIP 1980, 1096 (1097).

besteht[22]. Ihr Interesse erschöpft sich darin, von den Verbrauchern genügend Leergut zurückzubekommen, um dieses an die Zwischenhändler weiterzuleiten und damit der Gefahr vorzubeugen, für nicht zurückgeliefertes Leergut den Wiederbeschaffungspreis entrichten zu müssen. Dieses Interesse der Groß- oder Einzelhändler würde aber nicht dadurch gefördert, daß sie das Eigentum am Leergut erwerben. Der für diesen Fall bestehende dingliche Herausgabeanspruch auf Leergut gegen die Verbraucher aus § 985 BGB wäre nämlich nicht durchsetzbar. Denn zum einen könnte der Händler den Herausgabepflichtigen gar nicht bestimmen, da er den Verbraucher regelmäßig nicht kennt. Und zum anderen ist der Verbraucher nicht verpflichtet, Leergut bei einem bestimmten Händler einzutauschen, sondern kann das bei jedem Händler vornehmen, der auch die Getränkemarke verkauft. Ebenso wären deliktsrechtliche Ansprüche wegen schuldhafter Eigentumsverletzung oder Ansprüche aus §§ 989, 990 BGB[23] gegen den Verbraucher für den Händler ohne Wert, da sie niemals mit Erfolg geltend gemacht werden können.

Somit ergibt sich aus den Gesamtumständen keine schlüssige Erklärung des Zwischenhändlers dahingehend, das Eigentum am Leergut auf seine Abnehmer übertragen zu wollen[24]. Daher ist auch für den Fall, in dem der Zwischenhändler den „Eigentumsvorbehalt" des Herstellers nicht weitergibt, eine Einigung nach § 929 S. 1 BGB nicht anzunehmen.

Aber selbst wenn eine Einigung vorläge, würde ein Erwerb der Groß- oder Einzelhändler daran scheitern, daß diese nicht redlich im Sinne von § 932 BGB wären[25]. Denn wegen der besonderen Kennzeichnung des Leerguts und der Tatsache, daß sie als Kaufleute von dem „Eigentumsvorbehalt" des Herstellers gegenüber dem Zwischenhändler Kenntnis haben, würden die Groß- oder Einzelhändler stets bösgläubig im Sinne von § 932 II BGB handeln.

Dem Hersteller verbleibt demnach auch auf dieser Stufe des Vertriebs das Eigentum an den Flaschen und Kästen. Denkbar wäre jetzt noch ein Eigentumsverlust auf der Ebene Händler — Verbraucher.

3. Ebene Händler[26] — Verbraucher

Im tatsächlichen Bereich sieht das Verhältnis zwischen Händler und Verbraucher so aus, daß Flascheninhalt und Leergut getrennt abgerechnet werden. Für das Leergut zahlt der Verbraucher in bar ein Pfandgeld, das auf den Kaufpreis für den Flascheninhalt aufgeschlagen und bei Rückgabe erstattet wird. Der

---

[22] OLG Köln, ZIP 1980, 1096 (1097).

[23] Hierzu BGH, LM Nr. 2 zu § 989 BGB.

[24] Kollhosser/Bork, BB 1987, 909 (912); Schäfer/Schäfer, ZIP 1983, 656 (658).

[25] BGH, GRUR 1957, 84 (85) = BGH, LM Nr. 27 zu § 1004 BGB.

[26] Hierbei macht es keinen Unterschied, ob es sich um Groß- oder Einzelhändler handelt.

Verbraucher ist, wie schon festgestellt[27], nicht verpflichtet, das Leergut gerade bei dem Händler einzutauschen, bei dem er das Vollgut gekauft hat.

Für die rechtliche Würdigung ergibt sich hieraus folgendes:

Da der Hersteller das Eigentum an Flaschen und Kästen nicht an die Händler verliert und diese auch nicht zur Weiterverfügung gem. § 185 I BGB ermächtigt sind, kommt nur ein redlicher Erwerb des Verbrauchers nach § 932 BGB in Betracht. Dieser setzt zunächst eine Einigung der Parteien gem. § 929 S. 1 BGB voraus. Ausdrücklich treffen Händler und Verbraucher keine Vereinbarung über den Eigentumserwerb bezüglich des Leerguts. Zu prüfen ist allenfalls, ob sich aus den Gesamtumständen dahingehende schlüssige Erklärungen der Parteien entnehmen lassen. Dem Händler fehlt es aber schon am Willen, das Leergut auf seine Kunden zu übertragen. Der Händler hat nämlich durchaus ein Interesse daran, das Leergut von den Verbrauchern zurückzubekommen. Dagegen kann nicht eingewendet werden, daß dieses Interesse als gering einzuschätzen sei, weil dem Händler von seinem Lieferanten für nicht zurückgegebenes Leergut nur der Wert in der Höhe berechnet werde, den er von den Verbrauchern als „Pfand" einbehält[28]. Bei dieser Argumentation bleibt außer acht, daß der Händler nach den AGB der Getränkehersteller und der Zwischenhändler für nicht zurückgeliefertes Leergut auf den Wiederbeschaffungswert haftet, der beträchtlich höher ist als der vom Verbraucher einbehaltene Pfandbetrag. Wenn der Händler aber weiß, daß er selber rücklieferungspflichtig ist und sogar den Wiederbeschaffungswert bei Nichtrückgabe zu ersetzen hat, kann ein Übertragungswille nicht angenommen werden. Denn ein Eigentumserwerb durch den Verbraucher würde den Interessen des Händlers zuwiderlaufen.

Aber selbst wenn man einen Übertragungswillen des Händlers annehmen würde, wäre dieser bei objektiver Betrachtungsweise für den Verbraucher nicht erkennbar, weil das Leergut individuell gekennzeichnet ist und ein Pfandbetrag erhoben wird. Aus der Sicht des Verbrauchers dient nämlich die Kennzeichnung dazu, zu gewährleisten, daß das Leergut auch an den Hersteller zurückläuft, der es abgefüllt hat. Im Zusammenhang mit der Pfandnahme, die allgemein üblich ist und deren „Bedeutung jeder Verbraucher kennt"[29], wird ihm ersichtlich, daß Leergut nur gebrauchsweise überlassen wird und folglich zurückzugeben ist[30]. Weiß der Verbraucher aber, daß er das Leergut zurückgeben muß, so kann er nicht annehmen, daß ihm der Händler das Eigentum daran verschaffen will[31]. Zudem ist festzustellen, daß die Interessenlage des Verbrauchers einen Eigen-

---

[27] Siehe oben, I 2.

[28] So aber Martinek, JuS 1987, 514 (521).

[29] Schäfer/Schäfer, ZIP 1983, 656 (658).

[30] BGH, GRUR 1957, 84 (85); OLG Köln, ZIP 1980, 1096 (1097); Baur, Der Mineralbrunnen 1981, 264; derselbe, ZIP 1980, 1101 f.; Kollhosser/Bork, BB 1987, 909 (911); Schäfer/Schäfer, ZIP 1983, 656 (658).

[31] Vgl. Schäfer/Schäfer, ZIP 1983, 656 (658).

tumserwerb gar nicht verlangt. Er ist allein bestrebt, nach dem Verbrauch des Flascheninhalts das Leergut alsbald zurückzugeben, um bei weiteren Käufen nicht erneut ein „Pfand" bezahlen zu müssen. Hierin läßt sich ein auf den Eigentumserwerb zielendes Interesse nicht erkennen[32]. Das OLG Köln zieht daraus folgerichtig den Schluß, daß der Verbraucher sich „lediglich als vorübergehender Besitzer betrachtet" und sich „um die sachenrechtliche Zuordnung in der Regel keine Gedanken macht, auch nicht im Sinne einer Parallelwertung in der Laiensphäre"[33].Eine Einigung nach § 929 S. 1 BGB kommt somit nach wohl einhelliger Auffassung[34] zwischen Händler und Verbraucher nicht zustande.

Aber selbst wenn man eine Einigung aufgrund schlüssiger Erklärungen annähme oder Händler und Verbraucher sich sogar ausdrücklich geeinigt hätten, scheitert ein Eigentumserwerb des Verbrauchers nach § 932 BGB daran, daß dieser nicht gutgläubig i. S. von § 932 II BGB ist. Die Kennzeichnung des Leerguts für einen bestimmten Hersteller und die Regelung der „Pfandnahme" lassen den Verbraucher erkennen, daß die Flaschen und Kästen „zur Wiederverwendung durch den Hersteller bestimmt und deshalb auch bei seinem Vertragspartner nur Durchlaufposten sind"[35]. Erkennt er dies aber, kann er nicht davon ausgehen, der Händler verfüge als Eigentümer über das Leergut. Der Verbraucher wäre folglich „bösgläubig" im Sinne von § 932 II BGB[36].

Somit erwirbt auch der Verbraucher beim Kauf des Vollguts vom Händler kein Eigentum an den Flaschen und Kästen.

4. Zwischenergebnis

Bei individualisierten Mehrwegflaschen und -flaschenkästen eines einzelnen Herstellers behält dieser das Eigentum am Leergut auf jeder Stufe des Vertriebs.

II. Auswirkungen im Konkurs

Wirtschaftliche Bedeutung erlangt die Konkursproblematik insbesondere im Konkurs von Zwischen- und Großhändlern, da sich beim Rücklauf der Flaschen und Kästen vom Verbraucher zum Hersteller bei diesen erhebliche Mengen an Leergut ansammeln können[37].

---

32 Kollhosser / Bork, BB 1987, 909 (911).

33 OLG Köln, ZIP 1980, 1096 (1097); zustimmend Kollhosser / Bork, BB 1987, 909 (911).

34 Siehe unter Fn. 30.

35 Schäfer / Schäfer, ZIP 1983, 656 (659)

36 BGH, GRUR 1957, 84 (85); OLG Köln, ZIP 1980, 1096 (1097); OLG München, GRUR 1980, 1010 (1011); Baur, Der Mineralbrunnen 1981, 264; Kollhosser / Bork, BB 1987, 909 (912); Schäfer / Schäfer ZIP, 1983, 656 (659).

37 Vgl. OLG Köln, ZIP 1980, 1098. Streitgegenstand waren hier 5994 Kästen mit je 12 Flaschen. Diese hatten einen Pfandwert von nahezu 40.000 DM.

Auf den ersten Blick scheint der Hersteller an einer Aussonderung des Leerguts kein Interesse zu haben. Er hat sich nämlich insofern abgesichert, als die AGB in den Lieferverträgen mit den Herstellern einen Verfall der Pfandgelder bei Nichtrückgabe der Flaschen und Kästen vorsehen. Jedoch decken die Pfandgelder in der Regel nur 1/3 bis 2/3 des jeweiligen Neuwertes des Leerguts[38]. Diese Tatsache macht es nur zu verständlich, daß die Hersteller sehr wohl ein Aussonderungsinteresse haben.

Ein Aussonderungsanspruch im Sinne von § 43 KO erwächst dem Hersteller aus dem ihm auf allen Vertriebsstufen verbliebenen Eigentum am Leergut. Im Konkurs eines Händlers kann der Hersteller daher den Herausgabeanspruch aus § 985 BGB erheben. Diesem Anspruch steht nicht entgegen, daß sich das Aussonderungsrecht stets nur auf individuell bestimmte oder einwandfrei bestimmbare Gegenstände erstrecken kann[39]. Denn dies ist bei diesem Leerguttypus wegen seiner besonderen Kennzeichnung ja gerade der Fall.

B. Eigentumsverhältnisse und Konkursfragen bei individualisierten Mehrwegflaschen und -flaschenkästen einer geschlossenen Herstellergruppe

Dieser Typus von Leergut verweist durch eine besondere Kennzeichnung nicht auf einen einzelnen Hersteller, sondern auf eine geschlossene Herstellergruppe. Als Beispiel hierfür seien die sog. Brunneneinheitsflasche und der Brunneneinheitskasten der deutschen Mineralwasserhersteller (Mineralbrunnen) angeführt. Die jedem Verbraucher bekannten Flaschen, eine 0,7l-Flasche aus Weißglas[1] und eine 0,75l-Flasche aus dunkelgrünem Glas, tragen im mittleren Bereich ringförmig verlaufend die eingeblasene Beschriftung „Leihflasche Deutscher Brunnen". An gleicher Stelle, innerhalb der Konturen eines stilisierten Brunnens, findet sich die Einprägung „GDB", wobei es sich um eine Abkürzung des Warenzeichens der „Genossenschaft Deutscher Brunnen eGmbH" handelt. Auch die in den Farben braun und hellblau vorkommenden Brunneneinheitskästen tragen das vorgenannte Warenzeichen und zudem die eingeprägte Inschrift „Leihkasten Deutscher Brunnen". Die im „Verband Deutscher Mineralbrunnen e.V."[2] zusammengeschlossenen Mineralwasserher-

[38] Schäfer/Schäfer, ZIP 1983, 656; ebenso: Dürkes, BB 1956, 25 (26); Kollhosser/Bork, BB 1987, 909 (915).

[39] RGZ 94, 191 (194); BGHZ 58, 257 (258); Mentzel/Kuhn/Uhlenbruck, KO, § 43 Rz. 3.

[1] Vgl. die exakte Beschreibung der Flasche bei OLG München, GRUR 1980, 1010 und OLG Köln, ZIP 1980, 1098.

[2] Mitglied des Verbandes Deutscher Mineralbrunnen e.V. kann nach dessen Satzung jedes selbständige Unternehmen werden „auf dessen Quellenvorkommen die Voraussetzungen von § 2 oder von § 3 in Verbindung mit § 7 (5) der Verordnung über Tafelwässer vom 12. Nov. 1934 in der Fassung vom 11. Feb. 1983 (RGBL I, 199) zutreffen und das in seiner Betriebsführung und -einrichtung die Gewähr für eine einwandfreie Abfüllung von Brunnenerzeugnissen bietet".

steller sind gleichzeitig Genossen der GDB. Gegenstand dieses Unternehmens ist nach § 1 ihrer Satzung[3] in der Fassung vom 16.04.1978 u.a.:

„a) die Entwicklung, Herstellung und der Großhandel mit allen für die Mitgliedsbetriebe zur Herstellung und zum Vertrieb benötigten Waren, Produktionsmittel, Hilfs- und Betriebsstoffen,

b) die Wahrung der Interessen der Mitglieder an einem lauteren Wettbewerb im Verkehr mit Brunneneinheits-Kunststoffkästen und Brunneneinheits-Flaschen.

c) Herstellung und Vertrieb alkoholfreier Getränke durch die Mitglieder nach den Vorschriften der Genossenschaft unter gemeinsamen Verbands- und Warenzeichen."

Für den Verkehr mit dem Brunneneinheitsleergut hat die Generalversammlung der Genossenschaft Verwendungsbestimmungen beschlossen. In denen für die Brunneneinheitsflasche heißt es u. a.:

„II. Die Beteiligung am Verkehr mit dieser Brunneneinheitsflasche steht jedem Mitglied des Verbandes Deutscher Mineralbrunnen e.V. frei, das diese Verwendungsbestimmungen durch eine verbindliche schriftliche Erklärung gegenüber der Genossenschaft Deutscher Brunnen eGmbH anerkennt (Beteiligter). Diese Brunneneinheitsflasche ist ausschließlich unter den Beteiligten frei verkehrbar. Diese freie Verkehrbarkeit darf unter den Beteiligten nicht beeinträgtigt werden.

III. Die Übertragung des Eigentums oder sonstiger dem Eigentum verwandter Rechte an dieser Brunneneinheitsflasche auf Nichtbeteiligte oder die Überlassung zur Befüllung durch diese ist unzulässig...

IV. Die Beteiligten bevollmächtigen die Genossenschaft Deutscher Brunnen eGmbH, ihre Rechte aus dem Eigentum an diesen Brunneneinheitsflaschen im eigenen Namen der Genossenschaft Deutscher Brunnen eGmbH mit Wirkung für und gegen sich gegenüber jedem Nichtbeteiligten geltend zu machen."

Ob der genossenschaftliche Zusammenschluß der deutschen Mineralbrunnen Auswirkungen auf die Eigentumsverhältnisse am Brunneneinheitsleergut hat, wird im folgenden zu prüfen sein.

---

[3] Vgl. hierzu und zum folgenden OLG München, GRUR 1980, 1010.

I. Eigentumsverhältnisse

1. Ebene Hersteller — Zwischenhändler[4]

Im tatsächlichen Bereich schließen die Mineralbrunnen mit ihren Abnehmern Verträge, in denen sie sich mittels AGB das Eigentum am Leergut vorbehalten[5]. Auch werden für die einzelnen Händler „Leergutkonten" und „Leergutgeldkonten" geführt. Eine Besonderheit besteht beim Rücklauf von Brunneneinheitsleergut. Während die für einen einzelnen Hersteller gekennzeichneten Flaschen und Kästen letztendlich immer zu demselben Hersteller zurücklaufen, der diese auch abgefüllt hat, ist das bei Brunneneinheitsleergut zum Teil nicht der Fall. Der einzelne Hersteller legt darauf auch keinen Wert, wie sich aus den Verwendungsbestimmungen der GDB (II.) entnehmen läßt, in denen die freie Verkehrbarkeit der Brunneneinheitsflasche unter den Mineralbrunnen vereinbart ist. Vielmehr ist der einzelne Hersteller lediglich daran interessiert, von seinen Händlern mengenmäßig gleich viel Brunneneinheitsleergut zu erhalten, wie er an diese ausgeliefert hat.

a) Kein rechtsgeschäftlicher Eigentumserwerb des Händlers

Für einen rechtsgeschäftlichen Eigentumsübergang nach § 929 S. 1 BGB fehlt es, wie sich an der „Eigentumsvorbehaltsklausel" in den AGB zeigt, dem Hersteller an dem für die Einigung erforderlichen Willen, das Eigentum am Leergut auf seine Abnehmer zu übertragen. Wegen dieser ausdrücklichen Erklärung faßt der Zwischenhändler die Lieferung von Ware auch nicht als Angebot des Herstellers zur Übereignung des Leerguts auf. Folglich fehlt es an der für § 929 S. 1 BGB erforderlichen Einigung. Ein rechtsgeschäftlicher Eigentumsübergang auf die Zwischenhändler erfolgt somit nicht[6], so daß dem Hersteller das Eigentum am Leergut verbleibt.

b) Die Gegenmeinung

Zu einer anderen Auffassung sind in der Rechtsprechung das OLG Köln[7] und das LG Darmstadt[8] gelangt, die trotz der „Eigentumsvorbehaltsklausel" davon

---

[4] Soweit der Hersteller ohne Einschaltung eines Zwischenhändlers direkt an einen Groß- oder Einzelhändler liefert, gilt das hier Gesagte für diese Vertragsbeziehung entsprechend.

[5] Vgl. die Klausel bei Schäfer/Schäfer, ZIP 1983, 656.

[6] OLG München, GRUR 1980, 1010 (1011 f.); OLG Karlsruhe, NJW-RR 1988, 370 (371); OLG Köln, NJW-RR 1988, 373 (375); Baumbach/Duden/Hopt, HGB, § 380 Anm. 2; Baur, Der Mineralbrunnen 1981, 264; ders., ZIP 1980, 1011 f; Fink/Rottke, Der Mineralbrunnen, 1985, 249 (250); Kollhosser/Bork, BB 1987, 909 (914); Mükо-*Kollhosser*, § 598 Rz. 22; Schäfer/Schäfer, ZIP 1983, 656 (657).

[7] OLG Köln, ZIP 1980, 1098. Soweit das Gericht den Terminus „Einheitsflasche" verwendet, sind damit Brunneneinheitsflaschen gemeint. Der sonst in Rechtsprechung und Literatur verwendete Begriff der „Einheitsflasche" (vgl. nur BGH, NJW 1956, 298;

ausgehen, daß der Hersteller sein Eigentumsrecht am Leergut bereits mit der Getränkelieferung an seine Händler verliert. Beide Gerichte halten übereinstimmend die Regelung eines „Eigentumsvorbehalts“ als mit dem wirklichen Parteiwillen nur unter zwei Voraussetzungen für vereinbar[9]: Das Leergut müsse sich durch eine hinlängliche Herkunftsbezeichnung einwandfrei von dem Leergut anderer Lieferanten unterscheiden (erste Voraussetzung) und es müsse tatsächlich möglich sein, den Verbleib gerade des konkreten, an den Händler gelieferten Leerguts jederzeit hinreichend verläßlich feststellen zu können (zweite Voraussetzung). Denn nur beim Vorliegen der letzteren Voraussetzung sei eine Verpflichtung der Abnehmer zur Rückgabe des Leerguts im Sinne einer Stückschuld überhaupt realisierbar[10].

Schon das Vorliegen der ersten Voraussetzung wird von den beiden Gerichten verneint, wenn ausgeführt wird, daß es sich bei Brunneneinheitsleergut um ein typisches Massengut handele, das alle Merkmale einer nur der Gattung nach bestimmten Warenart aufweise[11]. Darin liege ein wesentlicher Unterschied zu Flaschen und Kästen, die durch individuelle Kennzeichnung auf einen bestimmten Hersteller hinweisen. Dem stehe auch nicht entgegen, daß sich auf den Mineralwasserflaschen noch das Herstelleretikett befinde. Denn zum einen seien Etiketten eine nicht genügend dauerhafte Kennzeichnung und zum anderen vermögen sie den Flaschen auch nicht ihre Funktion als Gattungssache zu nehmen[12].

Hinter der Eingruppierung des Brunneneinheitsleerguts als typisches Massengut und damit als Gattungssache steht die Überlegung, daß spätestens beim Rücklauf des Leerguts von den Kunden zum Hersteller auf der Händlerstufe eine untrennbare Vermengung mit Flaschen und Kästen anderer Mineralbrunnen stattfindet. Diese Überlegung und die Tatsache, daß die Hersteller von ihren Händlern nicht das von ihnen gelieferte Leergut, sondern nur solches gleicher Art, Menge und Güte zurückfordern, läßt die beiden Gerichte dann auch das Vorliegen der zweiten Voraussetzung verneinen. Denn angesichts dieser Gegebenheiten könne der Abnehmer schlechterdings nicht verpflichtet gewesen sein, das Leergut so, wie er es vom Hersteller erhalten habe — also als Stückgut — an diesen zurückzugeben. Vielmehr zeige sich an der nur gattungsmäßig bestimmten Rückgabepflicht, daß der wirkliche Wille der Parteien auf eine Eigentumsübertragung schon bei Lieferung gerichtet gewesen sei. Eine entgegenstehende Klausel in den AGB sei daher mit dem Parteiwillen und den tatsächlichen Gegebenheiten unvereinbar und folglich unbeachtlich[13].

OLG Hamm, BB 1954, 1045; Staub-*Brüggemann*, § 380 Rz. 14; Müko-*Damrau* § 1204 Rz. 8) bezeichnet einen anderen Leerguttypus, der unter C. abgehandelt wird.

[8] LG Darmstadt, ZIP 1980, 113.

[9] OLG Köln, ZIP 1980, 1098 (1100); LG Darmstadt, ZIP 1980, 113 (114).

[10] LG Darmstadt, ZIP 1980, 113 (114).

[11] OLG Köln, ZIP 1980, 1098 (1100); LG Darmstadt, ZIP 1980, 113 (114).

[12] OLG Köln, ZIP 1980, 1098 (1100/1101).

c) Stellungnahme

Diese Rechtsprechung, insbesondere die Ausführungen zu den von ihr aufgestellten beiden Voraussetzungen für einen wirksamen „Eigentumsvorbehalt“ in bezug auf das Leergut, halten einer kritischen Betrachtung nicht stand.

Dabei wird zunächst die zweite Annahme untersucht, nämlich daß der Verbleib des konkret gelieferten Leerguts jederzeit kontrollierbar, die Rückgabeverpflichtung mithin auf eine Stückschuld gerichtet sein müsse[14]. Gegen diese Annahme läßt sich mit den Ergebnissen argumentieren, die für die individualisierten Flaschen und Kästen eines einzelnen Herstellers bereits gefunden wurden[15]. So ist die Rückgabeverpflichtung der Händler auch dort nur ausnahmsweise eine Stückschuld. Es ließ sich nämlich im tatsächlichen Bereich feststellen, daß der Hersteller wegen des weitverzweigten Händlernetzes nicht mit Gewißheit gerade das Leergut zurückerhält, das er einem bestimmten Händler geliefert hat. Obwohl es demnach auch beim individualisierten Leergut eines einzelnen Herstellers an einer Rückgabeverpflichtung des Händlers im Sinne einer Stückschuld fehlt, hindert das die einhellige Auffassung[16] nicht daran, anzunehmen, daß dem Hersteller das Eigentum am Leergut verbleibt. Dies zeigt, daß die „Rückgabeverpflichtung des Händlers i. S. einer Stückschuld“ eben gerade keine zwingende Voraussetzung dafür ist, einen „Eigentumsvorbehalt“ am Leergut wirksam werden zu lassen.

Des weiteren wird die vom OLG Köln und LG Darmstadt aufgestellte erste Voraussetzung — das Leergut müsse sich durch eine hinlängliche Herkunftsbezeichnung einwandfrei vom Leergut anderer Hersteller unterscheiden lassen[17] — kritisch betrachtet. Ansatzpunkt für die Kritik ist dabei nicht die aufgestellte Voraussetzung selbst. Daß das Alleineigentum des Lieferanten nämlich nur erhalten bleiben kann, soweit eine Unterscheidung zur Ware anderer Lieferanten möglich ist, folgt schon aus der zwingenden Regelung der §§ 948 I, 947 I BGB. Die Kritik richtet sich vielmehr gegen die Schlußfolgerung der von den

---

[13] OLG Köln, ZIP 1980, 1098 (1100); LG Darmstadt, ZIP 1980, 113 (114).

[14] OLG Köln, ZIP 1980, 1098 (1100); LG Darmstadt, ZIP 1980, 113 (114).

[15] Siehe oben, A I 1.

[16] BGH, GRUR 1957, 84 (85) = LM Nr. 27 zu § 1004 BGB; OLG Köln, ZIP 1980, 1096 (1097); Kollhosser / Bork, BB 1987, 909 (912).
Auffällig ist, daß das OLG Köln selber — wenn auch ein anderer Senat des Gerichts, nämlich der 13. Senat — mit seiner Entscheidung vom 08. 10. 1980 (ZIP 1980, 1096) diese Auffassung gestützt hat. Denn auch in dieser sog. „Fachinger-Entscheidung“ war dem Gericht die Geschäftspraxis bekannt, daß Händler nicht unbedingt das erhaltene Leergut zurückliefern. Bezeichnenderweise taucht die Voraussetzung der „Rückgabeverpflichtung des Händlers i. S. einer Stückschuld“, die der 21. Senat des OLG Köln wenige Tage zuvor in seiner Entscheidung vom 30. 09. 1980 (ZIP 1980, 1098) aufgestellt hat, in den Entscheidungsgründen der sog. „Fachinger-Entscheidung“ gar nicht erst auf. Der 13. Senat stützt seine Entscheidung allein auf die „eindeutige, unveränderliche Kennzeichnung“, ohne auf die Frage der Rückgabeverpflichtung überhaupt einzugehen.

[17] OLG Köln, ZIP 1980, 1098 (1100); LG Darmstadt, ZIP 1980, 113 (114).

Gerichten in bezug auf das Brunneneinheitsleergut getroffenen Feststellung, daß es an einer hinreichenden, auf die Hersteller verweisenden Herkunftsbezeichnung fehle[18]. Zu Recht kann zwar den Herstelleretiketten keine Unterscheidungsfunktion zugesprochen werden[19]. Denn schon allein die theoretische Möglichkeit, daß Etiketten mit Hilfe von Wasser gelöst und auf andere Flaschen aufgeklebt werden können, läßt diese als nicht genügend dauerhafte Kennzeichnung erscheinen[20]. Bleiben aber die Herstelleretiketten als Unterscheidungskriterium außer Betracht, gibt es für den einzelnen Mineralbrunnen tatsächlich keine Möglichkeit mehr, sein geliefertes Leergut in dem Fall zu bestimmen, in dem sich Leergut mehrerer Mineralbrunnen im Rücklauf bei einem Händler ansammelt, selbst wenn der Typus Brunneneinheitsleergut sich sehr wohl von anderem Leergut deutlich unterscheidet. Diese hierdurch bewirkte Vermengung des Leerguts im Sinne von § 948 I BGB hat das OLG Köln und das LG Darmstadt zu dem Schluß kommen lassen, daß der „Eigentumsvorbehalt" untergeht[21], mithin eine Änderung in den Eigentumsverhältnissen anzunehmen ist.

Es ist jedoch zweifelhaft, ob die Eigentumsverhältnisse sich wirklich zwingend aufgrund der untrennbaren Vermengung ändern oder die Eigentumsrechte der Hersteller nicht doch durchsetzbar bleiben. Die §§ 948 I, 947 I BGB[22] bestimmen für den Fall einer untrennbaren Vermischung oder Vermengung beweglicher Sachen, daß die bisherigen Eigentümer Miteigentümer des vermischten oder vermengten Bestandes werden. Die einzelnen Hersteller verlieren demnach ihr Alleineigentum, erhalten aber zum Ausgleich für den Verlust Miteigentum an der vermengten Sache. Dabei bestimmt sich der Anteil am Miteigentum nach dem Verhältnis des Wertes, den die Sachen zur Zeit der Vermengung haben, § 948 I i. V. mit § 947 I H. S. 2 BGB. Dem einzelnen Hersteller ist mit dieser Regelung im Hinblick auf den vereinbarten „Eigentumsvorbehalt" nur gedient, wenn sich die per lege entstandene Miteigentumsgemeinschaft alsbald zugunsten der Neubegründung von Alleineigentum auseinandersetzen würde. Dazu bedarf es allerdings der Mitwirkung aller Teilhaber der Miteigentumsgemeinschaft[23]. Jedoch kann bei einer angesammelten Menge von Brunneneinheitsleer-

---

[18] OLG Köln und LG Darmstadt ebenda.

[19] OLG Köln, ZIP 1980, 1098 (1100f.).

[20] OLG Köln, ZIP 1980, 1098 (1101); zustimmend Kollhosser / Bork, BB 1987, 909 (913). Zweifelhaft dagegen OLG Köln, NJW-RR 1988, 373 (375), wonach die Etiketten auf den Flaschen als beständiges Zeichen für das Eigentumsrecht des jeweiligen Brunnens anzusehen seien.

[21] So ausdrücklich LG Darmstadt, ZIP 1980, 113 (114).

[22] Die Auffassung, daß bei der Unausführbarkeit der Quotenberechnung die §§ 947, 948 BGB gar nicht erst zur Anwendung kommen sollen, mit der Folge, daß das Eigentum an der vermengten Sache auf den Besitzer übergeht — so OLG Hamburg SeuffA 76, Nr. 21; Planck, BGB, § 948 Anm. 2 — gilt heute als überholt. Siehe auch unten, C I 1.

[23] Dies gilt unabhängig davon, ob die Aufhebung auf einer rechtsgeschäftlichen Vereinbarung beruht (Müko-K. *Schmidt*, § 749 Rz. 28; Palandt-*Thomas*, vor §§ 749-758 Anm. 2) oder gem. §§ 749ff. BGB erfolgt, denn jedenfalls wäre im letzteren Fall die

gut mit Sicherheit weder der Kreis der Teilhaber noch deren Anteil an der Gesamtmenge bestimmt werden. Eine Auflösung der Miteigentumsgemeinschaft nach Maßgabe der §§ 749 ff. BGB oder nach einem vom Gesetz abweichenden Aufhebungs- und Teilungsverfahren müßte folglich scheitern[24].

Eine Lösung des Problems ergäbe sich, wenn alle die Mineralbrunnen, die Brunneneinheitsleergut verwenden, ihre Eigentumsrechte treuhänderisch auf eine Gesamthand übertragen hätten. Diese würde dann im Rechtsverkehr als alleinige Eigentümerin des vermengten Bestandes auftreten und der mit den Zwischenhändlern vereinbarte „Eigentumsvorbehalt" würde zugunsten der Gesamthand wirken[25]. Es bestünde dann rechtlich kein Unterschied zu dem Leerguttypus, der durch besondere Kennzeichnung auf einen einzelnen Hersteller hinweist.

Diesen Weg haben die Mineralbrunnen jedoch nicht gewählt, obwohl er rechtstechnisch ohne große Schwierigkeiten hätte begangen werden können[26]. Die im „Verband Deutscher Mineralbrunnen e.V." zusammengeschlossenen Mineralwasserhersteller, die sämtlich zugleich Mitglieder der GDB sind, haben aber letztere ermächtigt, „ihre Rechte aus dem Eigentum an diesen Brunneneinheitsflaschen im eigenen Namen der Genossenschaft Deutscher Brunnen eGmbH mit Wirkung für und gegen sich gegenüber jedem Nichtbeteiligten geltend zu machen"[27].

Zwar läßt sich damit nicht der Umstand beseitigen, daß sich Leergut verschiedener Mineralbrunnen bei einem Zwischenhändler vermengt und hierdurch wieder eine Miteigentumsgemeinschaft entsteht. Da jedoch der Genossenschaft als Mitglieder alle die Brunnen angehören, die Brunneneinheitsleergut verwenden, ist der Kreis der möglichen Miteigentümer bestimmt und damit eine gemeinschaftliche Ausübung der Eigentumsrechte in bezug auf vermengtes Leergut möglich[28]. Ungewiß bleibt allerdings, welcher Hersteller im einzelnen mit welchem Anteil an der Gesamtmenge berechtigt ist. Diese Schwierigkeit ist jedoch von den Beteiligten im Innenverhältnis zu bewältigen[29]. Im Außenverhältnis bleibt sie ohne praktische Bedeutung.

Zustimmung aller Teilhaber zur Aufhebung der Gemeinschaft erforderlich (vgl. Erman-*Schulze-Wenck*, § 749 Rz. 3).

[24] Schäfer/Schäfer, ZIP 1983, 656 (659).

[25] Kollhosser/Bork, BB 1987, 909 (913); Martinek, JuS 1987, 514 (516); Schäfer/Schäfer, ZIP 1983, 656 (659).

[26] Baur, ZIP 1980, 1101 (1102).

[27] VI. der Verwendungsbestimmungen der GDB für den Umgang mit der Brunneneinheitsflasche (abgedruckt bei OLG MÜnchen, GRUR 1980, 1010f.).

[28] Baur, Der Mineralbrunnen 1981, 264 (269); Schäfer/Schäfer, ZIP 1983, 656 (660). Dies gleicht der rechtlichen Situation bei der Errichtung eines Sicherheiten-Pools der Eigentumsvorbehaltsgläubiger, der mittlerweile von der Rechtsprechung anerkannt worden ist (BGH, WM 1982, 482 = ZIP 1982, 543; ZIP 1981, 1313 = BB 1981, 2024), soweit der Pool den Zweck hat, unter den Beteiligten Beweisschwierigkeiten zu beheben.

Wenn aber nach außen hin, d.h. im konkreten Fall gegenüber dem Händler oder dem Konkursverwalter, nur eine Rechtsperson — die GDB — einheitlich tätig wird, so ist das rechtlich nicht anders zu werten, als wenn die Mineralbrunnen ihre Eigentumsrechte auf eine Gesamthand übertragen hätten[30] und damit auch nicht anders, als wenn Leergut als Eigentum eines einzelnen Herstellers gekennzeichnet ist. Es ist daher für die Bewertung der Eigentumslage unschädlich, daß die bei einem Händler angesammelte Menge von Brunneneinheitsleergut nicht nur auf einen, sondern auf mehrere mögliche Eigentümer hinweist[31]. Ausschlaggebend ist allein, daß die Eigentumsrechte hinsichtlich der Gesamtmenge von der GDB einheitlich wahrgenommen werden[32]. Dies hat zur Folge, daß die GDB aufgrund ihrer Ermächtigung die Herausgabe des Leerguts nach §§ 985, 185 BGB sogar an sich verlangen kann[33].

---

[29] OLG München, GRUR 1980, 1010 (1012); Baur, Der Mineralbrunnen 1981, 264 (269); Kollhosser/Bork, BB 1987, 909 (913); Schäfer/Schäfer, ZIP 1983, 656 (660). Letztere erwägen bezüglich der Regelung dieses Innenverhältnisses die zumindest schlüssige Vereinbarung eines von den §§ 749ff. BGB abweichenden Teilungsverfahrens durch alle Gemeinschafter. Den einzelnen Mitberechtigten sei es danach gestattet, durch Aussonderung einer Teilmenge und Begründung von Alleineigentum aus der Gemeinschaft auszuscheiden. Berechtigt dazu seien die Mineralbrunnen, die Ware an den Händler geliefert haben und zwar in Höhe ihres Anspruchs auf Rücklieferung von Leergut.
Dieser Auffassung stehen keine rechtlichen oder tatsächlichen Bedenken entgegen. Zum einen findet sich in der Satzung der GDB keine ausdrückliche Regelung dieser Frage und es entspricht auch der Praxis im Getränkehandel, daß der Händler Leergut aus einer angesammelten Menge nur an die Mineralbrunnen zurückführt, mit denen er in Vertragsbeziehung steht. Zum anderen ist es rechtlich unerheblich, daß die Aufhebungs- und Teilungsvereinbarungen schon vor Begründung der Gemeinschaft geschlossen wurden (Müko-*K. Schmidt*, § 749 Rz. 29). Ebenso birgt die personelle Teilaufhebung durch Ausscheiden eines Berechtigten keine Probleme, wenn dies — wie hier der Fall — mit Einverständnis aller Berechtigten geschieht (KG, OLGZ 1965, 244, 247; Müko-*K. Schmidt*, § 749 Rz. 25; Std.-*Huber*, S. 749 Rz. 53).

[30] Martinek (JuS 1987, 514, 516) hält entgegen der hier vertretenen Auffassung lediglich eine Ermächtigung der GDB zur Wahrnehmung der Eigentumsrechte für nicht ausreichend, um einen Eigentumsübergang auf die Händler zu vermeiden. Erst bei einer auch treuhänderischen Übertragung der Eigentumsrechte an die GDB sei dies möglich, da nur dann ein eigenständiges Zurechnungssubjekt vorläge.
Diese Meinung kann nicht überzeugen, weil sie außer acht läßt, daß die GDB als gewillkürter Prozeßstandschafter unbestritten prozeßführungsbefugt ist (siehe unten, Fn. 49). Nimmt die GDB aber die Eigentumsrechte aller der Brunnen wahr, die Brunneneinheitsleergut verwenden, und hat sie auch die Fähigkeit, vor Gericht auf Herausgabe an sich zu klagen, so läßt sich doch am Vorliegen eines „eigenständigen Zurechnungssubjektes" nicht mehr zweifeln.

[31] OLG München, GRUR 1980, 1010 (1011); Kollhosser/Bork, BB 1987, 909 (914).

[32] Nicht verständlich wird, was Schäfer/Schäfer (ZIP 1983, 656, 660) meinen, wenn sie die Aufrechterhaltung des „Eigentumsvorbehalts" behaupten, der sich nach der Entstehung des Miteigentums an dem Gemenge fortsetzen soll. Der „Eigentumsvorbehalt" kann doch bei Umwandlung in Alleineigentum zugunsten eines Herstellers gar nicht mehr konkretisiert werden, da er die speziell gelieferten Flaschen und Kästen mit Sicherheit nicht zurückerlangt. Wie Baur, ZIP 1980, 1101 (1102) richtigerweise ausführt, hat daher die Kennzeichnung für die GDB nicht den Sinn, den „Eigentumsvorbehalt" zu konkretisieren, sondern den Herausgabeberechtigten zu bestimmen.

Die Schlußfolgerung des OLG Köln und die des LG Darmstadt, die Tatsache der nicht hinreichenden Herkunftsbezeichnung führe zwangsläufig zu einer Änderung der Eigentumsverhältnisse[34], ist damit widerlegt. Ein Eigentumsübergang des Brunneneinheitsleerguts auf die Zwischenhändler ist folglich entgegen der Auffassung der beiden Gerichte nicht anzunehmen.

2. Ebene Zwischenhändler — Groß- oder Einzelhändler

Im tatsächlichen Bereich läßt sich auf dieser Ebene feststellen, daß die Zwischenhändler den „Eigentumsvorbehalt" des Herstellers vielfach mittels AGB an ihre Abnehmer weitergeben. Sie erheben von diesen Pfandgelder für das Leergut und führen regelmäßig „Leergutkonten". Bezüglich des Rücklaufs des Leerguts gilt auch hier, daß die Zwischenhändler nur ein Interesse daran haben, mengenmäßig gleich viel Brunneneinheitsleergut zurückzubekommen.

Da die Zwischenhändler selber kein Eigentum am Leergut erlangen und von den Herstellern auch zur Eigentumsübertragung nicht ermächtigt werden, können Groß- oder Einzelhändler nur gutgläubig nach § 932 BGB Eigentum am Leergut erwerben. Soweit die Zwischenhändler den „Eigentumsvorbehalt" mittels AGB an ihre Abnehmer weitergeben, fehlt es wegen dieser ausdrücklichen Erklärung schon an der auch für den redlichen Erwerb erforderlichen Einigung nach § 929 S. 1 BGB.

Aber selbst wenn der Zwischenhändler eine entsprechende Erklärung nicht zum Vertragsinhalt werden läßt, kommt eine Einigung nicht zustande. Denn für eine schlüssige Erklärung des Zwischenhändlers, das Leergut übereignen zu wollen, liegen keine Anhaltspunkte vor. Vielmehr spricht die Kennzeichnung von Flaschen und Kästen als „Leihflasche (Leihkasten) Deutscher Brunnen" und die Regelung der Pfandnahme, wie auch die Tatsache, daß bei den Abnehmern ein eigenes Interesse am Eigentumserwerb nicht besteht[35], gegen das Vorliegen dahingehender schlüssiger Erklärungen.

Würde man trotz all dieser Bedenken doch eine Einigung der Parteien annehmen oder läge sogar eine ausdrückliche Vereinbarung über den Eigentumsübergang vor, wäre der Groß- oder Einzelhändler aus den genannten Gründen stets bösgläubig i. S. von § 932 II BGB. Zudem ist er als Kaufmann[36] mit den Geschäftspraktiken der Hersteller vertraut und hat daher regelmäßig Kenntnis von dem „Eigentumsvorbehalt" des Herstellers gegenüber dem Zwischenhändler. Ein rechtsgeschäftlicher Eigentumserwerb der Groß- oder

---

[33] Die Herausgabeklage der GDB an sich kann vor allem im Händlerkonkurs Bedeutung erlangen, siehe unten II.

[34] So ausdrücklich LG Darmstadt, ZIP 1980, 113 (114).

[35] Die Ausführungen zum Verhältnis Zwischenhändler — Groß- oder Einzelhändler bei den nur für einen einzelnen Hersteller gekennzeichneten Flaschen und Kästen gelten hier entsprechend (Siehe oben, A I 2).

[36] Zumindest ist der Händler Minderkaufmann nach §§ 1 II Nr. 1, 4 I HGB.

Einzelhändler kommt somit nicht in Betracht[37]. Die Mineralbrunnen als Hersteller behalten demnach auch auf dieser Stufe des Vertriebs das Eigentum am Leergut[38].

3. Ebene Händler — Verbraucher

Im tatsächlichen Bereich bestehen auf der Ebene Händler — Verbraucher keine Besonderheiten im Vergleich zu den individualisierten Flaschen und Kästen eines einzelnen Herstellers[39]. Auch die rechtliche Würdigung weist in bezug auf die Eigentumsverhältnisse keine Abweichung auf. Ein rechtsgeschäftlicher Eigentumserwerb des Leerguts durch den Verbraucher ist wieder nur nach § 932 BGB denkbar, denn weder erlangen die Händler Eigentum am Leergut noch sind sie von den Mineralbrunnen zur Übereignung ermächtigt.

§ 932 BGB setzt zunächst eine Einigung der Parteien voraus. Da es an einer ausdrücklichen Vereinbarung über den Eigentumsübergang fehlt, könnte sich eine Einigung der Parteien nur durch schlüssige Erklärungen ergeben. Hinsichtlich des Übertragungswillens des Händlers ergibt sich kein Unterschied im Vergleich zu den individualisierten Flaschen und Kästen eines einzelnen Herstellers. Dort wie hier fehlt dem Händler der Übertragungswille, weil er zum einen weiß, daß er selbst rückgabepflichtig ist[40], und weil er zum anderen wegen der „Wiederbeschaffungspreis-Klausel" in den Hersteller-AGB ein Interesse an vollständiger Leergutrückgabe durch seine Kunden hat. Diesem Interesse würde aber ein Eigentumserwerb durch den Verbraucher zuwiderlaufen. Nach außen hin ist der fehlende Übertragungswille an der deutlichen Kennzeichnung des Leerguts als „Leihflasche (bzw. Leihkasten) Deutscher Brunnen" auszumachen[41].

Martinek[42] sieht dagegen in dieser Kennzeichnung lediglich den Hinweis für den Verbraucher darauf, daß bei Rückgabe der Pfandbetrag erstattet wird. Seiner Ansicht nach betrachtet sich der Verbraucher nämlich nicht nur als vorübergehender Besitzer, sondern gar als Eigentümer des Leerguts und unterstellt damit einen Erwerbswillen seitens des Verbrauchers.

---

[37] So ausdrücklich: OLG Köln, NJW-RR 1988, 373 (375); LG Offenburg, Urt. v. 6. 12. 1984, Aktz. 3 O 149/84 (unveröffentlicht).

[38] Dieses Ergebnis wird nicht durch die Tatsache beeinflußt, daß beim Rücklauf der Flaschen und Kästen eine untrennbare Vermengung von Leergut verschiedener Mineralbrunnen in den Lagerbeständen der Groß- oder Einzelhändler eintritt, vgl. oben B I 1.

[39] Siehe oben, A I 3.

[40] Baur, Der Mineralbrunnen 1981, 264.

[41] Siehe oben, A I 3.

[42] Martinek, JuS 1987, 514 (521). Martinek stellt in seinem Aufsatz keine Unterscheidung zwischen Brunneneinheitsleergut und nicht — individualisiertem Einheitsleergut (Eurobierflasche) her, sondern erfaßt beide Leerguttypen mit dem Begriff der „Einheitsflasche". Baur, Der Mineralbrunnen 1981, 264, kritisiert diesen Begriff zu Recht als „vieldeutig".

Die Interessenlage stützt jedoch diese Auffassung nicht. Das Verbraucherinteresse geht, wie schon bei dem individualisierten Leergut eines einzelnen Herstellers dargelegt, allein dahin, die Flaschen und Kästen möglichst schnell und bei einem Händler seiner Wahl zurückzugeben, um bei weiteren Getränkekäufen nicht erneut ein „Pfand" bezahlen zu müssen. Darin ist aber ein Erwerbswille nicht zu erkennen, zumal ein Eigentumserwerb diesem Interesse gar nicht weiter förderlich wäre. Es ist daher auch bei diesem Leerguttypus anzunehmen, daß der Verbraucher sich um die sachenrechtliche Zuordnung regelmäßig keine Gedanken macht[43]. Ein Erwerbswille ist demnach auf Verbraucherseite nicht gegeben[44]. Eine Einigung über den Eigentumsübergang kommt somit zwischen Händler und Verbraucher nicht zustande.

Aber selbst wenn eine Einigung vorläge, wäre der Verbraucher schon wegen der besonderen Kennzeichnung des Brunneneinheitsleerguts nicht redlich i.S. des § 932 II BGB, weil „damit für jedermann die Eigentumssituation deutlich sichtbar dargestellt ist"[45]. Folglich erwirbt auch der Verbraucher nicht das Eigentum am Brunneneinheitsleergut.

4. Zwischenergebnis

Bei individualisierten Mehrwegflaschen und -flaschenkästen einer geschlossenen Herstellergruppe behalten die Hersteller ebenfalls das Eigentum am Leergut auf jeder Stufe des Vertriebs.

II. Auswirkungen im Konkurs

Im Konkurs des Händlers können die Hersteller ihre Eigentumsrechte am Leergut durch Aussonderung nach § 43 KO geltend machen. Der einzelne Hersteller kann sich zwar nicht auf den Herausgabeanspruch nach § 985 BGB gegenüber dem Konkursverwalter berufen. Dem steht nämlich entgegen, daß nur individuell bestimmte körperliche Sachen der Aussonderung gem. § 43 KO unterliegen[46]. Mithin müßte der einzelne Hersteller seinen Anteil an der Gesamtmenge des beim Gemeinschuldner aufgelaufenen Leerguts genau quantifizieren, was ihm jedoch nicht möglich sein wird. Es wird aber für zulässig gehalten, daß der einzelne Hersteller Klage auf Herausgabe der Gesamtmenge nach Maßgabe der §§ 1011, 432 BGB an alle die erhebt, die überhaupt Miteigentümer des Leerguts sein können[47]. Denn die Frage, wer von denjenigen

---

[43] OLG Köln, ZIP 1980, 1096 (1097); Kollhosser / Bork, BB 1987, 909 (911).

[44] OLG Köln, ZIP 1980, 1096 (1097); Baur, Der Mineralbrunnen 1981, 264; Kollhosser / Bork, BB 1987, 909 (911); Schäfer / Schäfer, ZIP 1983, 656 (658).

[45] Fink / Rottke, Der Mineralbrunnen 1985, 249 (251); ebenso Baur, Der Mineralbrunnen 1981, 264.

[46] Siehe oben, A. Fn. 39.

[47] Hilger, Miteigentum, S. 14; Jaeger-*Henckel*, KO, § 15 Rz. 75; Schäfer / Schäfer, ZIP 1983, 656 (660); Stürner, ZZP 94, 263 (275).

und mit welchem Anteil Miteigentümer ist, an die der Konkursverwalter das Leergut gemeinsam herauszugeben hat, betrifft nur das Innenverhältnis. Sie wird daher erst im Auseinandersetzungsverfahren der Miteigentümer geklärt[48].

Möglich ist daneben auch noch eine Herausgabeklage aller potentiellen Miteigentümer gemeinsam. In der Getränkebranche erfolgt dieses durch Klageerhebung der Interessenverbände in Ausübung ihrer satzungsgemäßen Rechte als gewillkürte Prozeßstandschafter[49]. Dabei kann für die deutschen Mineralbrunnen die GDB auch Klage auf Herausgabe an sich erheben. Die von der Rechtsprechung[50] für diese Herausgabeklage des Prozeßstandschafters geforderte materiellrechtliche Einziehungsermächtigung entsprechend § 185 BGB enthält VI. der „Verwendungsbestimmungen für den Verkehr mit dem Brunneneinheitsleergut" der GDB.

III. Weiterreichende Eigentumsrechte

Immer wieder kann es vorkommen[51], daß das für einen einzelnen Hersteller bzw. eine geschlossene Gruppe von Herstellern gekennzeichnete Leergut in den Besitz fremder Hersteller gelangt, die es — aus Ersparnis- oder Wettbewerbsgründen — dann wie eigenes verwenden und mit eigenen Produkten abgefüllt in den Verkehr bringen. Die Betroffenen können zwar als Eigentümer gem. § 985 BGB Herausgabe des Leerguts verlangen. Jedoch kann damit zukünftigen Fremdingebrauchnahmen nicht vorgebeugt werden.

Zur Abwehr solcher künftiger Beeinträchtigungen[52] kann der Unterlassungsanspruch aus § 1004 I 2 BGB herangezogen werden. Die als materielle Anspruchsvoraussetzung[53] erforderliche Wiederholungsgefahr ist in diesen

[48] Jaeger-*Henckel*, KO, § 15 Rz. 75.

[49] Seit BGH, LM Nr. 6 zu § 50 ZPO (Urt. v. 5. 10. 1955) = NJW 1956, 298 ist anerkannt, daß ein Brauereiverband Prozeßstandschafter sein kann, soweit es um Feststellung der Eigentumsrechte seiner Mitglieder geht. Das für die gewillkürte Prozeßstandschaft erforderliche eigene schutzwürdige Interesse sah der BGH auf Grund des satzunggemäß festgelegten Zwecks des Verbandes — die gemeinsamen Interessen zu wahren und die Mitglieder in allen fachrechtlichen Fragen zu betreuen — als gegeben an. Diesem Zweck entspricht § 1 der Satzung der GDB (abgedruckt bei OLG München, GRUR 1980, 1010). Ein eigenes schutzwürdiges Interesse der GDB bezüglich der Eigentumsrechte ihrer Mitglieder ist daher zu bejahen (ebenso OLG München, GRUR 1980, 1010 und Baur, der Mineralbrunnen 1981, 269).

[50] BGHZ 4, 153 (164); 70, 389 (395).

[51] Vgl. die Sachverhalte von BGH, GRUR 1957, 84 = LM Nr. 27 zu § 1004 BGB und OLG München, GRUR 1980, 1010.

[52] Der § 1004 BGB schützt das Eigentum nur gegen solche Beeinträchtigungen, die nicht Besitzentziehung sind, weil sonst nur § 985 BGB einschlägig ist. Eine über die Besitzentziehung hinausgehende Beeinträchtigung bei Verwendung fremden Leerguts hat der BGH, GRUR 1957, 84 (85) darin erblickt, daß der fremde Hersteller das Leergut mit seinen Getränken abgefüllt und es an seine Kunden weitergegeben hat.

[53] Nach h.M. ist die Wiederholungsgefahr Anspruchs- und nicht Rechtsschutzvoraussetzung (siehe nur Müko-*Medicus*, § 1004 Rz. 82 m. w. N.).

Fällen wegen der bereits vorangegangenen Benutzung regelmäßig zu vermuten[54] und daher vom Störer zu widerlegen[55].

Weiterhin können die betroffenen Hersteller Unterlassung auch nach § 24 WZG verlangen[56]. Hiernach kann der Fremdbenutzer in Anspruch genommen werden, wenn er im geschäftlichen Verkehr Waren oder ihre Verpackung widerrechtlich mit dem Namen oder der Firma eines anderen versieht. § 24 WZG schützt den Zeicheninhaber aber nur gegen einen widerrechtlichen zeichenmäßigen Gebrauch seines Warenzeichens[57]. Zeichenmäßiger Gebrauch liegt vor, wenn eine Kennzeichnung von Waren nach Auffassung der beteiligten Verkehrskreise dazu bestimmt ist, eine Ware von anderen ihrer Herkunft nach zu unterscheiden[58]. Die Benutzung von gekennzeichnetem Leergut anderer Hersteller fällt daher nur dann unter § 24 WZG, wenn die Kennzeichnung als Hinweis auf die Herkunft des Flascheninhalts angesehen werden kann[59]. Das wird unzweifelhaft in den Fällen zu bejahen sein, in denen die Form oder Farbe der Flasche für den Durchschnittskunden auf Anhieb den Hersteller erkennen läßt, wie z.B. bei Flaschen der Marke Coca-Cola. Der BGH[60] sieht einen zeichenmäßigen Gebrauch aber auch schon dann als gegeben an, wenn der Fremdbenutzer Flaschen mit dem Firmeneinbrand eines anderen Herstellers in den Verkehr bringt, selbst wenn er eigene Herstelleretiketten verwendet.

Wollen die betroffenen Hersteller darüber hinaus auch den Unterlassungsanspruch aus § 3 UWG[61] bei Benutzung ihres Leerguts durch fremde Hersteller geltend machen, so reicht die Irreführung über die betriebliche Herkunft als solche noch nicht aus. Erst die Irreführung über die aus dem Herkunftshinweis zu folgernde Beschaffenheit der Ware führt zum Verstoß gegen § 3 UWG[62]. Der BGH[63] sieht einen solchen als gegeben an, wenn der Verkehr mit der unter einer betrieblichen Herkunftsbezeichnung vertriebenen Ware eine Gütevorstellung verbindet. Das wird beim Kauf von Getränken, zumal es sich um ein Lebensmittel handelt, regelmäßig zu bejahen sein.

---

[54] Vgl. RGZ 125, 391 (393); BGH, GRUR 1957, 84 (86); Müko-*Medicus*, § 1004 Rz. 81; Palandt-*Bassenge*, § 1004 Anm 6 c.

[55] Beruft sich der Störer darauf, daß der Eigentümer wegen eines möglicherweise bestehenden Handelsbrauchs zur Duldung verpflichtet sei (§ 1004 II BGB), so ist dieser Einwand nur bedingt erheblich. Der Eigentümer kann jedenfalls erklären, daß er sich dieser Übung nicht mit seinem Leergut anschließen will. Auf diese Weise kann er für die Zukunft die Berufung auf einen Handelsbrauch ausschließen (vgl. BGH, GRUR 1957, 84, 85; OLG München, GRUR 1980, 1010, 1012).

[56] BGH, GRUR 1957, 84 (86); Kollhosser/Bork, BB 1987, 909 (912).

[57] BGH, GRUR 1957, 84 (86); Baumbach/Hefermehl, WZG, § 24 Rz. 7.

[58] Vgl. Baumbach/Hefermehl, WZG, § 15 Rz. 23.

[59] BGH, GRUR 1957, 84 (86); Baumbach/Hefermehl, WZG, § 24 Rz. 7.

[60] BGH, GRUR 1957, 84 (86f.).

[61] Bejahend Kollhosser/Bork, BB 1987, 909 (912); für Euro-Paletten: OLG Bamberg, transpR 1985, 75 (76f.); LG Tübingen, transpR 1985, 77 (78f.).

[62] Vgl. Baumbach/Hefermehl, Wettbewerbsrecht, § 3 UWG Rz. 257 und 260.

[63] BGH, GRUR 1966, 267 (270).

C. Eigentumsverhältnisse und Konkursfragen bei Mehrweg-Einheitsflaschen und Mehrweg-Einheitsflaschenkästen

Dieser Typus von Flaschen und Kästen weist im Unterschied zu den bisher dargestellten Leerguttypen keine besonderen Gestaltungsmerkmale oder unveränderliche Kennzeichen auf, die auf einen bestimmten Hersteller oder eine geschlossene Herstellergruppe unverwechselbar hindeuten. Als Beispiel für diesen Leerguttypus seien die von deutschen und europäischen Brauern vielfach verwendeten dunkelbraunen 0,5l-Flaschen (sog. „Eurobierflaschen") und die dazugehörigen meist dunkelroten Kästen, die keinerlei Aufschriften tragen[1], genannt.

I. Eigentumsverhältnisse

1. Ebene Hersteller — Zwischenhändler[2]

Im tatsächlichen Bereich schließen die Parteien Lieferverträge, in denen sich die Hersteller das Eigentum am Leergut vorbehalten[3]. Auch führen die Hersteller für ihre Abnehmer „Leergutkonten" und „Leergutgeldkonten". Beim Rücklauf des Leerguts legen die Brauereien keinen Wert darauf, das von ihnen gelieferte Leergut zurückzuerlangen. Sie sind vielmehr nur daran interessiert, die gleiche Menge Einheitsleergut zurückzubekommen, die sie vorher an die Händler ausgeliefert haben. Die Brauereien nehmen dabei unweigerlich auch Einheitsleergut an, das den Händlern von anderen Brauereien geliefert worden ist. Bei diesem Verhalten der Brauereien handelt es sich, anders als bei den deutschen Mineralbrunnen, die die freie Verkehrbarkeit des Brunneneinheitsleerguts in ihren Verwendungsbestimmungen ausdrücklich geregelt haben, um ein branchenübliches Verfahren[4].

Dieser Sachverhalt hat folgende Auswirkungen auf die Eigentumsfrage:

Für einen rechtsgeschäftlichen Eigentumsübergang nach § 929 S. 1 BGB bei Lieferung des Vollguts ist neben der Übergabe die Einigung der Parteien erforderlich. Gegen eine Einigung spricht, wie schon bei den zuvor behandelten

[1] Teilweise sind die Flaschenkästen durch bestimmte Kürzel, die in der oberen Leiste eingeprägt sind, für bestimmte Brauereien gekennzeichnet. Das Kürzel gibt den Standort der Brauerei an (bspw. DO für Dortmund oder D für Düsseldorf). Falls mehrere Brauereien an einem Standort produzieren, erhält jede Brauerei eine fortlaufende Nummer (bspw. für Dortmund mit seinen 6 Brauereien, DO 1 bis DO 6). Zu den Auswirkungen dieser Kennzeichnung auf die Eigentumsverhältnisse, siehe Fn. 22 und 34.

[2] Soweit der Hersteller ohne Einschaltung eines Zwischenhändlers direkt an Groß- bzw. Einzelhändler liefert, gilt das hier Gesagte entsprechend.

[3] Die allgemeinen Zahlungs- und Lieferungsbedingungen der Brauereien enthalten durchweg folgende oder ähnlich lautende Klauseln: „Das Leergut — Fässer, Container, Kästen und Flaschen — und Paletten bleiben unser unveräußerliches Eigentum und sind an uns in einwandfreiem Zustand zurückzuliefern."

[4] Kollhosser/Bork, BB 1987, 909 (914).

Leerguttypen[5], der ausdrücklich vereinbarte „Eigentumsvorbehalt" des Herstellers in bezug auf das Leergut. Hinzu kommt, daß der Anschaffungspreis, den der Hersteller an die Verpackungsindustrie für neue Flaschen und Kästen entrichtet, wesentlich höher[6] ist, als das von den Händlern für das Leergut geleistete Pfandgeld. Dies zusammen berechtigt zu der Annahme, daß es dem Hersteller am Übertragungswillen fehlt. Da für die Zwischenhändler der fehlende Übereignungswille durch den „Eigentumsvorbehalt" erkennbar ist, können sie die Warenlieferung auch nicht als Angebot zur Eigentumsübertragung am Leergut auffassen. So gesehen käme eine Einigung nicht zustande.

Ob nicht aber dennoch eine Einigung im Sinne des § 929 S. 1 BGB vorliegt, ist durch Auslegung des Liefervertrages unter Berücksichtigung sämtlicher vertragswesentlicher Umstände nach §§ 133, 157 BGB zu ermitteln. Denn auch ein scheinbar eindeutiger Vertragswortlaut — hier die Vereinbarung des „Eigentumsvorbehalts" — ist einer abweichenden Auslegung dann zugänglich, wenn am Erklärungsinhalt Zweifel möglich sind[7].

Zweifel am Erklärungsinhalt sind angebracht, wenn sich herausstellen sollte, daß das Alleineigentum dem Hersteller schon nach §§ 947 I, 948 I BGB verlorengeht. Aber auch aus dem tatsächlichen Verhalten der Parteien ergeben sich Zweifel an dem Erklärungsinhalt. Denn die Hersteller fordern nicht das speziell gelieferte Leergut, sondern nur die gleiche Menge Leergut zurück. Im Zusammenhang mit einem möglicherweise unvermeidbaren Eigentumsverlust nach §§ 947 I, 948 I BGB könnte aus diesem Verhalten auf den Willen der Parteien geschlossen werden, daß das Eigentum am Leergut doch auf den Zwischenhändler übergehen soll.

Ausgangspunkt der Untersuchung, ob dem Hersteller das Eigentum nach §§ 947 I, 948 I BGB verlorengeht, ist wieder der Umstand, daß sich bei einem Zwischenhändler Einheitsleergut verschiedener Brauereien im Rücklauf ansammelt. Läßt man die Herstelleretiketten als nicht genügend dauerhafte Kennzeichnung außer Betracht[8], gibt es keine Möglichkeit mehr, Einheitsleergut einem bestimmten Hersteller zuzuordnen. Die Folge dieser Vermengung ist, daß dem einzelnen Hersteller sein Alleineigentum zugunsten der Entstehung von gemeinschaftlichem Eigentum nach Bruchteilen verlorengeht. Sein Anteil am Miteigentum bestimmt sich fortan nach dem Verhältnis des Wertes, den das gelieferte Leergut zur Zeit der Vermengung gehabt hat, § 948 I i. V. m. § 947 I H. S. 2 BGB. Diese Regelung stößt jedoch, wie sich bereits beim Brunneneinheitsleergut gezeigt hat[9], auf Schwierigkeiten, da weder der Kreis der tatsächlich

---

[5] Siehe oben, A I 1 und B I 1 a.

[6] So beträgt der Anschaffungspreis für die 0,5l-Eurobierflasche nach Auskunft des Verbandes Rheinisch-Westfälischer-Brauereien e. V. derzeit ca. 0,22 — 0,24 DM, während der Pfandbetrag nur 0,15 DM ausmacht. Der Anschaffungspreis für den Kunststoffkasten beträgt gar bis zu 6 DM, der Pfandbetrag hingegen nur 3 DM.

[7] BGH, WM 1959, 969 (970); RGRK-*Piper*, § 157 Rz. 6; Std.-*Dilcher*, § 133 Rz. 18.

[8] OLG Köln, ZIP 1980, 1098 (1101).

berechtigten Brauereien, noch deren Anteil an der Gesamtmenge des Einheitsleerguts exakt feststellbar ist[10].

Nun hat sich aber beim Brunneneinheitsleergut herausgestellt, daß sich dieses Problem dann nicht ergibt, wenn sämtliche Hersteller als geschlossene Einheit auftreten. Dabei spielt es keine Rolle, ob die Eigentumsrechte in bezug auf das Leergut von den Herstellern auf eine Gesamthand übertragen werden oder ob eine Organisation nur mit der Wahrnehmung der Eigentumsrechte beauftragt wird. In beiden Fällen ist die Wirkung für Dritte gleich, nämlich, daß das Eigentum nur von einer einzigen Rechtsperson in Anspruch genommen wird. Die „Unausführbarkeit der Quotenberechnung"[11] wird damit zu einem Problem, das nur das Innenverhältnis der Organisation betrifft. Die Eigentumsrechte der Hersteller bleiben auf diesem Wege durchsetzbar mit der Folge, daß diesen das Eigentum am Leergut erhalten bleibt. Die Möglichkeit, als geschlossene Einheit aufzutreten, haben die Brauereien jedoch nicht in Anspruch genommen. Zu einem Zusammenschluß, ähnlich der „Genossenschaft Deutscher Brunnen eGmbH", ist es bisher nicht gekommen[12]. Somit besteht die Schwierigkeit fort, die Miteigentumsanteile an einer Gesamtmenge Einheitsleergut exakt festzustellen.

Fraglich ist, ob die von der Rechtsprechung und Rechtslehre für den Fall der „Unausführbarkeit der Quotenberechnung" vorgeschlagenen Lösungen[13] dazu verhelfen können, die Durchsetzbarkeit der Eigentumsrechte der Hersteller zu erhalten. Dabei kann sicher nicht die von einer älteren, heute überholten Auffassung[14] vertretene Lösung helfen. Hiernach soll schon § 948 BGB keine Anwendung finden mit der Folge, daß das Eigentum auf den Besitzer der vermengten Sache übergeht. Auch nicht helfen kann der vom BGH[15] zu diesem Problem beschrittene Weg. Der BGH hält § 948 BGB zwar für anwendbar; da die beteiligten Miteigentümer aber ihre Quoten nicht bestimmen können, sei es ihnen unmöglich, die ihnen zustehenden Rechte durchzusetzen[16]. Am ehesten geeignet, trotz Vermengung die Herstellerrechte zu erhalten, erscheint eine von der Rechtslehre[17] vorgeschlagene Lösung. Danach soll § 742 BGB als Hilfsnorm

---

[9] Siehe oben, B I 1 c).

[10] Kollhosser/Bork, BB 1987, 909 (914).

[11] Terminus nach Hilger, Miteigentum, S. 8.

[12] Auch zukünftig wird wegen der nahezu unüberschaubaren Anzahl von deutschen und europäischen Brauereien, die Einheitsleergut verwenden, mit einem Zusammenschluß nicht zu rechnen sein.

[13] Vgl. zum Ganzen Hilger, Miteigentum, S. 8f.; Reinicke/Tiedtke, WM 1979, 186 (187).

[14] OLG Hamburg, SeuffA 76 Nr. 21; offengelassen in RGZ 112, 102 (103/104); zuletzt vertreten von Leiss, Anm. zu BGH, JZ 1959, 24.

[15] BGH, WM 1958, 899 = NJW 1958, 1534 (sog. "Stahlstangenfall").

[16] BGH WM 1958, 899 (902).

[17] Baur, Sachenrecht, § 53 a II 3; Flume, NJW 1959, 913 (922); Müko-*Quack*, § 948 Rz. 12; Westermann, Sachenrecht, § 52 III a.

subsidiär angewendet werden. Das hätte zur Folge, daß den Beteiligten im Zweifel gleiche Miteigentumsanteile zugestanden würden. Jedoch gibt auch dieser Lösungsvorschlag keine Antwort auf die Frage, was zu tun ist, wenn nicht einmal die Zahl der an der Gesamtmenge berechtigten Hersteller feststeht[18]. Diese Situation ist aber gegeben, wenn sich eine große Menge Einheitsleergut bei einem Zwischenhändler im Rücklauf angesammelt hat. Folglich können auch die von der Rechtsprechung und Rechtslehre vorgeschlagenen Lösungen die Schwierigkeit der „Unausführbarkeit der Quotenberechnung" hier nicht beseitigen.

Es läßt sich daher festhalten, daß eine Miteigentumsgemeinschaft entsteht, die weder nach dem Kreis der Berechtigten, noch nach deren Anteil bestimmbar ist.

Ohne daß jedoch der Kreis der Berechtigten feststeht, kann eine Auflösung der Gemeinschaft nicht erfolgen[19]. Ohne Auflösung der Gemeinschaft wiederum können die tatsächlich berechtigten Hersteller den ihnen gebührenden Anteil nicht in Alleineigentum verwandeln. Aber nur die Neubegründung von Alleineigentum würde dazu führen, daß der Hersteller seine Eigentumsrechte durchsetzen kann; mithin bliebe der vereinbarte „Eigentumsvorbehalt" nur in diesem Fall wirksam.

Da diese Möglichkeit bei Einheitsleergut nicht gegeben ist, der Hersteller demnach seine Eigentumsrechte nicht durchsetzen kann, ist die „Eigentumsvorbehaltsklausel" mit der vorliegenden Rechtslage nicht in Einklang zu bringen. Dies erkennen aber auch die Parteien, was sich an ihrem tatsächlichen Verhalten zeigt. Da sie davon ausgehen, daß Eigentumsrechte am Leergut auf den nachfolgenden Vertriebsstufen und im Rücklauf nicht verfolgbar sind, vereinbaren sie nicht die Rückgabe des gelieferten Leerguts, sondern nur die Rückgabe von Einheitsleergut in gleicher Güte und Menge. Die Parteien wissen demnach, daß der Händler einem bestimmten Hersteller kein Alleineigentum an einer Menge des bei ihm aufgelaufenen Einheitsleerguts verschaffen kann. Vereinbaren sie demzufolge bei Lieferung der Ware die Rückgabe lediglich einer bestimmten Menge von Leergut, so läßt sich in Anbetracht der dargelegten Umstände diese Vereinbarung nur dahin auslegen, daß das Eigentum am Leergut auf den Händler übergehen soll. Der Wille der Parteien ist folglich auf eine dingliche Einigung und damit auf einen rechtsgeschäftlichen Eigentumserwerb nach § 929 S. 1 BGB gerichtet; der vereinbarte „Eigentumsvorbehalt" des Herstellers am Leergut steht somit mit dem wirklichen Willen der Parteien nicht im Einklang und ist daher unbeachtlich[20].

---

[18] Kollhosser/Bork, BB 1987, 909 (914); Reinicke/Tiedtke, WM 1979, 186 (187); Schäfer/Schäfer, ZIP 1983, 656 (659).

[19] Die Auflösung der Miteigentumsgemeinschaft setzt vielmehr die Mitwirkung aller Berechtigten voraus. Nicht denkbar ist, daß ein „Miteigentümer ohne Vereinbarung mit den übrigen Beteiligten einseitig aus der Gemeinschaft ausscheidet und Eigentümer der ausgegliederten Menge wird", Schäfer/Schäfer, ZIP 1983, 656 (659). Vgl. auch BGHZ 14, 114 (121).

Würde man bezüglich des Parteiwillens anders entscheiden, wäre dieser „auf eine nicht bzw. nur unter Verletzung fremden Eigentums realisierbare Rechtsfolge gerichtet“[21]. Nicht realisierbar wäre die Rechtsfolge, weil die Hersteller ihr Alleineigentum, wie dargelegt, schon nach §§ 947, 948 BGB verlieren würden. Eine Verletzung fremder Eigentumsrechte läge vor, weil die Händler an die Hersteller mangels Unterscheidbarkeit des Leerguts[22] zwangsläufig auch solche Flaschen und Kästen zurückführen würden, die ihnen von anderen Herstellern ebenfalls unter „Eigentumsvorbehalt“ geliefert worden sind.

Letztendlich läßt sich gegen einen rechtsgeschäftlichen Eigentumserwerb noch vorbringen, daß es dem Händler am Erwerbswillen mangelt, weil er durch den Eigentumserwerb möglicherweise umsatzsteuerrechtlich benachteiligt wird. Eine Benachteiligung läge aber nur dann vor, wenn für die Überlassung des Leerguts und die damit verbundene Einforderung von Pfandgeldern die Umsatzsteuer lediglich in dem Fall erhoben würde, in dem der Händler das Eigentum am Leergut erlangt, nicht jedoch in dem Fall, in dem das Eigentum dem Hersteller verbleibt. Allerdings ist für die Erhebung der Umsatzsteuer nicht die Frage des Eigentums relevant, sondern vielmehr — wie vom BFH in seiner Entscheidung[23] vom 7.5.1987 betont — ob eine entgeltliche[24] Lieferung[25] i. S.

---

[20] BGH, NJW 1956, 298; OLG Düsseldorf, BB 1948, 524; OLG Düsseldorf, BB 1949, 237; OLG Hamm, BB 1954, 1045; OLG Celle, BB 1967, 778 (779); Dürkes, BB 1956, 25 (26); Erman-*Weitnauer*, § 433 Rz. 39; Kollhosser/Bork, BB 1987, 909 (915); Müko-*Damrau*, § 1204 Rz. 8; Martinek, JuS 1987, 514 (515); Schäfer/Schäfer, ZIP 1983, 656 (659); Staub-*Brüggemann*, § 380 Rz. 14.
A.A.: BGH, LM Nr. 2 zu § 989 BGB (Hier bestand allerdings die Besonderheit, daß die Einheitsflaschen durch einen besonderen Belag, der sich im Innern der Flaschen gebildet hatte, von anderem Leergut unterscheidbar und damit aussonderbar waren); OGH BrZ, NJW 1950, 345 (In seiner Begründung stützt sich das Gericht im wesentlichen auf die zu dieser Zeit herrschende große Materialverknappung und dreier damals noch in Kraft befindlicher Anordnungen des Brauwirtschaftsverbandes Westdeutschland aus den Jahren 1941 - 43 zur Regelung des Leih- und Rückgabeverkehrs mit Verpackungsmitteln).

[21] Schäfer/Schäfer, ZIP 1983, 656 (659); ebenso: Kollhosser/Bork, BB 1987, 909 (915); Martinek, JuS 1987, 514 (515/516).

[22] Die teilweise Kennzeichnung der Flaschenkästen für bestimmte Brauereien mittels eingeprägter Kürzel (dazu oben, Fn. 1) kann keine anderen Ergebnisse hier rechtfertigen. Im praktischen Umgang mit diesen Kästen hat sich nämlich gezeigt, daß die Brauereien gerade nicht darauf bestehen, nur solche Kästen zurückzuerhalten, die für sie gekennzeichnet sind. Vielmehr nehmen die Brauereien von den Händlern ebenso Kästen ohne Kürzel wie Kästen mit Kürzel an, die für andere Brauereien gekennzeichnet sind (sog. „Fremdkästen“, vgl. OLG Celle, BB 1967, 778). Diese „Fremdkästen“ werden schließlich nach Abfüllung wiederum unter „Eigentumsvorbehalt“ wie eigene Kästen an die Händler ausgeliefert.

[23] BFH, BB 1987, 1376 (1377).

[24] Daß das Pfandgeld das „Entgelt“ für die Lieferung darstellt, ist heute allgemein anerkannt (BFH, BB 1987, S. 1377; *Ringleb* in Sölch/Ringleb/ List, UStG, § 10 Rz. 127; Salch, UStR 1968, 314f.; Bundesminister der Finanzen, BStBl. I 1968, 1121).

[25] Der BFH (BB 1987, 1376, 1377) sieht in der Leergutüberlassung entgegen der bisher vertretenen Auffassung keine unselbständige Nebenleistung der Warenlieferung, die deren Schicksal hinsichtlich der Umsatzsteuer teilt (so aber: *Ringleb* in Sölch/Ringleb/List,

von § 1 I Nr. 1 i. V. m. § 3 I UStG vorliegt. § 3 UStG definiert die Lieferung als die Leistung eines Unternehmers, durch die er dem Abnehmer die Verfügungsmacht über den Gegenstand verschafft. Das ist der Fall, wenn die Substanz eines Gegenstandes wirtschaftlich vom Leistenden auf den Leistungsempfänger übergeht[26]. Diese Voraussetzung hat der BFH bezüglich der Überlassung des Leerguts bejaht und damit eine Lieferung i. S. des § 3 I UStG angenommen. Mit der Übergabe des Leerguts an den Abnehmer hat der Hersteller jeglichen Einfluß auf das Leergut verloren und ist damit praktisch von der Verfügungsbefugnis ausgeschlossen. Demgegenüber wird der Abnehmer tatsächlich in die Lage versetzt, über das Leergut frei und ohne Einwirkung des Herstellers zu verfügen. Daran ändert der vereinbarte „Eigentumsvorbehalt“ in den Hersteller-AGB genausowenig, wie die Kennzeichnung des Leerguts als Eigentum des Herstellers[27].

Da diese tatsächlichen Feststellungen des BFH für jeden der hier behandelten Leerguttypen zutreffen, ist der Vorgang der Leergutüberlassung und der damit verbundenen Einforderung von Pfandgeldern stets umsatzsteuerrechtlich zu berücksichtigen und somit jedenfalls nicht abhängig von der Frage, ob der Händler Eigentum am Leergut erwirbt oder nicht. Umsatzsteuerrechtliche Aspekte stehen einem Erwerbswillen und damit einem rechtsgeschäftlichen Erwerb folglich nicht entgegen.

An dem Ergebnis, daß das Eigentum am Leergut durch Rechtsgeschäft nach § 929 S. 1 BGB auf den Zwischenhändler übertragen wird, ist somit festzuhalten.

2. Ebene Zwischenhändler — Groß- oder Einzelhändler

Auch in dieser Vertragsbeziehung ist es branchenüblich, daß die Groß- oder Einzelhändler nur zur Rückgabe von Einheitsleergut gleicher Art, Güte und Menge verpflichtet sind. Rechtlich maßgeblich ist daher, wie schon im Verhältnis Hersteller — Zwischenhändler, allein die tatsächliche Handhabung der Leergutrücknahme.

Demnach ist auch hier der Parteiwille auf eine dingliche Einigung gem. § 929 S. 1 BGB gerichtet. Soweit der Zwischenhändler mittels AGB den „Eigentums-

---

UStG, § 10 Rz. 127; *Mößlang* in Sölch / Ringleb / List, § 17 Rz. 55; *Husmann* in Rau / Dürrwächter / Flick / Koch, § 1 Anm. 93; *Giesberts* in Rau / Dürrwächter / Flick / Koch, § 3 Anm. 97 — Verpackung —; Bundesminister der Finanzen, BStBl. I 1968, 1121), sondern eine selbständige entgeltliche Lieferung. Das Gericht betont jedoch, daß sich hieraus unterschiedliche Rechtsfolgen nicht ableiten lassen. Als Begründung für eine selbständige Lieferung führt der BFH an, daß die Überlassung des Leerguts nicht „hinter dem Ganzen zurücktrete“ und der Lieferant zudem durch die umfangreiche Leergutregelung in den AGB zeige, daß er den Flaschen und Kästen einen „selbständigen wirtschaftlichen Wert“ beigemessen habe.

[26] BFH, BB 1987, 1376 (1377): *Giesberts* in Rau / Dürrwächter / Flick / Koch, UStG, § 3 Anm. 120 f.

[27] BFH, BB 1987, 1376 (1377).

vorbehalt" des Herstellers an seine Abnehmer weitergibt, ist eine solche Vereinbarung als unbeachtlich anzusehen. Die Zwischenhändler übertragen somit rechtsgeschäftlich gem. § 929 S. 1 BGB ihr Eigentum am Leergut bei Lieferung auf die Groß- und / oder Einzelhändler.

3. Ebene Händler[28] — Verbraucher

Im tatsächlichen Bereich bestehen keine Besonderheiten zu den oben behandelten Leerguttypen[29]. Den Verbraucher trifft daher nicht die Verpflichtung, das Leergut bei einem bestimmten Händler einzutauschen; vielmehr kann er dies bei jedem Händler seiner Wahl vornehmen, der Getränke in Einheitsflaschen und -kästen verkauft.

Da die Parteien keine ausdrücklichen Vereinbarungen über einen Eigentumsübergang treffen, ist zu untersuchen, ob sich unter Berücksichtigung der Gesamtumstände dahingehende schlüssige Erklärungen aus dem Parteiverhalten ergeben. Gegen einen Eigentumserwerb des Verbrauchers läßt sich wieder mit der Regelung der Pfandnahme argumentieren. Der Verbraucher erkennt darin im Unterschied zu den Einwegflaschen, für die er kein „Pfand" bezahlt, das Interesse des Herstellers an der Rückführung des Leerguts. Hat der Verbraucher dies aber erkannt, so liegt die Vermutung nahe, daß er sich für rückgabepflichtig hält und daher nur an eine gebrauchsweise Überlassung denkt. Mithin würde er die Übergabe des Leerguts anläßlich des Getränkekaufs nicht als Einigungsangebot des Händlers verstehen. Eine Einigung i. S. von § 929 S. 1 BGB käme demnach nicht zustande und der Verbraucher würde nicht Eigentümer des Leerguts werden.

Fraglich ist, ob die Bewertung der Interessenlage der Parteien dieses Ergebnis stützt. Das Verbraucherinteresse geht wiederum nur dahin, das Leergut alsbald zurückzugeben, um nicht erneut ein „Pfand" entrichten zu müssen. Dieses Interesse würde durch den Eigentumserwerb weder gefördert, noch geschmälert. Ein erkennbares Interesse des Verbrauchers am Eigentumserwerb ist folglich nicht ersichtlich[30]. Demgegenüber ist auf Seiten des Händlers kein offensichtliches schützenswertes Interesse[31] auszumachen, das gegen einen Eigentumsübergang spricht. Zum einen ließe sich zwar erwägen, daß der Händler, bliebe er Eigentümer, Ansprüche gegen den Verbraucher aus §§ 989, 990 BGB oder gar — für den Fall einer schuldhaften Zerstörung — Ansprüche aus Delikt erheben könnte[32]. Allerdings sind solche Ansprüche nicht durchsetzbar, denn regelmä-

---

28 Hierbei macht es keinen Unterschied, ob es sich um Groß- oder Einzelhändler handelt.

29 Siehe oben, A I 3 und B I 3.

30 So ausdrücklich OLG Köln, ZIP 1980, 1096 (1097).

31 Kollhosser / Bork, BB 1987, 909 (915).

32 Vgl. Martinek, JuS 1987, 514 (516). Hierbei ist zu berücksichtigen, daß ein solcher Anspruch der Höhe nach das vom Verbraucher bereits gezahlte Pfandgeld übersteigen

ßig kennt der Händler den Verbraucher nicht. Aber selbst wenn er ihn kennen würde, spräche das nicht für ein schützenswertes Interesse des Händlers, denn solche Ansprüche werden in dieser Branche schlichtweg nicht geltend gemacht. Zum anderen ist zu bedenken, daß es auch beim Verbraucher zu einer Vermengung von Einheitsleergut kommen kann, wodurch dem Händler sein Alleineigentum schon nach §§ 947, 948 BGB verloren ginge[33].Die Interessenlage der Parteien stützt somit das Ergebnis, daß dem Verbraucher der Eigentumserwerb am Leergut verwehrt sein soll, keineswegs zwingend.

Anderseits spricht aber für einen Eigentumserwerb des Verbrauchers, daß dieser Leerguttypus keine auf einen bestimmten Hersteller oder eine geschlossene Herstellergruppe hindeutende Kennzeichnung aufweist[34]. Gerade die charakteristische Kennzeichnung ist es aber, die bei den vorab behandelten Leerguttypen den fehlenden Übertragungswillen des Händlers für den Verbraucher erkennbar manifestiert. Hinzu kommt, daß der Händler keinen Wert darauf legt, dieselben Flaschen und Kästen zurückzuerhalten, sondern sich mit der Rückgabe gattungsgleichen Leerguts zufrieden gibt. Diese tatsächliche Handhabung, verbunden mit der fehlenden Kennzeichnung, läßt aus objektiver Sicht die Übergabe des Leerguts als Angebot des Händlers zur Übereignung verstehen. Die Annahme des Angebots durch den Verbraucher ist schließlich in der Vereinbarung mit dem Händler zu sehen, daß beliebige Eurobierflaschen und -kästen zurückzugeben sind und somit auch solche, die von anderen Händlern stammen.

Von einer Einigung zwischen Händler und Verbraucher ist daher auszugehen[35].

4. Zwischenergebnis

Bei Einheitsflaschen und -flaschenkästen geht das Eigentum auf jeder Vertriebsstufe des Handels nach § 929 S. 1 BGB auf den Empfänger des Leerguts über. Dies ist entsprechend auch beim Rücklauf des Leerguts vom Verbraucher zum Hersteller der Fall.

---

kann, soweit der Händler sich seinem Lieferanten gegenüber verpflichtet hat, für nicht zurückgeliefertes Leergut den Wiederbeschaffungspreis zu zahlen, der, soweit erhoben, regelmäßig mit dem Anschaffungspreis für neues Leergut in Rechnung gestellt wird (siehe unten, 4. Abschnitt A).

[33] OLG Düsseldorf, BB 1949, 237; Kollhosser/Bork, BB 1987, 909 (915).

[34] Daran ändert auch die teilweise Kennzeichnung von Flaschenkästen für einzelne Brauereien durch bestimmte Kürzel nichts (vgl. Fn. 1). Ebenso wie auf der Ebene Hersteller — Händler (vgl. Fn. 22), spielt die Kennzeichnung auch hier keine Rolle, da sie von den Parteien unbeachtet bleibt.

[35] So ausdrücklich: Kollhosser/Bork, BB 1987, 909 (915); Martinek, JuS 1987, 514 (521). Ebenso alle diejenigen, die in der Überlassung des Einheitsleerguts einen Darlehnsvertrag sehen (siehe unten, 3. Abschnitt, B III Fn. 10).

II. Auswirkungen im Konkurs

Im Falle des Konkurses von Zwischen-, Groß- oder Einzelhändlern wird das bei ihnen angesammelte Leergut als Gegenstände, die zum Vermögen des Gemeinschuldners gehören, gem. § 1 KO Bestandteil der Konkursmasse. Ein praktisch bedeutsamer Unterschied ergibt sich im Vergleich zu den vorab behandelten Leerguttypen dann, wenn nicht der unmittelbare Vertragspartner des Herstellers (regelmäßig der Zwischen- oder Großhändler)[36], sondern ein Abnehmer von diesem Vertragspartner in Konkurs fällt. In diesem Fall kann bei den Leerguttypen, die für einen einzelnen Hersteller oder eine geschlossene Herstellergruppe gekennzeichnet sind, der Hersteller (bzw. die Gruppe der Hersteller) seine Eigentumsrechte aus § 985 BGB geltend machen und nach § 43 KO Aussonderung verlangen[37]. Diese Möglichkeit bleibt den Brauereien bei Einheitsleergut versagt.

D. Zusammenfassung

Bei individualisierten Mehrwegflaschen und -flaschenkästen eines einzelnen Herstellers oder einer geschlossenen Herstellergruppe verbleibt das Eigentum am Leergut beim Hersteller. Fällt einer seiner Abnehmer in Konkurs, kann der Hersteller den Herausgabeanspruch aus § 985 BGB erheben und Aussonderung nach § 43 KO verlangen.

Bei dem für eine geschlossene Herstellergruppe gekennzeichneten Leergut ist das aber nur in der Weise denkbar, daß ein Hersteller nach Maßgabe der §§ 1011, 432 BGB Herausgabe an alle verlangt oder ein Dritter — regelmäßig ein Interessenverband — in Ausübung seiner satzungsmäßigen Rechte die Eigentumsansprüche für alle gegenüber dem Konkursverwalter wahrnimmt.

Dagegen wird bei nicht individualisiertem Einheitsleergut das Eigentum an Flaschen und Kästen auf jeder Vertriebsstufe rechtsgeschäftlich nach § 929 S. 1 BGB übertragen, so daß Aussonderungsansprüche im Händlerkonkurs für die Hersteller außer Betracht bleiben.

---

[36] Sicherlich kann der Hersteller auch nicht gegenüber seinen unmittelbaren Vertragspartnern Aussonderung nach § 43 KO verlangen, wenn diese in Konkurs fallen. Der Konkursverwalter wird aber das Leergut vernünftigerweise an den Hersteller herausgeben, um die Pfandgelder zurückzubekommen. Gleichzeitig würde er damit verhindern, daß der Hersteller im Falle der Nichtrückgabe des Leerguts die Forderung auf Ersatz zum Wiederbeschaffungspreis — wenn auch nur als Konkursforderung — geltend macht.

[37] Siehe oben, A II und B II.

2. Abschnitt

Rechtsnatur des Pfandes

Beim Getränkekauf wird dem Verkäufer vom Käufer neben dem Kaufpreis ein Pfandgeld gezahlt. Im Verhältnis Hersteller — Händler geschieht dies regelmäßig bargeldlos durch Überweisung auf das vom Hersteller geführte Leergutgeldkonto, während im Verhältnis Händler — Verbraucher das Pfandgeld bar zu zahlen ist.

Wie sich zeigen wird, ist die Beurteilung der Rechtsnatur des „Pfandes" in Rechtsprechung und Rechtslehre umstritten. Dabei differenzieren einige[1] nach dem Leerguttypus, während andere[2] auf die „jeweilige Sachlage" abstellen wollen. Im folgenden wird untersucht, ob sich die Rechtsnatur des „Pfandes" für alle Leerguttypen und vertraglichen Ebenen nicht doch einheitlich bestimmen läßt.

A. Echtes vertragliches Pfandrecht

Vom Wortlaut her liegt es nahe, das Pfandgeld als ein echtes vertragliches Pfandrecht im Sinne von § 1204 BGB zu charakterisieren. Dafür spricht auch, daß das Pfandgeld den Anspruch des Getränkeverkäufers auf Rückgabe des Leerguts sichern soll[3], wofür das Pfandrecht des BGB als Sicherungsrecht insofern geeignet erscheint. Daß die Rückgabeforderung möglicherweise erst zu einem künftigen Zeitpunkt zum Entstehen gelangt, steht dem gem. § 1204 II BGB nicht entgegen.

Jedoch lassen sich andere schwerwiegende Bedenken gegen die Charakterisierung des Pfandgeldes als echtes Pfandrecht anführen. Das Pfandrecht des BGB ist ein Recht an fremder Sache. Folglich verbleibt das Eigentum an der Sache beim Besteller. Ein echtes Pfand könnte das Pfandgeld demnach nur sein, wenn bei Barzahlung der Händler nicht Eigentümer des Geldes oder bei Überweisung der Hersteller nicht Inhaber der Forderung werden würde. In beiden Fällen geht der Parteiwille aber dahin, daß dem Empfänger das Geld zur freien Verfügung und damit zu Eigentum überlassen werden soll. Dies ergibt sich bei der

---

[1] Vgl. nur Müko-*Damrau*, § 1204 Rz. 8.

[2] RGRK-*Kregel*, § 1205 Rz. 14; Wolff-*Raiser*, § 173 I (S. 714 Fn. 1).

[3] Im Verhältnis Hersteller — Händler und der Händler untereinander ergibt sich das schon aus den AGB der Verkäufer, die folgende oder gleichlautende Klauseln enthalten: „*Zur Sicherung des Anspruchs auf Rückgabe* der Mehrwegflaschen und -kästen wird für diese ein Pfandgeld erhoben, das zusammen mit der Rechnung fällig und zahlbar ist".

Betrachtung der Interessenlage der Parteien. Bei Rückgabe des Leerguts will der Abnehmer nur den von ihm gezahlten Geldbetrag in gleicher Höhe erstattet haben. Keinesfalls kommt es ihm darauf an, die von ihm hingegebenen Geldstücke zurückzuerlangen. Demgegenüber hat der Empfänger des Pfandgeldes ein Interesse daran, das Geld in seinem Betrieb zu verwenden, sei es, um neue Ware zu kaufen oder um es an andere Kunden für zurückgebrachtes Leergut herauszugeben.

Wollte man anders entscheiden, müßte der als „Pfand" gezahlte Betrag vom Empfänger gem. § 1215 BGB gesondert verwahrt werden, insbesondere dürfte er den Betrag nicht für Firmenzwecke verwenden[4]. Die Annahme einer dahingehenden Abrede wäre jedoch lebensfremd.

Mit der einhelligen Auffassung in Rechtsprechung[5] und Literatur[6] ist daher im Regelfall davon auszugehen, daß nach dem Parteiwillen der Empfänger Eigentum am Pfandgeld erwerben und dem Getränkekäufer ein nur schuldrechtlicher Anspruch auf entsprechende Rückzahlung zustehen soll. Ein echtes Pfand im Sinne von § 1204 BGB kann das Pfandgeld demnach nicht sein.

B. Unregelmäßiges Pfandrecht

Die wohl h. M.[7] faßt das Pfandgeld als Barkaution und damit neben der Mietkaution als einen weiteren, praktisch wichtigen Anwendungsfall des irregulären oder unregelmäßigen Pfandrechts (pignus irregulare) auf. Von einem irregulären Pfandrecht spricht man, wenn der Pfandgläubiger ermächtigt ist, die zu Sicherungszwecken übergebenen Sachen zu verwenden und statt ihrer Sachen derselben Art und Menge zurückzugeben[8]. Das irreguläre Pfandrecht ist im BGB zwar nicht geregelt, wird aber trotzdem allgemein für zulässig gehalten mit der Rechtsfolge, daß die Vorschriften über das Sachpfand entsprechend zur Anwendung kommen sollen[9].

---

[4] Martinek, JuS 1987, 514 (518); Std-*Wiegand*, § 1204 Rz. 59.

[5] OLG Hamburg, OLG Rspr. 45, 150; OLG Hamm, BB 1954, 1045 (1046); a. A. OGH BrZ, NJW 1950, 345 (Allerdings war dem Lieferer hier zur Pflicht gemacht worden, das Geld gerade nicht in seinem Betrieb arbeiten zu lassen, sondern es unverwendet in Gewahrsam zu nehmen).

[6] Erman-*Ronke*; § 1205 Rz. 5; Kollhoser/Bork, BB 1987, 909 (910); Martinek, JuS 1987, 514 (518); Müko-*Damrau*, § 1204 Rz. 8; Oertmann, LZ 1918, Sp. 479 (481); Palandt-*Bassenge*, Überblick vor § 1204 Anm. 3 b; RGRK-*Ballhaus*, vor § 607 Rz. 23; Schäfer/Schäfer, ZIP 1983, 656 (657, Fn. 10); Staub-*Brüggemann*, § 380 Rz. 14, Std.-*Wiegand*, § 1204 Rz. 59.

[7] OLG Hamm, BB 1954, 1045 (1046); Dürkes, BB 1956, 25 (27); Oertmann, LZ 1918, Sp. 479 (481), Schäfer/Schäfer, ZIP 1983, 656 (657); Palandt-*Bassenge*, Überbl. vor § 1204 Anm. 3 b; Staub-*Brüggemann*, § 380 Rz. 14; Std.-*Wiegand*, § 1204 Rz. 59. Nicht ganz klar wird die Auffassung des BGH, BB 1963, 1400 (1401): „Das Pfandrecht wird im allgemeinen als ein sog. unregelmäßiges Pfandrecht angesehen."

[8] Std.-*Wiegand*, § 1204 Rz. 54.

Gegen die Zulässigkeit des irregulären Pfandrechts lassen sich Bedenken aus dem Grundsatz des „numerus clausus" der Sachenrechte erheben. Dingliche Rechte gibt es nach diesem Grundsatz nur, soweit das Gesetz sie zuläßt (Typenzwang) und nur in der vom Gesetz gewollten Form (Typenfixierung)[10]. Abweichende Vereinbarungen lassen die Pfandrechtsvorschriften bei der Art des Pfandverkaufes gem. § 1245 I 1 BGB zu, nicht jedoch von der Regelung, daß der Pfandgläubiger nur Besitzer und nicht Eigentümer wird (§ 1205 I BGB)[11].

Wenn die Zulässigkeit des irregulären Pfandrechts damit begründet wird, daß auch das Depotgesetz dieses Sicherungsinstitut gem. §§ 10ff., 13, 15 DepotG anerkenne[12], so mag dies nicht recht überzeugen. Schließlich ließe sich auch wie folgt argumentieren: Gerade weil dem Gesetzgeber durch den Typenzwang des BGB kein geeignetes Sicherungsinstitut zur Verfügung stand, hat er im Depotgesetz diese Sonderregeln für Wertpapiere geschaffen. So gesehen spricht die Regelung im Depotgesetz eher gegen die allgemeine Zulässigkeit eines irregulären Pfandrechts.

Auch die Anerkennung der Sicherungsübereignung kann nicht uneingeschränkt als Rechtfertigung für die Geltung des irregulären Pfandrechts herangezogen werden. Wenn Martinek[13] ausführt, daß das irreguläre Pfandrecht „so wenig wie die gewöhnliche Sicherungsübereignung gegen den numerus clausus der dinglichen Rechte verstoße", so ist dies zumindest dogmatisch nicht richtig. Zwar ist auch die Sicherungsübereignung im BGB nicht ausdrücklich erwähnt. Sie stellt jedoch keine irreguläre Form der Übereignung dar. Die Übereignung vollzieht sich vielmehr im Rahmen des BGB (§§ 929, 930 BGB), wenn auch verbunden mit einer schuldrechtlichen Sicherungsabrede[14].

Aber selbst wenn man trotz der aufgeführten Bedenken mit der h.M.[15] von der Zulässigkeit des irregulären Pfandrechts ausgeht, begegnet dieses Sicherungsinstitut beim Pfandgeld noch einer weiteren Schwierigkeit. Im Regelfall geht bei einer Kautionsstellung die Parteiabrede nämlich dahin, daß der Pfandgeber zunächst Eigentümer der dem Pfandnehmer übergebenen Sachen bleibt; der Gläubiger wird nur gleichzeitig ermächtigt (§ 185 I BGB), bei Bedarf über die Sachen zu verfügen[16]. Beim Pfandgeld hat sich jedoch gezeigt, daß die

---

[9] OLG Hamm, BB 1963, 1117; Baur, Sachenrecht, § 55 A I 3 a bb; Palandt-*Bassenge*, Überblick vor § 1204 Anm. 3; Soergel-*Augustin*, § 1204 Rz. 28; Std.-*Wiegand*, § 1204 Rz. 56; Westermann, Sachenrecht, S. 631.

[10] Siehe nur Palandt-*Bassenge*, Einl. vor § 854, Anm. 2 b.

[11] Freund / Barthelmess, NJW 1979, 2121 (2123).

[12] So Müko-*Damrau*, § 1204 Rz. 9.

[13] Martinek, JuS 1987, 514 (518).

[14] Freund / Barthelmess, NJW 1979, 2121 (2123).

[15] Siehe oben, Fn. 7 und 9.

[16] Müko-*Damrau*, § 1204 Rz. 9. Hingegen kann nach anderer Auffassung (Fn. 7) von einem irregulären Pfandrecht auch dann gesprochen werden, wenn der Gläubiger schon mit der Übergabe des Geldes Eigentum daran erlangen soll.

Parteien einen sofortigen Eigentumsübergang auf den Empfänger anstreben. Daraus läßt sich schließen, daß die Parteien gar kein dem Pfandrecht vergleichbares dingliches Recht an den Sachen entstehen lassen wollen[17]. Die hier vorliegende Abrede, daß das Eigentum sofort übergehen soll und später nur Sachen gleicher Art, Güte und Menge zurückzuerstatten sind, erfaßt das BGB vielmehr dogmatisch mit dem Rechtsinstitut des „Darlehns" oder der „unregelmäßigen Verwahrung".

Wegen der aufgeführten Bedenken vermag die Auffassung der h.M. nicht hinreichend zu überzeugen. Der Annahme, das Pfandgeld stelle ein „irreguläres Pfandrecht" dar, kann daher nicht gefolgt werden.

C. Kaufpreis

Sieht man in der Überlassung der Flaschen und Kästen einen Verkauf des Leerguts unter Verpflichtung des Verkäufers zum Rückkauf oder einen auflösend bedingten Verkauf[18], so hat das Pfandgeld schlicht den Charakter eines Kaufpreises[19].

Diese Auffassung ist zunächst insofern unbefriedigend, als sie nicht geeignet ist, die Rechtsnatur des Pfandgeldes, wie angestrebt, einheitlich für alle Leerguttypen zu bestimmen. Da nämlich bei den Leerguttypen, die für einen bestimmten Hersteller oder eine geschlossene Herstellergruppe gekennzeichnet sind, das Eigentum an Flaschen und Kästen beim Hersteller verbleibt[20], kann dort die Leergutüberlassung keinen Kauf darstellen, denn dieser ist gem. § 433 I S. 1 BGB auf Eigentumsübergang gerichtet. Kaufpreischarakter könnte das Pfandgeld folglich nur bei Einheitsleergut haben. Aber auch dort sind Zweifel angebracht. Vor allem auf der Ebene Hersteller — Händler widerspricht dem die Tatsache, daß der wahre Wert der Eurobierflasche und des dazugehörigen Kastens wesentlich höher liegt, als der Pfandbetrag, der dafür entrichtet wird[21]. Zwar spricht ein besonders günstiger Preis — demnach auch ein Preis unter Wert — nicht gegen eine Charakterisierung als Kauf[22]. Jedoch ist eine solche

---

[17] Vgl. Kollhosser / Bork, BB 1987, 909 (910).

[18] OLG Dresden, SeuffA 72 Nr. 49 (S. 82); OLG Hamburg, OLG Rspr. 45, 150; offengelassen in BGH, NJW 1956, 298; Alternativkommentar-*Reich*, § 1204 Rz. 4; Wolff-*Raiser*, Sachenrecht, § 173 I (S. 714, Fn. 1); Erman-*Ronke*, § 1205 Rz. 5; Martinek, JuS 1987, 514 (520f.); Müko-*Damrau*, § 1204 Rz. 8; Soergel[10]-*Augustin*, § 1204 Rz. 30; Std.-*Wiegand*, § 1204 Rz. 59.

[19] So ausdrücklich Erman-*Ronke*, § 1205 Rz. 5; Martinek, JuS 1987, 514 (522); Std.[11]-*Spreng*, § 1204 Rz. 23 c: „Das sog. Flaschenpfand stellt in Wirklichkeit das Entgelt für nicht zurückgegebene Flaschen dar, es hat den Charakter eines Kaufpreises."

[20] Siehe oben, 1. Abschnitt A, B.

[21] So macht der Pfandbetrag für die 0,5 l Eurobierflasche z. Zt. 0,15 DM aus, während der Neuanschaffungspreis nach Auskunft des Verbandes „Rheinisch-Westfälischer Brauereien e.V." z. Zt. 0,23-0,25 DM beträgt. Vgl. auch Dürkes, BB 1956, 25 (26).

[22] Soergel-*Huber*, § 433 Rz. 16.

Preispolitik beim Kauf generell unüblich[23]. Das wiederum läßt darauf schließen, daß die Parteien an einen Kauf bzw. Verkauf der Flaschen und Kästen auch bei Einheitsleergut gar nicht gedacht haben. Nicht zuletzt wird dies gerade durch die Vereinbarung des „Eigentumsvorbehalts“ in den AGB deutlich[24].

Hinzu kommt, daß das Pfandgeld dem Käufer nicht endgültig in Rechnung gestellt wird, sondern nach beiderseitigem Parteiwillen bei Rückgabe zu erstatten ist. Eine solche Abrede verträgt sich jedoch nicht mit dem Wesen des Kaufes. Dieses liegt darin, den Kaufgegenstand in die volle rechtliche Herrschafts- und Verfügungsmacht des Käufers endgültig[25] und auf Dauer[26] übergehen zu lassen. Eine Vereinbarung, den Gegenstand nach Benutzung wieder zurückzukaufen, entspricht diesem Wesen jedenfalls nicht[27].

Geht man darüber hinaus der Frage nach, warum Hersteller und Händler ein „Pfand“ erheben, so ergibt sich folgendes:

Für die Verbraucher soll mit der Aussicht auf Erstattung des Pfandgeldes ein Anreiz geschaffen werden, das Leergut zurückzugeben. Für die Händler soll es „dem Ausgleich des Schadens dienen, der entsteht, wenn das Leergut nicht zurückgegeben wird“[28]. Der primäre Zweck der Pfandzahlung liegt also nach dem Parteiwillen in der Sicherstellung von Herstellern und Händlern bezüglich ihrer Rückforderungsansprüche auf das Leergut[29]. Auch dieser Zweck aber ist mit dem oben dargelegten Wesen des Kaufes nicht zu vereinbaren.

Das Pfandgeld kann somit auch bei Einheitsleergut nicht den Charakter eines Kaufpreises haben[30].

D. Vertragsstrafe

Weiterhin ließe sich erwägen, die Pfandabrede als Vertragsstrafeversprechen im Sinne von §§ 339ff. BGB anzusehen. Zu dieser Auffassung gelangte der BGH[31] in einem Fall, in dem der Abnehmer dem Lieferanten Pfandgelder weder in bar noch durch Überweisung hatte zukommen lassen. Die Parteien hatten

---

[23] Dürkes, BB 1956, 25 (26).

[24] So auch OLG Düsseldorf, BB 1949, 237.

[25] Soergel-*Huber*, vor § 433 Rz. 1 und 7.

[26] Larenz, Schuldrecht II/1, § 39 II a (S. 10).

[27] Kollhosser / Bork, BB 1987, 909 (915).

[28] BGH, BB 1963, 1400 (1401).

[29] FG Rheinland-Pfalz, BB 1987, 374 (375); Baumbach / Duden / Hopt, HGB, § 346 Anm. 2; Kollhosser / Bork, BB 1987, 909 (911); Oertmann, LZ 1918, Sp. 479 (480). Auf der Ebene Hersteller — Händler bzw. auch der Händler untereinander ist dieser Zweck in den AGB vielfach festgeschrieben, wie bspw.: „Bei Rechnungserstellung wird das brauereiübliche Pfand berechnet. Es dient lediglich als Sicherheit“.

[30] Im Ergebnis ebenso: Dürkes, BB 1956, 25 (27); Kollhosser / Bork, BB 1987, 909 (911 u. 915); Oertmann, LZ 1918, Sp. 479 (480); Schäfer / Schäfer, ZIP 1983, 656 (657).

[31] BGH, BB 1963, 1400 = MDR 1964, 45.

ihre Rechtsbeziehung vielmehr so ausgestaltet, daß der Lieferant für seine Kunden ein Leergutkonto führte, von dem dieser laufend Abrechnungen erhielt und auf dem ihm geliefertes Leergut unter der Bezeichnung „Verrechnungspfand" in Rechnung gestellt wurde. Die Forderung auf dem Konto wurde wieder gestrichen, sobald der Abnehmer das Leergut zurückgeliefert hatte. Solche Vereinbarungen sind im Getränkehandel auch heute noch auf der Ebene Hersteller — Händler anzutreffen[32].

Ob sich eine dahingehende Pfandbabrede in Übereinstimmung mit dem BGH als Vertragsstrafe charakterisieren läßt, ist durch Auslegung der Gesamtumstände zu ermitteln. In den Motiven zum BGB[33] wird der Vertragsstrafe eine doppelte Funktion zugeschrieben: Zum einen soll sie die Erfüllung der Hauptverbindlichkeit als Druckmittel sichern, und zum anderen soll sie den Schadensnachweis erleichtern oder ganz ersparen. Zweifellos geht bei obiger Vereinbarung der Parteiwille dahin, auf den Abnehmer durch die Belastung des Leergutkontos Druck auszuüben. Bei Nichtrückführung des Leerguts soll der Abnehmer nämlich ansonsten zur Begleichung der Forderung verpflichtet sein. Darüber hinaus wollen die Parteien dem Lieferanten aber auch den Schadensnachweis ersparen, denn die Zahlungspflicht des Abnehmers und damit die Entschädigung des Lieferanten soll genau der Summe entsprechen, mit der das Leergutkonto belastet wird.

Durch Vertragsauslegung läßt sich daher mit dem BGH in den — freilich seltenen — Fällen, in denen keine Pfandgelder bar gezahlt oder überwiesen, sondern lediglich als Forderung auf einem Leergutkonto gebucht werden, zu dem Ergebnis gelangen, daß die Parteien eine Vertragsstrafe vereinbart haben[34]. Die Vertragsstrafe soll nach dem Parteiwillen dann verwirkt sein, wenn das Leergut nicht zurückgeliefert wird. Verlangt der Lieferant über die Höhe der Vertragsstrafe hinaus Schadensersatz[35], so ist gem. § 340 II BGB die Vertragsstrafe in voller Höhe auf diesen Anspruch anzurechnen. § 341 BGB findet allerdings keine Anwendung, denn andernfalls könnte der Lieferant nach Ablauf der in den AGB vielfach vereinbarten Rückgabefristen die Forderung geltend machen und zusätzlich noch die Rückgabe des Leerguts fordern[36].

---

[32] Zumeist werden aber neben den Leergutkonten noch Leergutgeldkonten geführt, auf denen die Pfandgelder gleich nach Erhalt der Warenlieferung einzuzahlen sind.

[33] Mot. II, S. 275. Vgl. auch BGHZ 63, 256 (259f.); 85, 305 (312f.); Erman-*H.P. Westermann*, vor §§ 339-345 Rz. 1; Palandt-*Heinrichs*, vor § 339 Anm. 1 a.

[34] Ebenso Erman-*Ronke*, § 1205 Rz. 5. Wohl auch: OLG Celle, DB 1969, 302; Jauernig-*Vollkommer*, § 339 Anm. 3 a aa; Müko-*H.P. Westermann*, § 607 Rz. 83. Anders Kollhosser / Bork, BB 1987, 909 (910f.) und Müko-*Kollhosser*, § 598 Rz. 22, die hierin die Vereinbarung einer (pauschalierten) Schadensersatzforderung unter der aufschiebenden Bedingung sehen, daß die entsprechende Menge Leergut bis zu einem bestimmten Zeitpunkt nicht zurückgegeben wird.

[35] Auf der Ebene Hersteller — Händler ist dies wegen der sog. „Wiederbeschaffungspreis-Klausel" in den AGB stets der Fall.

[36] Martinek, JuS 1987, 514 (520).

Einer weitergehenden Auffassung[37] zufolge können Pfandgelder aber auch dann als Vertragsstrafe charakterisiert werden, wenn sie in bar entrichtet oder auf das Lieferantenkonto überwiesen werden. Das Pfandgeld stellt dann eine vorausbezahlte, aufschiebend bedingte Vertragsstrafe dar; die Bedingung und damit der endgültige Verfall soll eintreten, wenn das Leergut nicht frist- oder ordnungsgemäß zurückgeliefert wird. Anzunehmen sei dies vor allem in Fällen, in denen der Lieferant ein über den Wert der Verpackung hinausgehendes Pfandgeld, ein sog. „Mehrwertpfand", erhebt[38].

Die Frage, ob sich gerade aus dem „Mehrwertpfand" Argumente für die Annahme einer Vertragsstrafe entnehmen lassen, kann dahingestellt bleiben. Heutzutage ist es jedenfalls nicht nur bei Leergut, sondern auch bei anderen Verpackungen unüblich, einen höheren Wert als „Pfand" einzubehalten. Liegt aber ein „Mehrwertpfand" nicht vor, so läßt sich nur schwer begründen, daß der Parteiwille bei der Bezahlung des „Pfandes" auf eine vorausbezahlte Vertragsstrafe gerichtet sein soll. Daß ein Ereignis eintritt, aufgrund dessen der Abnehmer nicht zurückliefern kann und damit den Bedingungseintritt auslöst, ist ein höchst ungewisser Umstand[39]. Es wäre realitätsfremd, anzunehmen, die Zahlung von Pfandgeldern erfolge deswegen, weil die Parteien einen zukünftigen, weder sicheren noch wahrscheinlichen Schadensersatzanspruch begleichen wollen. Vielmehr ist der Parteiwille primär darauf gerichtet, mit den Pfandgeldern den Rückforderungsanspruch des Getränkeverkäufers auf das Leergut zu sichern[40]. Die Auffassung, das Pfandgeld sei auch bei sofortiger realer Leistung als Vertragsstrafe zu charakterisieren, ist daher für das Leergutpfand abzulehnen.

E. Vorweg geleistete Schadenspauschale

Auch die Annahme, im „Pfand" sei eine vorweg geleistete Schadenspauschale[41] zu sehen, läßt sich mit dem Parteiwillen nicht vereinbaren. Dagegen sprechen die gleichen Bedenken, die schon gegen die Charakterisierung des „Pfandes" als vorausbezahlte Vertragsstrafe angeführt wurden. Hier wie dort steht für die Parteien die Sicherstellung der Lieferanten im Vordergrund, nicht aber die Begleichung eines nur eventuell zur Entstehung gelangenden Schadensersatzanspruchs[42].

---

[37] OLG Stuttgart, NJW 1949, 68 mit zust. Anm. Krekels; Dürkes, BB 1948, 68 (73) und BB 1956, 25 (27); Erman-*Schopp*, vor § 535 Rz. 50; Schäfer/Schäfer, ZIP 1983, 656 (657, Fn. 11); Std.-*Wiegand*, § 1204 Rz. 59.

[38] OLG Stuttgart, NJW 1949, 68 mit Anm. Krekels; Dürkes, BB 1948, 68 (73) und BB 1956, 25 (27); Erman-*Schopp*, vor § 535 Rz. 50.

[39] Kollhosser/Bork, BB 1987, 909 (911); Martinek, JuS 1987, 514 (520); Oertmann, LZ 1918, Sp. 479.

[40] Siehe oben, C.

[41] Baur, ZIP 1980, 1101 (1102); Schäfer/Schäfer, ZIP 1983, 656 (657). Vgl. auch Kollhosser/Bork, BB 1987, 909 (910f.); Müko-*Kollhosser*, § 598 Rz. 22.

F. Unregelmäßige Verwahrung

Denkbar wäre es, das Rechtsverhältnis zwischen Lieferant und Abnehmer im Hinblick auf die Pfandleistungen als unregelmäßige Verwahrung gem. § 700 I BGB zu kennzeichnen[43]. Dafür spricht, daß die unregelmäßige Verwahrung der Pfandabrede insofern gleicht, als das Eigentum auf den Verwahrer übergehen soll und dieser lediglich Sachen gleicher Art, Güte und Menge zurückzugewähren hat.

Dagegen läßt sich jedoch anführen, daß bei der unregelmäßigen Verwahrung die Hingabe der vertretbaren Sachen „vorwiegend im Interesse des Hinterlegers geschieht, der der Mühe oder der Risiken der Aufbewahrung enthoben sein will"[44]. Die Zahlung der Pfandgelder hingegen dient, wie sich gezeigt hat, der Sicherung der Rückforderungsansprüche und erfolgt daher primär im Interesse der Lieferanten und gerade nicht im Interesse der Abnehmer. Zudem entspricht es dem Parteiwillen bei der Pfandregelung sicher nicht, daß gem. § 700 I S. 3 i. V. m. § 695 BGB beim Verwahrungsvertrag der Hinterleger das Recht hat, die Sache jederzeit zurückzufordern, auch wenn eine Zeit für die Aufbewahrung bestimmt ist[45]. Das Rechtsverhältnis bezüglich der Pfandabrede läßt sich somit auch nicht als unregelmäßige Verwahrung kennzeichnen[46].

G. Darlehn

Schließlich könnte in der Hingabe des Pfandgeldes ein Darlehn[47] des Getränkekäufers an den Verkäufer gesehen werden. Die Annahme eines Darlehns entspricht dem Parteiwillen bei der Pfandabrede insofern, als es für das Darlehn typisch ist, daß der Darlehnsnehmer die Darlehnssumme zu Eigentum erwirbt und nur Sachen von gleicher Art, Güte und Menge zurückzuerstatten hat, § 607 I BGB.

---

[42] Kollhosser / Bork, BB 1987, 909 (911); Martinek, JuS 1987, 514 (520); Oertmann, LZ 1918, Sp. 479 („vorweggenommener Schadensersatz").

[43] So für die „Mietkaution": Rödding, BB 1968, 934 (935); Erman[5]-*Wagner*, § 700 Anm. 3.

[44] Larenz, Schuldrecht II/1, § 58 (S. 460).

[45] Zwar können die Parteien bei der unregelmäßigen Verwahrung die Geltung des § 695 BGB ausschließen (Palandt-*Thomas*, § 700 Anm. 3), jedoch liegt dann keine unregelmäßige Verwahrung mehr vor, sondern es überwiegt der Charakter des Darlehns (Larenz, Schuldrecht II/1, § 58, S. 461).

[46] Ebenso, allerdings für die „Mietkaution": LG Essen, NJW 1977, 252; Demuth, ZMR 1976, 195 (197); Freund / Barthelmess, NJW 1979, 2121 (2122); Köhler, ZMR 1971, 3 (4).

[47] Erman-*Ronke*, § 1204 Rz. 2 und § 1205 Rz. 5; Kollhosser / Bork, BB 1987, 909 (911); Müko-*Damrau*, § 1204 Rz. 8; Müko-*Kollhosser*, § 598 Rz. 22; ebenso für den Fall der „Barkaution": Alternativkommentar-*Reich*, § 1204 Rz. 3; für die „Mietkaution": Demuth, ZMR 1976, 195 (197).

Gegen die Charakterisierung als Darlehn wird eingewendet, daß dies dem Wesen des „Pfandes“ als Sicherheitsleistung nicht gerecht werde. Zweck des Darlehns sei es, dem Darlehnsnehmer zu helfen, ihm kreditweise Geld oder andere vertretbare Sachen zu verschaffen. Bei Hingabe des Pfandgeldes hingegen hätten die Parteien in Wahrheit nur die Sicherstellung vor Augen; an eine Kreditgewährung denke keiner der Kontrahenten[48].

Daß die Parteien keine Kreditgewährung anstreben, sondern nur den Rückforderungsanspruch sichern wollen, ist unbestritten. Nicht einzusehen ist jedoch, warum der Sicherungszweck die Annahme eines Darlehns ausschließen soll. Zwar ist die Hingabe von Geld, um den Vertragspartner zu sichern, kein typischer Darlehnszweck[49]. Das Darlehn kennt indes keinen bestimmten Zweck[50] und dieser ist für die rechtliche Einordnung als Darlehn auch belanglos[51]. Das verkennt die Gegenmeinung[52], die sich in ihrer Begründung nur an der für das Darlehn gewöhnlichen Interessenlage der Parteien orientiert. Auch den Motiven[53] oder Protokollen zum Entwurfe des BGB ist eine dahingehende einschränkende Auslegung des Begriffs „Darlehn“ nicht zu entnehmen.

Kennzeichnend für das Darlehn ist vielmehr allein die Überlassung eines Kapitals zu zeitlich begrenzter Nutzung[54]. Und genau dies ist sowohl im Verhältnis Hersteller — Händler als auch im Verhältnis Händler — Verbraucher der Inhalt der Pfandabrede. Der Getränkeverkäufer soll mit der Übergabe des Pfandgeldes Eigentümer werden und den Betrag in voller Höhe erst dann erstatten, wenn der Käufer Leergut gleicher Art, Güte und Menge zurückliefert. Der darüber hinaus angestrebte Sicherungszweck bei der Pfandabrede steht der rechtlichen Qualifizierung als Darlehn demnach nicht entgegen. Folglich handelt es sich bei der Hingabe von Pfandgeldern um eine durch den Sicherungszweck bestimmte Darlehnsabrede, man spricht insoweit von einem „*Sicherungsdarlehn*“[55].

---

[48] Meyer, Das irreguläre Pfandrecht, S. 4f.; Nichterlein, S. 42; für die „Mietkaution“: Köhler, ZMR 1971, 3 (4).

[49] Demuth, ZMR 1976, 195 (197); Freund/Barthelmess, NJW 1979, 2121 (2122).

[50] Demuth, ZMR 1976, 195 (197).

[51] RGRK-*Ballhaus*, vor § 607 Rz. 3.

[52] Siehe unter Fn. 48.

[53] Die Motive sahen den Begriff im Rechtsleben so eingebürgert, daß eine Definition entbehrlich erschien (Mot. II, S. 306). Erforderlich für den Begriff des Darlehns ist nach den Motiven, daß *Gegenstand* nur Geld oder andere vertretbare Sachen sein dürfen (Mot. II, S. 306), die *Eigentumsverschaffung* (Mot. II, S. 307) und die *Erstattungspflicht* (Mot. II, S. 306).

[54] Brox, SchR. BT., Rz. 221 (S. 136); Jauernig-*Vollkommer*, § 607 Anm. 1 a; Palandt-*Putzo*, Einf. § 607 Anm. 2; RGRK-*Ballhaus*, vor § 607 Rz. 3.

[55] Vgl. die Autoren unter Fn. 47.
Ein „schuldrechtliches Sicherungsinstitut eigener Art“ nimmt Soergel-*Huber*, § 448 Rz. 26 — allerdings ohne Begründung — an. Ebenso für die „Mietkaution“:

I. Inhalt der Sicherungsabrede

Der Sicherungszweck des Darlehns ist in einer gesonderten, zwischen den Parteien vereinbarten Sicherungsabrede festgelegt. Auf der Ebene Hersteller — Händler wird diese ausdrücklich durch Vereinbarung in den AGB geschlossen. Im Verhältnis Händler — Verbraucher kommt die Abrede konkludent dadurch zustande, daß jeder Verbraucher die Bedeutung des „Pfandverfahrens“ kennt. Diese Sicherungsabrede der Parteien hat folgenden Inhalt:

Das Pfandgeld wird vom Getränkekäufer zur Sicherung des Rückerstattungsanspruchs des Verkäufers bezüglich des Leerguts gezahlt. Der Sicherungszweck ist beendet und das Pfandgeld ist dem Käufer zu erstatten, sobald dieser das Leergut im ordnungsgemäßen, d. h. im wiederverwendbaren Zustand zurückgeliefert hat. Ist das Leergut nicht im ordnungsgemäßen Zustand oder wird nur ein Teil der erhaltenen Flaschen und Kästen zurückgeliefert[56], so behält der Verkäufer die für diesen Teil gezahlten Pfandgelder ein.

II. Anwendbares Recht bezüglich der Sicherungsabrede

Fraglich ist, welche Rechtsnormen bezüglich der Sicherungsabrede nach dem Parteiwillen Anwendung finden sollen. In Betracht kommt insoweit Darlehnsrecht[57] oder die entsprechende Anwendung der Pfandrechtsvorschriften[58]. Für letztere fällt ausschlaggebend ins Gewicht, daß sie am Sicherungszweck orientiert sind und auch die Parteien primär die Sicherstellung des Getränkeverkäufers erstreben.

Es finden jedoch nicht alle Bestimmungen der §§ 1204ff. BGB entsprechende Anwendung auf die Sicherungsabrede. Das gilt zunächst für den § 1214 BGB, denn der Getränkeverkäufer ist, soweit er aus den Pfandgeldern Zinsen zieht, sicher nicht verpflichtet, darüber Rechenschaft abzulegen oder gar eine Anrechnung der Zinsen i.S. von § 1214 II BGB vorzunehmen. Es entfallen zudem die Regelungen über den Pfandverkauf gem. §§ 1228ff. BGB. Denn der Getränkeverkäufer hat mit dem Geld bereits das inne, worauf der Pfandverkauf

---

Freund/Barthelmess, NJW 1979, 2121 (2125); LG München I, ZMR 1977, 330 (331). Martinek, JuS 1987, 514 (518) führt zwar aus, daß „es sich praktisch um ein Sicherungsdarlehn des Schuldners an den Gläubiger handelt, das einer Gegenforderung des Gläubigers zur Deckung dient“, charakterisiert aber das Pfandgeld letztendlich als Kaufpreis.

[56] In den AGB der Hersteller finden sich vielfach Klauseln, wonach nicht nur beschädigtes oder verlorengegangenes Leergut von den Händlern zum „Wiederbeschaffungspreis“ zu ersetzen ist, sondern auch solches, das nicht innerhalb einer festgelegten Frist (meist 1-3 Monate) zurückgeliefert wird. Zu der geringen praktischen Bedeutung dieser Vereinbarung, siehe unten 4. Abschnitt A.

[57] So für die „Barkaution“: Alternativkommentar-*Reich*, § 1204 Rz. 3.

[58] So die ganz h. M. (Fn. 7 und 9), die das Pfandgeld als irreguläres Pfandrecht charakterisiert. Andeutend auch Kollhosser/Bork, BB 1987, 909 (911, Fn. 15).

an sich gerichtet ist[59]. Ebenso entfallen die Normen, die mit der dinglichen Natur des Pfandrechts unmittelbar zusammenhängen[60].

Entsprechende Anwendung müssen aber alle die Vorschriften finden, die lediglich den Sicherungszweck im Auge haben, insbesondere diejenigen, die sich auf das innere Rechtsverhältnis zwischen Verpfänder und Pfandgläubiger beziehen[61]. Dazu zählen die §§ 1223, 1252 BGB[62]. Danach ist der Pfandgläubiger zur Rückerstattung verpflichtet, sobald die gesicherte Forderung erloschen ist und der Verpfänder kann die Rückerstattung gegen Befriedigung des Gläubigers verlangen. Diese Regelungen entsprechen exakt dem Inhalt der Sicherungsabrede. Der Getränkeverkäufer soll das Pfandgeld erstatten, wenn das Leergut zurückgeliefert wird und der Käufer soll auch den Anspruch auf Erstattung haben.

Bezüglich der Vereinbarung, daß Pfandgelder für nicht zurückgeliefertes Leergut einbehalten werden, findet § 1247 BGB entsprechende Anwendung. Soweit demnach der Getränkeverkäufer seinen Rückgabeanspruch wegen Verlust oder Beschädigung nicht mehr realisieren kann und dieser sich in einen Schadensersatzanspruch umwandelt[63], soll der Ersatzanspruch von vornherein automatisch mit dem Pfandgeld verrechnet werden[64].

Läßt man die Pfandrechtsvorschriften grundsätzlich zur Anwendung gelangen, so bleibt zu prüfen, ob nicht auch § 1229 BGB analog eingreift. § 1229 BGB erklärt eine Verfallabrede vor Fälligkeit der Schuld für nichtig. Zwar kann bei der Pfandabrede nicht mehr die Gefahr bestehen, daß dem Getränkeverkäufer das Eigentum am Pfandgeld zufällt, denn dieser erlangt Eigentum daran schon mit der Übergabe[65]. Aber § 1229 BGB betrifft nicht nur den dinglichen, sondern auch den schuldrechtlichen Verfallvertrag[66]. Hier jedenfalls könnte der schuldrechtliche Rückgabeanspruch des Getränkekäufers auf das Pfandgeld von einer Verfallabrede erfaßt sein. Dafür spricht, daß nach der Vorstellung der Parteien die Pfandgelder für nicht oder nicht im ordnungsgemäßen Zustand zurückgeliefertes Leergut ohne weiteres — wenn auch unter Verrechnung mit einer möglichen Schadensersatzforderung — beim Getränkeverkäufer verbleiben sollen[67].

Ob aber der Rechtsgedanke[68] des § 1229 BGB auf die Pfandabrede Anwendung findet, ist in der Literatur heftig umstritten[69]. Indes ist zweifelhaft, ob der

[59] Martinek, JuS 1987, 514 (518); Oertmann, LZ 1918, Sp. 479 (483).

[60] OLG Bamberg, SeuffA 64 Nr. 48 (S. 100f.).

[61] OLG Bamberg, SeuffA 64 Nr. 48 (S. 101); Std.-*Wiegand*, § 1204 Rz. 56.

[62] OLG Bamberg, SeuffA 64 Nr. 48 (S. 101); Std.-*Wiegand*, § 1204 Rz. 56.

[63] Dazu unten, 3. Abschnitt B I 4 c) bb).

[64] Oertmann, LZ 1918, Sp. 479 (483). Vgl. auch Martinek, JuS 1987, 514 (519).

[65] Soergel[10]-*Augustin*, § 1229 Rz. 6, sieht hierin den Grund, warum § 1229 BGB keine Anwendung finden soll.

[66] Müko-*Damrau*, § 1229 Rz. 2; RGRK-*Kregel*, § 1229 Rz. 1.

[67] Ebenso Martinek, JuS 1987, 514 (519); Oertmann, LZ 1918, Sp. 479 (483).

Streit beim Flaschen- und Kastenpfand überhaupt praktische Auswirkungen hat. Ein Eingreifen des § 1229 BGB würde nämlich zwei Verbote auslösen[70]:Zum einen dürfte der Getränkeverkäufer den Pfandbetrag nicht neben dem Rückforderungsanspruch auf das Leergut oder ohne Anrechnung auf den bei dessen Verlust zu leistenden Ersatz behalten. Dieses Verbot ist aber bereits Inhalt der Sicherungsabrede der Parteien. Danach soll bei Nichtrücklieferung stets eine Verrechnung der Pfandgelder mit der Schadensersatzforderung des Pfandnehmers stattfinden. Zum anderen dürfte der Pfandbesteller nicht den Anspruch auf Rückerstattung des Pfandbetrages verlieren, der den Schaden übersteigt. Bei der Pfandabrede könnte dieses Verbot nur relevant werden, wenn das Pfandgeld einen höheren Wert hätte, als der durch die Nichtrücklieferung des Leerguts entstandene Schaden. Jedoch ist das beim Flaschen- und Kastenpfand regelmäßig gerade nicht der Fall. Weder der vom Verbraucher an den Händler, noch der vom Händler an den Hersteller geleistete Pfandbetrag erreicht auch nur annähernd den wahren Leergutwert, der je nach Flaschentypus 1/3 - 2/3 höher[71], bei den Kästen gar doppelt so hoch liegen kann. Aber auch in den seltenen Fällen[72], in denen Hersteller oder Zwischenhändler von ihren Abnehmern eine Sicherheitsleistung verlangen, die höher ist als der Leergutwert, greift das Verbot des § 1229 BGB nicht ein, da der Betrag zumindest nicht über den Wiederbeschaffungspreis für neues Leergut hinausgeht und den Schaden somit nicht übersteigt.

Mithin ist der Streit um die Anwendbarkeit des § 1229 BGB auf das Flaschen- und Kastenpfand allein theoretischer Natur.

H. Zusammenfassung

Der vom Getränkekäufer an den -verkäufer geleistete „Pfandbetrag" ist ohne Rücksicht auf den Leerguttypus und die jeweilige Vertriebsebene seiner Rechtsnatur nach ein Darlehn, das den Rückforderungsanspruch bezüglich des Leerguts sichert (sog. Sicherungsdarlehn). Der Darlehnsvereinbarung liegt eine Sicherungsabrede zugrunde, auf die einzelne Bestimmungen der Pfandrechtsvorschriften, insbesondere die §§ 1223, 1252 BGB und § 1247 BGB entsprechende Anwendung finden.

---

[68] Nach RGRK-*Kregel*, § 1229 Rz. 1, entspricht das Verbot des § 1229 BGB dem allgemeinen Rechtsgedanken, „daß sich vor Eintritt einer gewissen Sachlage niemand zum Verzicht auf Rechtsbehelfe verpflichten kann, die ihm das Gesetz für den Fall des Eintritts dieser Sachlage verliehen hat".

[69] Dafür: Martinek, JuS 1987, 514 (519); Oertmann, LZ 1918, Sp. 479 (483 ff.); Raape, Die Verfallklausel, S. 67; RGRK-*Kregel*, § 1229 Rz. 2; Std.[11]-*Spreng*, § 1229 Rz. 23. Dagegen: Müko-*Damrau*, § 1229 Rz. 7; Soergel[10]-*Augustin*, § 1229 Rz. 6; Std.-*Wiegand*, § 1204 Rz. 59.

[70] Vgl. Oertmann, LZ 1918, Sp. 479 (485); RGRK-*Kregel*, § 1229 Rz. 2.

[71] Dürkes, BB 1956, 25 (26); Kollhosser / Bork, BB 1987, 909 (915); Schäfer / Schäfer, ZIP 1983, 656 (657); vgl. auch Fn. 21.

[72] Vgl. den Sachverhalt von BFH, BB 1987, 1376.

3. Abschnitt

Leergutüberlassung und Schuldvertragstypen

Während hinsichtlich des Flascheninhalts, also der Getränke, ohne Zweifel ein Kaufvertrag[1] anzunehmen ist, begegnet die Bestimmung des schuldrechtlichen Vertragstypus in bezug auf die Überlassung des Leerguts erheblichen rechtlichen Problemen.

A. Selbständiger Vertrag oder unselbständige Nebenabrede

Umstritten ist bereits, ob die gebrauchsweise Überlassung des Leerguts überhaupt als ein selbständiger schuldrechtlicher Vertrag zu beurteilen ist. Oertmann sieht darin lediglich eine im Rahmen des Getränkeverkaufs liegende Nebenabrede: der Rückforderungsanspruch hinsichtlich des Leerguts wäre danach „ein Anspruch aus dem Verkaufe (ex vendito)“[2].

Ob aber nicht doch ein selbständiger Vertrag zustandekommt, der nur wirtschaftlich mit dem Kaufvertrag verknüpft ist, hängt letztendlich vom Willen der Parteien ab[3]. Dieser ist mangels ausdrücklicher Erklärungen durch Würdigung der Gesamtumstände zu ermitteln. Dabei fällt entscheidend die tatsächliche Handhabung der Pfand- und Rückgaberegelung auf der Ebene Hersteller — Händler ins Gewicht. Denn diese Regelung wird von den Parteien getrennt vom Kauf des Flascheninhalts getroffen. Verdeutlicht wird das zum einen dadurch, daß die Hersteller für die Händler Leergutkonten und -geldkonten führen. Zum anderen werden Kaufpreis und Pfandgeld gesondert auf den Rechnungen ausgewiesen. Diese Trennung wird noch durch die Tatsache unterstrichen, daß die AGB der Hersteller weniger Modalitäten des Getränkekaufs betreffen, sondern überwiegend Klauseln zur Pfandregelung und Leergutrücklieferung beinhalten.

Entsprechendes gilt für die Ebene Händler — Verbraucher. Auch hier erfolgt eine getrennte Ausweisung und Abrechnung von Pfandgeld und Kaufpreis. So ist es im Handel üblich, den Kaufpreis für die Getränke mit dem Zusatz „ohne Pfand“ auszuweisen und die Pfandgelder bei Rückgabe des Leerguts zumeist aus einer gesonderten Kasse zu erstatten.

---

[1] Vgl. nur Martinek, JuS 1987, 514.

[2] Oertmann, LZ 1981, Sp. 479 (481); ebenso: OLG Hamburg, OLG Rspr. 14, 375 (377) für Mehlsäcke; OLG Celle, SeuffA 66 Nr. 66; KG, JW 1929, 330 Nr. 1; Std.-*Reuter*, § 598 Rz. 8.

[3] RGZ 159, 65 (66).

Wie sich an der tatsächlichen Handhabung zeigt, wird es dem Parteiwillen nicht gerecht, die Leergutüberlassung lediglich als Nebenabrede zum Kaufvertrag zu sehen. Es ist vielmehr anzunehmen, daß die Parteien diesbezüglich einen selbständigen Vertrag schließen, der freilich wirtschaftlich mit dem Kauf verbunden ist[4].

B. Schuldvertragstypen

Im folgenden wird untersucht, ob sich die unterschiedlichen Leerguttypen unter Berücksichtigung der Eigentumsverhältnisse und des tatsächlichen Verhaltens der Parteien einem schuldrechtlichen Vertragstypus des BGB im Hinblick auf die Leergutüberlassung zuordnen lassen.

I. Schuldvertragstypus bei individualisierten Mehrwegflaschen und -flaschenkästen eines einzelnen Herstellers

1. Kaufvertrag mit Rückverkaufsverpflichtung oder Darlehn

Es ließe sich erwägen, die Leergutüberlassung als Kaufvertrag mit Rückverkaufsverpflichtung[5] für den Abnehmer oder als Darlehn[6] zu qualifizieren. Jedoch sind beide Vertragstypen nicht mit der vorliegenden dinglichen Rechtslage in Einklang zu bringen. Es hat sich nämlich gezeigt[7], daß dem Hersteller bei diesem Leerguttypus das Eigentum an den Flaschen und Kästen auf jeder Vertriebsstufe verbleibt. Demgegenüber setzen Kauf und Darlehn einen Eigentumsübergang voraus. Für den Kauf folgt dies unmittelbar aus § 433 S. 1 BGB, für das Darlehn aus „Sinn und Zweck des Darlehnsgeschäftes"[8]. Kauf und Darlehn kommen somit als schuldrechtliche Vertragstypen nicht in Betracht.

2. Miete

Mit den dinglichen Rechtsverhältnissen vereinbar wäre jedenfalls die Annahme eines Mietvertrages[9], weil bei der Miete das Mietobjekt im Eigentum des Vermieters verbleibt.

---

[4] So ausdrücklich: RGZ 159, 65 (66); Dürkes, BB 1956, 25f.; Kollhosser/Bork, BB 1987, 909 (910); Mayer-Wegelin, LZ 1929, Sp. 1450 (1451 ff.), der allerdings die Entscheidung der Frage vom Wert der Emballage abhängig machen will; Müko-*Kollhosser*, § 598 Rz. 22; Schäfer/Schäfer, ZIP 1983, 656 (657); offengelassen vom BFH, BB 1987, 1376 (1377).

[5] Vgl. OLG Hamburg, OLG Rspr. 45, 150.

[6] So die herrschende Auffassung bei Einheitsleergut (siehe unten, III Fn. 10).

[7] Siehe oben, 1. Abschnitt, A I.

[8] RGZ 103, 286 (287f.); vgl. auch Mot. II, S. 307.

[9] BGH, LM Nr. 2 zu § 989 BGB; Erman-*Schopp*, vor § 535 Rz. 50; für Mehlsäcke: OLG Stuttgart (Nebensitz Karlsruhe), NJW 1949, 68.

Es mangelt vorliegend aber an einem anderen Wesensmerkmal der Miete: Der Mieter hat nämlich gem. § 535 S. 2 BGB für die Überlassung des Gebrauchs des Mietobjektes eine Vergütung — den Mietzins — zu zahlen. Sicherlich ist eine solche Vergütung für die Gebrauchsüberlassung nicht im Kaufpreis für das Getränk enthalten[10]. Aber auch das Pfandgeld stellt kein Nutzungsentgelt dar, denn es ist bei Ablieferung des Leerguts ohne Abzug zurückzuerstatten und kann demnach nicht als Gegenleistung für die Gebrauchsüberlassung gedacht sein[11]. Folglich läßt sich die Leergutüberlassung nicht als Miete charakterisieren.

3. Leihe

Neben der Miete ist noch der Vertragstypus der Leihe mit den vorliegenden Eigentumsverhältnissen vereinbar. Denn auch der Leihvertrag ist nur auf Gebrauchsüberlassung, nicht aber auf Eigentumsübergang gerichtet. Zudem ist beim Leihvertrag die Gebrauchsüberlassung gem. § 598 BGB unentgeltlich ausgestaltet. Dies entspricht dem Willen der Hersteller, Händler und Verbraucher, denn die Hingabe von Flaschen und Kästen soll ohne Nutzungsentgelt erfolgen. Eine weit verbreitete Auffassung[12] sieht daher in der Gebrauchsüberlassung von gekennzeichnetem Leergut einen Leihvertrag.

Diese Auffassung begegnet jedoch Bedenken, da die Rückgabepflicht bei der Leihe als Speziesschuld ausgestaltet ist. Das ergibt sich schon aus dem Wortlaut des § 604 I BGB, in dem von „der geliehenen Sache" die Rede ist. Eine Speziesschuld entspricht aber weder dem Parteiwillen sämtlicher Beteiligter, noch den tatsächlichen Gegebenheiten. Es hat sich nämlich gezeigt[13], daß die Hersteller von ihren Händlern und die Händler von den Verbrauchern nicht speziell die von ihnen ausgegebenen Flaschen und Kästen zurückverlangen, sondern lediglich solche gleicher Art, Güte und Menge. Demnach liegt in Wirklichkeit eine gattungsmäßig bestimmte Rückgabepflicht[14] vor, die mit dem Vertragstypus der Leihe nicht vereinbar ist[15].

---

[10] Martinek, JuS 1987, 514.

[11] Kollhosser/Bork, BB 1987, 909 (910); Martinek, JuS 1987, 514.

[12] RGZ 159, 65 (66); BGH, LM Nr. 2 zu § 989 BGB (Gegenstand dieser Entscheidung waren zwar Einheitsflaschen; die leeren Flaschen waren aber durch einen Belag, der sich im Inneren durch das eisenhaltige Wasser gebildet hatte, für einen bestimmten Hersteller gekennzeichnet); BGH, BB 1963, 1400 (1401) = MDR 1964, 45 = LM Nr. 10 zu § 339 BGB; OLG Köln, ZIP 1980, 1096 (1097); Müko-*Damrau*, § 1204 Rz. 8; Martinek, JuS 1987, 514 (515); Palandt-*Putzo*, vor § 607 Anm. 4 c; RGRK-*Ballhaus*, vor § 607 Rz. 74; Soergel[10]-*Augustin*, § 1204 Rz. 3. Ebenso für Brunneneinheitsleergut: OLG München, GRUR 1980, 1010 (1011); LG Offenburg, Urteil vom 6.12.1984, Aktz. 3 0 149/84; Fink/Rottke, Der Mineralbrunnen 1985, 249 (250); Schlegelberger, HGB, § 380 Rz. 4.

[13] Siehe oben, 1. Abschnitt, A I 1, 3.

[14] Baur, ZIP 1980, 1101; Dürkes, BB 1956, 25 (26); Kollhosser/Bork, BB 1987, 909 (912); Schäfer/Schäfer, ZIP 1983, 656 (657).

[15] Dürkes, BB 1956, 25 (26); derselbe, BB 1948, 68 (69f.).

Trotz dieser Tatsache ließe sich an der Annahme eines Leihvertrages festhalten, wenn man zugunsten des Rückgabepflichtigen von einer Ersetzungsbefugnis — im BGB nicht geregelt — ausginge[16]. Die Ersetzungsbefugnis des Schuldners (facultas alternativa) hat im Unterschied zur Wahlschuld einen von Anfang an fest bestimmten Inhalt. Geschuldet wird folglich nur eine Leistung; der Schuldner hat aber das Recht, sich durch eine andere als die zunächst allein geschuldete Leistung zu befreien[17]. Hingegen kann der Gläubiger lediglich die allein geschuldete Leistung fordern[18]. Der rückgabepflichtige Schuldner hat somit wohl das Recht, nicht aber die Pflicht, an Stelle des gelieferten Leerguts solches von gleicher Art, Güte und Menge zurückzuliefern. Grundsätzlich bleibt er zur Rückführung des überlassenen Leerguts — als Speziesschuld — verpflichtet.

Daß von den Parteien aber eine Ersetzungsbefugnis nicht gewollt sein kann, zeigt folgende Überlegung: Wollte bspw. der Hersteller gegen einen Händler auf Rückgabe von Leergut klagen, so könnte er den Klageantrag nur auf die allein geschuldete Leistung richten, nämlich auf das von ihm an den Händler ausgelieferte Leergut. Dem Händler wird es oftmals unmöglich sein, speziell das gelieferte Leergut zurückzugeben. Gem. § 275 II BGB würde er von seiner Leistungspflicht befreit und brauchte gem. § 280 I BGB auch keinen Schadensersatz zu leisten. Denn die Tatsache, daß Leergut auf den Absatzwegen nicht verfolgbar ist und anderweitig an den Hersteller zurücklaufen kann, ist sicher kein Umstand, den der Händler zu vertreten hat. Mit seiner Klage auf das speziell gelieferte Leergut wird der Hersteller daher vielfach keinen Erfolg haben. Auf die Rücklieferung von gattungsgleichem Leergut kann der Hersteller dagegen den Klageantrag nicht richten, denn darauf hat er keinen Anspruch. Die Interessen des Herstellers würden demnach mit der Konstruktion der Ersetzungsbefungnis weitgehend unberücksichtigt bleiben.

Aber nicht allein diese Überlegung spricht gegen die Annahme der Ersetzungsbefugnis. Es stimmt schon nicht, daß der Schuldner grundsätzlich zur Rücklieferung speziell des gelieferten Leerguts verpflichtet ist. Weder Hersteller noch Händler legen darauf Wert. Ihr Interesse ist nur auf die Rückerlangung von gattungsgleichem Leergut gerichtet. Dieser Umstand und die tatsächliche Handhabung sprechen vielmehr dafür, daß die Parteien von vornherein gleich eine Gattungsschuld vereinbaren[19]. Folglich kann die Ersetzungsbefugnis in diesem Fall nicht weiterhelfen[20]. Damit scheidet auch der Vertragstypus der Leihe aus.

[16] Witz, BB 1948, 196 (197); wohl auch OLG Stuttgart, BB 1948, 198 (199) = NJW 1949, 68.

[17] Dürkes, Gegenstellungnahme zu Witz, BB 1948, 197; Esser/Schmidt, Schuldrecht AT, § 14 II 2; Palandt-*Heinrichs*, § 262 Anm. 3 c aa.

[18] Dürkes, BB 1948, 197.

[19] Kollhosser/Bork, BB 1987, 909 (915).

[20] Im Ergebnis übereinstimmend: Becker, BB 1948, 585; Dürkes, BB 1948, 197; Kollhosser/Bork, BB 1987, 909 (915); Martinek, JuS 1987, 514 (517); Schäfer/Schäfer, ZIP 1983, 656 (658 Fn. 15).

4. Leiheähnlicher Gebrauchsüberlassungsvertrag sui generis

Die dingliche und die schuldrechtliche Rechtslage lassen sich aber in Einklang bringen, wenn man in der Leerguthingabe einen leiheähnlichen Gebrauchsüberlassungsvertrag sui generis[21] sieht. Denn ein solcher Vertrag beinhaltet zum einen Elemente eines Leihvertrages, insbesondere weil die Gebrauchsüberlassung unentgeltlich erfolgt. Zum anderen ist er — abweichend von einem reinen Leihvertrag — mit einer gattungsmäßigen Rückgabepflicht ausgestaltet. Letztere ist zwar typisch für ein Darlehn und könnte daher den vorliegenden Eigentumsverhältnissen widersprechen. Jedoch ist hier ein Widerspruch deswegen nicht anzunehmen, weil die Gattung in ihrer Gesamtheit nur einem einzigen Hersteller zugeordnet ist[22].

Gegen die Annahme dieses Vertragstypus wendet Martinek[23] ein, daß immer dann, wenn die Rückgabepflicht durch gattungsgleiches Leergut erfüllt werde, der dingliche Anspruch aus § 985 BGB fortbestehe, obwohl mit der Rückgabe der gattungsgleichen Sache das Geschäft wirtschaftlich abgewickelt sei. Daran zeige sich, daß die schuldrechtliche Rechtslage mit der dinglichen nicht harmonisiere[24]. Diese Argumentation trifft jedoch bei dem vorliegenden Leerguttypus nicht zu[25]. Da nämlich das Leergut für einen bestimmten Hersteller gekennzeichnet ist, läuft dieses schließlich, wenn auch über andere Händler, stets an den einen Hersteller zurück. Das läßt den Anspruch aus § 985 BGB letztendlich untergehen. Und bis zum Erlöschen des dinglichen Herausgabeanspruchs kann der Händler ein Besitzrecht gem. § 986 I 1 BGB geltend machen, soweit er den schuldrechtlichen Rückgabeanspruch mit gattungsgleichen Sachen erfüllt hat.

Somit ist hinsichtlich der Leergutüberlassung auf allen Vertriebsebenen von einem leiheähnlichen Gebrauchsüberlassungsvertrag sui generis auszugehen. Wie die Verträge im einzelnen ausgestaltet sind, insbesondere aber die Frage, welche Vorschriften der Leihe entsprechende Anwendung finden, ist durch Auslegung unter Berücksichtigung der AGB, der tatsächlichen Handhabung und der Interessenlage der Parteien zu ermitteln.

---

[21] So Kollhosser/Bork, BB 1987, 909 (912); Müko-*Kollhosser*, § 598 Rz. 22; Schäfer/Schäfer, ZIP 1983, 656 (658).

[22] Siehe oben, 1. Abschnitt A I 1; vgl. auch Soergel-*Huber*, § 433 Rz. 320.

[23] Martinek, JuS 1987, 514 (516), der sich in Anlehnung an OGH BrZ, NJW 1950, 345 kritisch mit einer „darlehnsähnlichen Gattungsschuld" auseinandersetzt, die als selbständige vertragliche Nebenpflicht ausgestaltet sein soll.

[24] Auf der Ebene Händler — Verbraucher steht dem schon entgegen, daß der Händler gar kein Eigentum erwirbt und folglich den Anspruch aus § 985 BGB gar nicht erheben kann (siehe oben, 1. Abschnitt A I 3).

[25] Es sei darauf hingewiesen, daß Martinek diesen Einwand für die von ihm bezeichnete „Einheitsflasche" erhebt. Hierunter faßt Martinek zwei in dieser Arbeit voneinander unterschiedene Leerguttypen — Eurobierleergut einerseits, Brunneneinheitsleergut andererseits — zusammen.

a) Vertragsinhalt

Vertragsinhalt bei der Leihe ist gem. § 598 BGB die unentgeltiche Gebrauchsgestattung durch den Verleiher. Gebrauchsgestattung bedeutet, daß der Verleiher dem Entleiher die Sache zu überlassen[26] hat und ihn während der Dauer des Vertrages nicht an dem vertragsgemäßen Gebrauch hindern darf[27]. Den Verleiher trifft, anders als den Vermieter nach §§ 535, 536 BGB, nicht die Pflicht zur Instandhaltung der Sache[28].

Beim Leergutüberlassungsvertrag ist der Vertragsinhalt entsprechend ausgestaltet: Der Getränkekäufer erlangt im Zeitpunkt der Übergabe des verkauften Getränkes den Besitz am Leergut und darf im Gebrauch nicht gestört werden. Insbesondere trifft aber weder den Hersteller noch den Händler gegenüber ihren Abnehmern die Pflicht, die Sache instandzuhalten oder etwa Drittstörungen abzuwehren, denn auf den Absatzwegen ist das Leergut für sie ohnehin nicht kontrollierbar. Insoweit gelangt demnach § 598 BGB zur entsprechenden Anwendung.

Bei der Leihe wird darüber hinaus aus dem Begriff der „Gebrauchsgestattung" — im Unterschied zur „Gebrauchsgewährung" bei der Miete (§ 535 S. 1 BGB) — gefolgert, daß die Verpflichtung des Verleihers zur Überlassung der Sache eine Holschuld[29] sei. Beim Leergutüberlassungsvertrag ist diesbezüglich zu berücksichtigen, daß dieser zwar einen selbständigen schuldrechtlichen Vertrag darstellt, jedoch notwendigerweise, da eine Trennung von Vollgut und Leergut nicht möglich ist, mit dem Kaufvertrag über das Vollgut verbunden ist. Der Kaufvertrag steht dabei im Vordergrund der Parteiinteressen, so daß sich der Leergutüberlassungsvertrag hinsichtlich der Frage des Leistungs- und Erfolgsortes der Überlassung der Emballagen an diesem ausrichtet. Hieraus folgt für die Ebene Händler — Verbraucher, daß die Überlassung des Leerguts als Holschuld zu charakterisieren ist. Denn bei Ladengeschäften des täglichen Lebens, für das der Kauf von Getränken typisch ist, ist nach der Verkehrssitte für beide Parteien das Ladenlokal der Leistungsort[30]. Ebenso ist auf der Ebene Hersteller — Händler und der Händler untereinander, soweit eine anderweitige Vereinbarung nicht vorliegt, der Ort der gewerblichen Niederlassung des Getränkeverkäufers der Leistungsort für die Überlassung des Voll- und somit auch des Leerguts, da Warenschulden im Handelsverkehr im Zweifel Schickschulden sind[31].

---

[26] Nach den Motiven (Mot. I, S. 446) ist die ausdrückliche Bestimmung der Verpflichtung zur Überlassung wegen Selbstverständlichkeit entbehrlich gewesen.

[27] Siehe nur Palandt-*Putzo*, § 598 Anm. 2 d.

[28] Erman-*Schopp*, § 598 Rz. 3; Müko-*Kollhosser*, § 598 Rz. 12; RGRK-*Gelhaar*, § 598 Rz. 5; Std.-*Reuter*, § 598 Rz. 6.

[29] Erman-*Schopp*, § 598 Rz. 3; Palandt-*Putzo*, § 598 Anm. 2 d; Std.-*Reuter*, § 598 Rz. 6.

[30] OLG Stuttgart, OLG Rspr. 41, 244; Palandt-*Heinrichs*, § 269 Anm. 3 a. Hingegen liegt in der Regel eine Bringschuld vor, wenn der Händler die Anlieferung der Getränke übernimmt (Müko-*Keller*, § 269 Rz. 18).

b) Haftung des Getränkeverkäufers

Bei der Leihe ist die Haftung des Verleihers für Vertragsverletzungen abweichend von §§ 276, 278 BGB geregelt. Gem. § 599 BGB soll dieser nur für Vorsatz und grobe Fahrlässigkeit haften. Dieses Haftungsprivileg hat — wie bei den §§ 521, 680, 968 BGB — seinen Grund im uneigennützigen Verhalten des Verleihers[32]. Denn er gestattet den Gebrauch, ohne selbst eine Gegenleistung zu erhalten. Ob § 599 BGB auch für die Haftung von Herstellern und Händlern bei der Gebrauchsüberlassung des Leerguts an ihre Abnehmer Anwendung findet, hängt also davon ab, inwieweit dies uneigennützig geschieht.

Primär ist deren wirtschaftliches Interesse auf den Getränkeverkauf gerichtet. Ohne die gleichzeitige Überlassung von Leergut ist aber der Getränkeverkauf nicht denkbar. Daher dient auch die Gebrauchsüberlassung dem wirtschaftlichen Interesse und geschieht folglich nicht uneigennützig. Die Interessenlage verbietet daher die entsprechende Anwendung des § 599 BGB auf den leiheähnlichen Gebrauchsüberlassungsvertrag sui generis. Insoweit verbleibt es für den Getränkeverkäufer beim Haftungsmaßstab der §§ 276, 278 BGB[33].

Ein weiteres Haftungsprivileg für den Verleiher birgt der § 600 BGB in bezug auf Rechts- und Sachmängel, für die der Verleiher nur im Falle des arglistigen Verschweigens einzutreten hat. Auch diese Norm hat ihren Grund im uneigennützigen Verhalten des Verleihers. Dies ergibt sich aus dem engen Zusammenhang mit § 599 BGB — § 600 BGB wird hinsichtlich der Haftung für Rechts- und Sachmängel als eine noch weitere Einschränkung des § 599 BGB verstanden[34] — und aus den Motiven[35] zum BGB, wonach sich die Bestimmung des § 600 BGB durch die Verwandtschaft der Leihe mit der Schenkung rechtfertigt. Wie § 599 BGB kann diese Norm daher beim Leergutüberlassungsvertrag keine entsprechende Anwendung finden.

Fraglich ist dann jedoch, welche Regelung nach dem Parteiwillen anstelle des § 600 BGB gelten soll. In Betracht kommt insoweit die entsprechende Heranziehung der Kaufrechtsvorschriften[36] oder, zumindest für Sachmängel[37], die analoge Anwendung des § 538 BGB. Für eine Anlehnung an die Miete ließe sich anführen, daß auch die Leergutüberlassung eine Gebrauchsgewährung nur auf Zeit ist. Gegen die analoge Anwendung des § 538 BGB bestehen aber erhebliche

---

[31] Vgl. Palandt-*Heinrichs*, § 269 Anm. 3 a.

[32] Erman-*Schopp*, § 599 Rz. 1; Kollhosser / Bork, BB 1987, 909 (910); Müko-*Kollhosser*, § 599 Rz. 1; Palandt-*Putzo*, § 599 Anm. 1; Std.-Reuter, § 599 Rz. 1.

[33] So ausdrücklich Kollhosser / Bork, BB 1987, 909 (910).

[34] Müko-*Kollhosser*, § 600 Rz. 1; Std.-*Reuter*, § 600 Rz. 1.

[35] Mot. II, S. 446.

[36] So Std.-*Reuter*, § 598 Rz. 8, der allerdings den Leergutüberlassungsvertrag nicht als selbständigen Vertrag ansieht.

[37] Als Sachmängel sind denkbar Glasabsplitterungen an Flaschenverschlüssen oder etwa angebrochene Flaschenkästen.

Bedenken. Den Getränkeverkäufer träfe nämlich bei im Zeitpunkt des Vertragsschlusses vorliegenden Sachmängeln — nur solche spielen in der Praxis eine Rolle — eine Garantiehaftung. Die Garantiehaftung des § 538 BGB findet ihren Sinn aber in der Notwendigkeit eines umfassenden Mieterschutzes und beruht mithin auf „sozialpolitischen Erwägungen"[38]. Eine entsprechende Anwendung des § 538 BGB hat daher außer Betracht zu bleiben. Demgegenüber bietet sich für Rechts- und Sachmängel eine Analogie zu den Kaufrechtsvorschriften schon deswegen an, weil der Leergutüberlassungsvertrag mit dem Getränkekaufvertrag wirtschaftlich verbunden ist und eine rechtlich einheitliche Abwicklung daher ratsam erscheint.

Für Sachmängel ist somit folgende Abrede anzunehmen:

Der Getränkekäufer kann das bereits bei Gefahrübergang beschädigte Leergut nach Verbrauch des Flascheninhalts zurückgeben. Ihm wird dafür sein Pfandgeld wie für unbeschädigtes Leergut erstattet. Diese Vereinbarung, die auch bei einem möglichen (praktisch allerdings nur schwer vorstellbaren) Rechtsmangel gilt, entspricht dem Rechtsinstitut der Wandlung. Ist eine volle Flasche angesprungen und droht diese bei weiterer Handhabung zu platzen, so besteht auch ein Nachlieferungsanspruch auf eine neue Flaschen aus § 480 I BGB analog. Das Rechtsinstitut der Minderung hat dagegen keine eigenständige Bedeutung. Treten aufgrund eines Mangels Schäden an anderen Rechtsgütern des Getränkekäufers (sog. Mangelfolgeschäden) ein, haftet der Verkäufer, außer in den Fällen des §§ 463, 480 II BGB, aus pVV und damit jedenfalls nur bei Verschulden. Haftungsmaßstab ist hier wieder §§ 276, 278 BGB.

c) Gefahrtragung beim Untergang des Leerguts durch zufällige Ereignisse

Für die Beantwortung der Frage, welche Rechtsfolgen die Parteien beim zufälligen Untergang des Leerguts treffen, ist zu unterscheiden:

aa) Zufälliger Untergang auf dem Hintransport

Bei der Leihe trägt der Verleiher die Gefahr des zufälligen Untergangs der Sache, wenn diese sich auf dem Weg zum Entleiher befindet[39]. Das folgt daraus, daß die Rückgabeverpflichtung des Entleihers erst mit der tatsächlichen Überlassung begründet wird. Zudem bleibt der Verleiher Eigentümer der Sache und hat als solcher ihren zufälligen Untergang stets zu tragen: casum sentit dominus[40].

Bei der Gebrauchsüberlassung von Leergut wird der Fall des zufälligen Untergangs auf dem Hintransport praktisch relevant bei der Warenlieferung der

---

[38] Vgl. Emmerich, Handkommentar, § 538 Rz. 2; Müko-*Voelskow*, § 538 Rz. 4.

[39] Übereinstimmend: Dürkes, BB 1948, 68 (70); Erman-*Schopp*, § 599 Rz. 2; Palandt-*Putzo*, § 599 Anm. 2; Std.-*Reuter*, § 599 Rz. 4.

[40] Dürkes, BB 1948, 68 (70).

Hersteller an die Zwischenhändler und von diesen weiter an die Groß- oder Einzelhändler. Nicht anders als bei der Leihe soll auch hier nach dem Parteiwillen die Rückgabeverpflichtung bezüglich des Leerguts erst mit der tatsächlichen Überlassung der Ware begründet werden. Die Tatsache, daß beim Leergutüberlassungsvertrag die Rückgabepflicht abweichend von der Leihe gattungsmäßig ausgestaltet ist, spielt für die Frage der Gefahrtragung auf dem Hintransport ebensowenig eine Rolle, wie die Frage nach dem Erfüllungsort für die Überlassung des Leerguts[41]. Denn selbst wenn hinsichtlich des Vollguts eine Schickschuld und damit ein Versendungskauf vorliegen würde, käme eine extensive Auslegung des § 447 BGB auf das hier nicht mitverkaufte Leergut nach einhelliger Auffassung[42] nicht in Betracht. Die Gefahr des zufälligen Untergangs des Leerguts auf der Hinreise trägt demnach beim leiheähnlichen Gebrauchsüberlassungsvertrag sui generis der Getränkeverkäufer[43].

bb) Zufälliger Untergang beim Händler oder Verbraucher

Bei der Leihe ist die Verpflichtung zur Rückgabe von vornherein auf eine Speziesschuld gerichtet. Geht die Sache beim Entleiher durch ein zufälliges Ereignis unter, wird dieser gem. § 275 I BGB von seiner Leistungspflicht frei und braucht zudem nach § 280 BGB keinen Schadensersatz zu leisten, da er den Untergang nicht zu vertreten hat. Somit trägt der Verleiher auch dann die Gefahr des zufälligen Untergangs, wenn sich die Sache beim Entleiher befindet[44]. Zu einem anderen Ergebnis kommt man gem. § 287 S. 2 BGB oder analog dieser Vorschrift, soweit der Entleiher mit der Rückgabe der Leihsache in Verzug ist oder sie vertragswidrig gebraucht.

Beim leiheähnlichen Gebrauchsüberlassungsvertrag sui generis ergibt sich in diesem Stadium eine andere Risikoverteilung daraus, daß die Rückgabepflicht gattungsmäßig ausgestaltet ist. An sich müßte § 279 BGB Anwendung finden mit der Folge, daß der Schuldner auch bei unverschuldetem Untergang zur Rückgabe verpflichtet bleibt, solange nur die Leistung aus der Gattung möglich ist. Notfalls wäre der Schuldner sogar zur „Nachbeschaffung" verpflichtet, d. h. er müßte Leergut von anderer Stelle aufkaufen und dieses an den Vertragspartner zurückliefern. Tatsächlich allerdings entspricht eine „Nachbeschaffung" nicht dem Willen der Parteien. Sowohl Händler als auch Verbraucher sind nur

---

[41] Vgl. Dürkes, BB 1948, 68 (70).

[42] OLG Stuttgart, NJW 1949, 68; Dürkes, BB 1948, 68 (69); Krekels, Anm. zu OLG Stuttgart, NJW 1949, 68f.; RGRK-*Mezger*, § 447 Rz. 17; Soergel-*Huber*, § 447 Rz. 41; Std.-*Köhler*, § 447 Rz. 19.

[43] Ein anderes Ergebnis ergibt sich allerdings in dem Fall, in dem der Getränkekäufer die Ware selbst abholt. Mit der tatsächlichen Überlassung der Ware wird nämlich die Rückgabeverpflichtung bezüglich des Leerguts begründet und die Gefahr geht auf den Käufer über (siehe unten, bb).

[44] Dürkes, BB 1948, 68 (71); Erman-*Schopp*, § 599 Rz. 2; Palandt-*Putzo*, § 599 Anm. 2; Std.-*Reuter*, § 599 Rz. 4.

verpflichtet, das noch vorhandene Leergut herauszugeben. Soweit das Leergut nicht mehr vorhanden ist, werden sie von ihrer Leistungspflicht frei. Daran zeigt sich, daß die Rückgabepflicht, obwohl gattungsmäßig ausgestaltet, von den Parteien bewußt dem § 275 BGB angenähert worden ist.

Daraus folgt jedoch nicht, daß auch § 280 BGB Anwendung finden soll mit der Folge, daß der rückgabepflichtige Schuldner Schadensersatz nur bei Verschulden zu leisten hat. Anhand der Geschäftspraxis läßt sich vielmehr erkennen, daß gerade eine von § 280 BGB abweichende Regelung gewollt ist. Die Parteien haben nämlich vereinbart, daß die gezahlten Pfandgelder verfallen[45], soweit das Leergut nicht zurückgebracht wird. Und diese Rechtsfolge soll unabhängig davon eintreten, ob die Nichtrückgabe vom Schuldner zu vertreten ist oder auf einem zufälligen Ereignis beruht. Diese Abrede erfaßt folglich auch die Fälle des Schuldnerverzuges[46] und des vertragswidrigen Gebrauchs, so daß der § 287 S. 2 BGB beim Leergutüberlassungsvertrag keine eigenständige Bedeutung hat.

Dagegen hat das RG[47] in seiner Entscheidung vom 11.11.1938 die Auffassung vertreten, daß die Haftung des Leergutschuldners für unvermeidlichen Flaschenbruch entfallen könne. Dieser Standpunkt ergab sich folgerichtig daraus, daß das RG die Flaschenüberlassung als Leihe ansah und die Zufallshaftung bei der Leihe auch nach Übergabe grundsätzlich den Verleiher trifft. Bei dem vorliegenden Vertragstypus ist die Interessenlage indes der Art, daß die gattungsmäßig ausgestaltete Rückgabepflicht für alle Parteien, also Hersteller, Händler und Verbraucher, Vorteile vor allem im organisatorischen Bereich mit sich bringt. Wäre dagegen ein Leihvertrag mit seiner Speziesschuld vereinbart, müßten bspw. die Händler Aus- und Rückgabe des Leerguts exakt festhalten und auch die Verbraucher müßten Leergut getrennt nach Händlern sortieren. Wenn die Parteien aber im Hinblick auf die Rückgabepflicht ein dem Darlehn ähnliches Rechtsgeschäft abschließen, so ist davon auszugehen, daß sie auch die für das Darlehn maßgeblichen Rechtssätze ihrer Vereinbarung zugrunde legen wollen[48]. Beim Darlehnsvertrag jedenfalls trägt der Darlehnsnehmer ab der

---

45 Dies gilt vor allem für die Ebene Händler — Verbraucher. Auf der Ebene Hersteller — Händler wird darüber hinaus mittels AGB vereinbart, daß der Händler bei Nichtrückgabe den Wiederbeschaffungspreis zu ersetzen hat. Die gezahlten Pfandgelder werden hierauf angerechnet. Zu Recht nehmen OLG Karlsruhe, NJW-RR 1988, 370 (371) und OLG Köln, NJW-RR 1988, 373 (374) eine vertragliche Verpflichtung zur Rückerstattung bis zur Erschöpfung der Gattung und somit notfalls zur „Nachbeschaffung" an, wenn die AGB der Hersteller solches ausdrücklich vorsehen. Bei einer solchen Absprache dürfte § 279 BGB direkt zur Anwendung gelangen.

46 Praktisch relevant kann der Verzug auf der Ebene Hersteller — Händler werden, wenn — was tatsächlich vorkommt — die Hersteller-AGB Klauseln enthalten, wonach der Händler das Leergut innerhalb einer bestimmten Frist zurückzugeben hat. Siehe dazu unten, g).

47 RGZ 159, 65 (67).

48 Dürkes, BB 1948, 197 (198).

Übergabe der Sache die Gefahr des zufälligen Untergangs[49]. Die Entscheidung des RG kann daher hier kein anderes Ergebnis rechtfertigen.

Somit ergibt sich durch Vertragsauslegung für den Leergutüberlassungsvertrag in Abweichung zur Leihe, daß die Gefahr des zufälligen Untergangs der Getränkekäufer trägt, solange bzw. sobald sich das Leergut in seinen Händen befindet[50]. Etwas anderes gilt gem. § 300 II BGB allerdings dann, wenn, wie auf der Ebene Hersteller — Händler häufig der Fall, der Getränkeverkäufer nach dem Vertrag verpflichtet ist, das Leergut selber wieder abzuholen und der Käufer das Leergut zwar ausgesondert und bereitgestellt hat, dieses aber vom Getränkeverkäufer nicht mitgenommen wird[51].

cc) Zufälliger Untergang auf dem Rücktransport

Da bei der Leihe eine Speziesschuld vorliegt, wird der Entleiher, wenn die Sache auf der Rückreise durch Zufall untergeht, nach § 275 BGB von seiner Leistungspflicht frei und braucht mangels Verschulden auch keinen Schadensersatz nach § 280 BGB zu leisten. Die Gefahr trägt wiederum der Verleiher[52].

Beim leiheähnlichen Gebrauchsüberlassungsvertrag sui generis ist die Risikoverteilung in diesem Stadium abhängig von der Vertragsgestaltung. Einerseits kann vereinbart sein, daß der Abnehmer das Leergut selbst zurückliefert, was den Vorteil des kostengünstigeren Getränkekaufes mit sich bringt. Geht das Leergut durch Zufall auf der Rückreise unter, wird der Schuldner von seiner Leistungspflicht frei, insbesondere trifft ihn keine Nachbeschaffungspflicht. Gleichzeitig verfallen aber die gezahlten Pfandgelder und der Händler ist dem Hersteller darüber hinaus zum Ersatz des Wiederbeschaffungspreises verpflichtet. Bei dieser Vertragskonstellation trägt folglich der Getränkekäufer die Gefahr auf dem Rücktransport. Ist dagegen vereinbart, daß der Getränkeverkäufer das Leergut abholt, wird die Rückgabepflicht des Schuldners mit der tatsächlichen Überlassung des Leerguts erfüllt und die Gefahr des zufälligen Untergangs geht von diesem Zeitpunkt an auf den Getränkeverkäufer über.

d) Erhaltungskosten

Nach § 601 I BGB trägt der Entleiher die gewöhnlichen Kosten der Erhaltung der geliehenen Sache. Bei der Überlassung von Leergut sind solche Erhaltungskosten denkbar als Versicherungskosten[53], insbesondere, wenn Zwischen- oder

---

[49] Siehe nur Müko-*H.P. Westermann*, § 607 Rz. 43.

[50] A.A. Schäfer/Schäfer, ZIP 1983, 656 (663), jedenfalls für die Ebene Hersteller — Händler. Zur Kritik dazu siehe unten, 4. Abschnitt A II 4.

[51] So für Paletten LG Köln, transpR 1985, 63. Vgl. hierzu auch Dürkes, BB 1948, 68 (71), der allerdings zu undifferenziert stets von einer Bringschuld des Getränkekäufers in bezug auf das Leergut ausgeht.

[52] Dürkes, BB 1948, 68 (71); Palandt-*Putzo*, § 599 Anm. 2.

[53] Vgl. Erman-*Schopp*, § 601 Rz. 1.

Großhändler umfangreiche Leergutbestände gegen Diebstahl oder Feuer versichern wollen. Daß dann eine von § 601 I BGB abweichende Regelung nicht gewollt sein kann, ergibt sich schon aus der Haftung des Leergutschuldners für den zufälligen Untergang, soweit sich das Leergut in seinen Händen befindet[54]. Denn es wäre widersinnig, wenn derjenige, den die Zufallshaftung trifft, die Erhaltungskosten auf die andere Vertragspartei abwälzen könnte.

Ob den Leergutschuldner analog § 601 I BGB auch eine Erhaltungspflicht trifft[55], kann dahinstehen. Die Parteivereinbarung geht jedenfalls dahin, daß nur solches Leergut zurückgegeben werden kann, das im gebrauchsfähigen Zustand ist und nur dafür werden Pfandgelder zurückerstattet. Dahinstehen kann ebenfalls die Frage nach der entsprechenden Heranziehung des § 601 II BGB, weil es insoweit an einem praktischen Anwendungsfall fehlt.

e) Abnutzung der Sache

Der Entleiher hat gem. § 602 BGB Veränderungen oder Verschlechterungen der geliehenen Sache, bedingt durch den vertragsgemäßen Gebrauch, nicht zu vertreten. Beim leiheähnlichen Gebrauchsüberlassungsvertrag sui generis findet die Norm in bezug auf Flaschen keine entsprechende Anwendung. Denn hier kommt nur die Zerstörung oder sonstige Vernichtung in Betracht. Aber schon nach dem Sprachgebrauch kann Zerstörung oder Vernichtung nicht Veränderung oder Verschlechterung i. S. von § 602 BGB sein[56]. § 602 BGB setzt nämlich voraus, daß trotz des natürlichen Verschleißes die Sache noch zurückgegeben werden kann[57].

Auch hinsichtlich der Flaschenkästen gilt § 602 BGB nicht entsprechend. Selbst wenn man bspw. den Bruch einer Trageleiste infolge Materialermüdung als Verschlechterung und nicht als Zerstörung ansieht, steht § 602 BGB analog die Vereinbarung entgegen, daß Pfandgelder nur für Leergut im gebrauchsfähigen Zustand erstattet werden. Und diese Vereinbarung gilt unabhängig davon, ob die Verschlechterung durch vertragsgemäßen oder -widrigen Gebrauch eingetreten ist.

f) Vertragsgemäßer Gebrauch

Zum vertragsgemäßen Gebrauch des Leerguts ist der Schuldner beim Leergutüberlassungsvertrag wie bei der Leihe verpflichtet. Dies folgt aus dem Interesse[58] der Hersteller und Händler, das Leergut von ihren Abnehmern

---

[54] Siehe oben, c) bb).

[55] So für die Leihe: Erman-*Schopp*, § 601 Rz. 1; Müko-*Kollhosser*, § 601 Rz. 1; RGRK-*Gelhaar*, § 601 Rz. 1; ablehnend Std.-*Reuter*, § 601 Rz. 1.

[56] RGZ 159, 65 (66); Müko¹-*Haase*, § 602 Rz. 2; Std.-*Reuter*, § 602 Rz. 1.

[57] Müko¹-*Haase*, § 602 Rz. 2.

[58] Das Interesse des Herstellers liegt in der Tatsache begründet, daß der Wert des Leerguts wesentlich höher ist, als die vom Händler geleisteten Pfandbeträge. Demgegen-

zurückzuerlangen. Analog § 603 S. 1 BGB ist der Leergutschuldner daher zur ordnungsgemäßen Behandlung des Leerguts verpflichtet und hat es im Rahmen des Zumutbaren vor Schäden und Verlust zu bewahren[59]. Übt der Schuldner den Gebrauch vertragswidrig aus mit der Folge, daß er das Leergut nicht oder nicht im gebrauchsfähigen Zustand zurückgeben kann, so hat er in jedem Fall Schadensersatz zu leisten, der aber grundsätzlich durch die Höhe des geleisteten Pfandbetrages begrenzt ist[60].

Wenn § 603 S. 2 BGB den Entleiher nicht berechtigt, den Gebrauch der Sache ohne die Erlaubnis des Verleihers einem Dritten zu überlassen, so kann dies beim Leergutüberlassungsvertrag nur auf der Ebene Händler — Verbraucher entsprechend zur Anwendung gelangen. Eine Erlaubnis des Händlers ist wegen seines Interesses, das Leergut zurückzubekommen, jedenfalls nicht anzunehmen. Gibt der Verbraucher das Leergut weiter, handelt er vertragswidrig und macht sich schadensersatzpflichtig, d.h. der Pfandbetrag verfällt. Dagegen liegt auf der Ebene Hersteller — Händler zweifellos eine Einwilligung zur Weiterübertragung vor. Anderenfalls könnte das Produkt gar nicht zu den Verbrauchern gelangen.

g) Rückgabepflicht

Der Entleiher ist zur Rückgabe der geliehenen Sache nach Zeitablauf (§ 604 I BGB) oder, falls eine Zeit nicht bestimmt ist, nach Gebrauchmachung (§ 604 II S. 1 BGB) verpflichtet. Beim leiheähnlichen Gebrauchsüberlassungsvertrag sui generis findet § 604 I BGB auf der Ebene Händler — Verbraucher keine entsprechende Anwendung. Anderenfalls bestünde für den Verbraucher der Zwang, den Flascheninhalt innerhalb einer bestimmten Frist zu leeren. Daß eine dahingehende Pflicht des Verbrauchers auch schon vom Händler nicht gewollt sein kann, erweist sich anhand der Tatsache, daß er den Zeitpunkt von Ausgabe und Rückgabe des Leerguts nicht festhält. Vereinbart ist lediglich, daß das Leergut nach Verbrauch des Flascheninhalts an einen Händler freier Wahl zurückzugeben ist. Mit dieser Erweiterung gilt demnach § 604 II S. 1 BGB entsprechend.

§ 604 I BGB könnte aber auf der Ebene Hersteller — Händler zur analogen Anwendung gelangen, soweit sich in den AGB einzelner Hersteller eine Klausel befindet, wonach der Händler das Leergut innerhalb einer Frist (4 Wochen bis 3 Monate) zurückzuliefern hat. Mit Ablauf der Frist soll der Händler bei

---

über gründet das Interesse des Händlers in der Befürchtung, dem Hersteller nicht zurückgeliefertes Leergut zum Wiederbeschaffungspreis ersetzen zu müssen.

[59] Vgl. Std.-*Reuter*, § 603 Rz. 2.
Entsprechende Klauseln finden sich häufig in den Hersteller-AGB, wie bspw.: „Der Abnehmer hat das Leihgut mit größter Sorgfalt zu verwalten und sich durch klare Lieferungsbedingungen gegen Verlust in seiner Kundschaft zu schützen".

[60] So auch Kollhosser/Bork, BB 1987, 909 (910). Ausnahmen gelten nur im Verhältnis Hersteller — Händler oder der Händler untereinander, soweit eine Partei sich zum Ersatz des Wiederbeschaffungspreises verpflichtet hat.

Nichtrückgabe zum Schadensersatz in Höhe des Wiederbeschaffungspreises verpflichtet sein. Hierzu ist festzuhalten: Ihren Zweck könnte die Klausel nur erfüllen, wenn auch der Händler diese Verpflichtung an die Verbraucher weitergeben würde. Zum einen weiß jedoch der Hersteller, daß dies nicht geschieht und zum anderen würde es gar nicht seinen Interessen entsprechen. Der Händler müßte nämlich Name und Anschrift der Verbraucher und Datum der Ausgabe und Rückgabe des Leerguts genau registrieren. Die dadurch anfallenden Kosten würde der Händler auf den Verkaufspreis umlegen, was wiederum negative Auswirkungen auf die Absatzchancen der Produkte hätte. Diese Gefahr erkennt auch der die Klausel verwendende Hersteller, was sich daran zeigt, daß die Klausel in der Praxis kaum einmal streng gehandhabt wird. Aufgrund der Interessenlage und der tatsächlichen Handhabung ist daher vielmehr eine konkludent zustandekommende Vereinbarung mit dem Inhalt anzunehmen, das Leergut unverzüglich nach Rückgabe durch die Verbraucher an den Hersteller zu liefern. Diese Vereinbarung, die als Individualabrede gemäß § 4 AGBG Vorrang von den Hersteller-AGB hat, entspricht der Regelung des § 604 II S. 1 BGB. Somit kommt diese Norm auch auf der Ebene Hersteller — Händler zur analogen Anwendung.

Sicherlich keine Geltung kann aber beim Leergutüberlassungsvertrag die Vorschrift des § 604 II S. 2 BGB entfalten. Denn es besteht die zumindest schlüssige Parteivereinbarung, daß das Leergut nie vor Verbrauch des Getränkes oder auf der Händlerebene nie vor Rückgabe durch den Verbraucher herauszugeben ist. Ebenso ist die Regelung des § 604 IV BGB, wonach der Verleiher die Sache nach Beendigung der Leihe auch von einem Dritten zurückfordern kann, beim Leergutüberlassungsvertrag in bezug auf den Verbraucher praktisch bedeutungslos. Regelmäßig läßt sich der Herausgabepflichtige schon gar nicht bestimmen und es fehlt dem Hersteller zudem am Interesse, gegen den Verbraucher vorzugehen. Da das Leergut nämlich für ihn besonders gekennzeichnet ist, erlangt er es in absehbarer Zeit sowieso zurück.

Zu einer analogen Anwendung des § 604 IV BGB wird man allerdings gelangen müssen, soweit ein Händler das Leergut nach Rückgabe durch die Verbraucher an einen anderen Hersteller liefert als den, für den das Leergut gekennzeichnet ist[61]. Neben dem Herausgabeanspruch aus § 985 BGB ist dieser Hersteller folglich auch einem schuldrechtlichen Rückforderungsanspruch ausgesetzt.

h) Kündigung

Ebenfalls nicht entsprechend anwendbar auf den leiheähnlichen Gebrauchsüberlassungsvertrag sui generis ist § 605 BGB, wonach das Leihverhältnis aus wichtigem Grund außerordentlich kündbar ist. Anderenfalls könnte das wieder

---

[61] Vgl. die Sachverhalte von BGH, GRUR 1957, 84 = BGH, LM Nr. 27 zu § 1004 BGB und OLG München, GRUR 1980, 1010.

dazu führen, daß Leergut vor Verbrauch des Inhalts oder auf der Ebene Hersteller — Händler vor Rückgabe durch den Verbraucher herausgegeben werden müßte. Dies widerspricht aber dem Willen aller beteiligten Parteien.

i) Verjährung

Der § 606 S. 1 BGB unterwirft die Ansprüche des Verleihers wegen Veränderungen oder Verschlechterungen der geliehenen Sache sowie die Ansprüche des Entleihers aus § 601 II BGB der kurzen Verjährung von 6 Monaten. Für alle anderen Ansprüche, insbesondere die Ansprüche auf Rückgabe der geliehenen Sache nach § 604 BGB, gilt dagegen gem. § 195 BGB die regelmäßige Verjährungsfrist von 30 Jahren[62].

Beim leiheähnlichen Gebrauchsüberlassungsvertrag sui generis ist von praktischem Interesse primär der Rückforderungsanspruch des Herstellers oder Händlers analog § 604 II S. 1 BGB. Ob für diesen schuldrechtlichen Anspruch die Verjährungsfrist von 30 Jahren gem. § 195 BGB gelten soll, ist zweifelhaft. Vielmehr bietet es sich an, den Anspruch als Auslagenersatzanspruch dem § 196 I Ziff. 1 BGB mit seiner zwei- bzw. vierjährigen Verjährungsfrist zu unterwerfen. Als „Auslagen" sind nach dieser Norm Aufwendungen jeder Art zu verstehen, die der Berechtigte für Rechnung der Verpflichteten gemacht hat[63]. Schon den Motiven[64] zum BGB ist zu entnehmen, daß bei Kaufleuten und Fabrikanten auch „die Emballage als Auslage in Betracht kommen könne." Diese Auffassung wurde nach Inkrafttreten des BGB im Schrifttum[65] gestützt und anschließend von der Rechtsprechung[66] übernommen. Daß der vertragliche Rückforderungsanspruch auf Leergut nach § 196 I Ziff. 1 BGB verjährt, ist daher heute unbestritten[67]. Dasselbe gilt für die vertraglichen Ersatzansprüche für untergegangenes oder nicht bzw. nicht im ordnungsgemäßen Zustand zurückgeliefertes Leergut[68], die im Getränkehandel durch die „Wiederbeschaffungspreis-Klau-

---

[62] Müko-*Kollhosser*, § 606 Rz. 2; Palandt-*Putzo*, § 606 Anm. 1 d.

[63] BGH, WM 1982, 291 (293); WM 1983, 598 (599); Müko-*von Feldmann*, § 196 Rz. 8; Palandt-*Heinrichs*, § 196 Anm. 3 c.

[64] Mot. I, S. 300f.

[65] Hagen, LZ 1907, Sp. 736f., der als Auslagen alle Aufwendungen des Kaufmanns sieht, die dieser im Interesse des Käufers für die Emballage macht. Auch die Emballage selbst müsse daher unter den Begriff der Auslage fallen. Dagegen erblickt Wolf, DJZ 1905, Sp. 1159 (1160) in dem Verleihen der Emballage eine Besitzaufgabe und in der Besitzaufgabe eine Auslage. Ablehnend allerdings Mayer-Wegelin, LZ 1929, 1450 (1452ff.), soweit der Wert der Verpackung im Verhältnis zur Ware außergewöhnlich hoch ist.

[66] KG, JW 1929, 330; OLG Hamburg, OLG Rspr. 14, 375 (377); OLG Celle, SeuffA 66 Nr. 66 (S. 131); OLG Stuttgart, Recht 1917, 171; LG Koblenz, NJW 1959, 1783; offengelassen in BGH, LM Nr. 2 zu § 989 BGB.

[67] Enneccerus-Nipperdey, § 233 I 1 (S. 1409); Erman-*Hefermehl*, § 196 Rz. 7; Müko-*von Feldmann*, § 196 Rz. 8; Palandt-*Heinrichs*, § 196 Anm. 3 c; Staub-*Brüggemann*, § 380 Rz. 12; Std.-*Dilcher*, § 196 Rz. 23.

sel“ in den Hersteller-AGB relevant werden. Da die in § 196 I Ziff. 1 BGB erforderliche Kaufmannseigenschaft sowohl beim Hersteller als auch regelmäßig beim Händler vorliegt — auch die Ansprüche des Minderkaufmanns nach § 4 HGB fallen unter § 196 I Ziff. 1 BGB[69] — und die Getränkelieferung für den Gewerbebetrieb der Händler erfolgt, läßt sich festhalten, daß die Verjährungsfrist für den vertraglichen Rückforderungsanspruch analog § 604 II S. 1 BGB wie für den Anspruch auf den Wiederbeschaffungspreis gem. § 196 I Ziff. 1, II BGB vier Jahre beträgt.

Umstritten ist, ob die Verjährungsfrist von vier Jahren auch für den Fall gilt, in dem der Hersteller in seiner Rolle als Eigentümer des Leerguts gegen seine Vertragspartner den Anspruch auf Herausgabe nach § 985 BGB oder den Schadensersatzanspruch aus §§ 989, 990 BGB bei Unmöglichkeit der Rückgabe geltend macht. Ausdrücklich abgelehnt wird das vom BGH[70], der für Ansprüche aus dem Eigentum die Frist des § 195 BGB zur Anwendung kommen läßt. Hingegen soll nach einer anderen Auffassung[71] die kurze Verjährungsfrist von vier Jahren ebenso für die Eigentümeransprüche gelten.

Zu diesem Streit läßt sich folgendes feststellen:

Im Verhältnis Händler — Verbraucher ist der Rückforderungsanspruch auf das Leergut gem. § 604 II S. 1 BGB analog nur wenig bedeutsam. Denn regelmäßig kennt der Händler den Verbraucher gar nicht und könnte daher nicht einmal den Herausgabepflichtigen bestimmen. Tatsächlich relevant ist der Rückforderungsanspruch dagegen im Verhältnis Hersteller — Händler. Da aber der Hersteller als Eigentümer des Leerguts seinen Anspruch auf Rückgabe gegen den Händler stets auch auf § 985 BGB stützen könnte, wäre der vertragliche Rückforderungsanspruch aus § 604 II S. 1 BGB analog mit seiner kurzen Verjährungsfrist praktisch ohne Bedeutung[72]. Dies widerspräche jedoch dem Sinn des § 196 I Ziff. 1 BGB, der darin liegt, Geschäfte des täglichen Lebens im Interesse der Rechtssicherheit schneller verjähren zu lassen. Zudem ist der Leergutüberlassungsvertrag zwar ein eigenständiger Vertrag, aber in seinem Entstehen doch abhängig vom Kaufvertrag. Der Kauf des Vollguts nämlich ist das entscheidende, von den Parteien in erster Linie gewollte Geschäft. Diese

---

[68] Müko-*von Feldmann*, § 196 Rz. 8. Nach RGRK-*Johannsen*, § 196 Rz. 20 soll dies auch dann gelten, wenn der Anspruch auf § 989 BGB gestützt wird. Vom BGH (LM Nr. 2 zu § 989 BGB) wird dies allerdings ausdrücklich abgelehnt.

[69] KG, OLG Rspr. 22, 164; Palandt-*Heinrichs*, § 196 Anm. 3 a; Std.-*Dilcher*, § 196 Rz. 11.

[70] BGH, LM Nr. 2 zu § 989 BGB; zustimmend Staub-*Brüggemann*, § 380 Rz. 12. Ebenso: RG in Warn Rspr. 29, Nr. 27 (S. 42); OLG Köln, NJW-RR 1988 373 (374f.).

[71] KG, JW 1929, 330 Nr. 1; Enneccerus-Nipperdey, § 233 I 1 (S. 1409); Mayer-Wegelin, LZ 1929, Sp. 1450 (1452ff.), soweit der Wert der Verpackung im Verhältnis zur Ware nicht außergewöhnlich hoch ist; Std.-*Dilcher*, § 196 Rz. 23, allerdings ohne Begründung; andeutend auch Std.[10]-*Coing*, § 196 Anm. 16. Ebenso einschränkend wie Mayer-Wegelin, RGRK-*Johannsen*, § 196 Rz. 20.

[72] Std.[10]-*Coing*, § 196 Anm. 16.

notwendige Verbindung beider Verträge führt dazu, daß für die Frage der Verjährung ausschließlich — und damit auch für die Eigentumsansprüche — die Vorschriften eingreifen, die für Kaufverträge gelten[73], und zwar unabhängig davon, ob es sich um eine wertvollere oder geringwertigere Emballage handelt[74]. Würde man hier anders entscheiden, so liefe das, wie oben aufgezeigt, auf eine Umgehung der zwingenden Verjährungsvorschriften hinaus[75]. Nicht zuletzt dieser Umstand spricht dafür, hinsichtlich der Eigentumsansprüche von einer Verkürzung der Verjährungsfrist durch eine darüber zwischen den Parteien konkludent geschlossene Vereinbarung gem. § 225 S. 2 BGB auszugehen. Der Herausgabeanspruch des Herstellers gem. § 985 BGB unterliegt somit, ebenso wie die Ansprüche aus §§ 989, 990 BGB, der vierjährigen Verjährungsfrist des § 196 I Ziff. 1, II BGB. Die Verjährung der vertraglichen wie dinglichen Herausgabeansprüche beginnt gem. § 201 BGB mit dem Schlusse des Jahres nach der Entstehung des Anspruchs (§ 198 BGB). Voraussetzung für die vollwirksame Entstehung eines Anspruches ist insbesondere dessen Fälligkeit[76]. Da die Herausgabeansprüche regelmäßig erst nach Gebrauchmachung fällig werden, ist der Verjährungsbeginn mit dem Schlusse des Jahres nach der Gebrauchmachung anzusetzen[77].

II. Schuldvertragstypus bei individualisierten Mehrwegflaschen und -flaschenkästen einer geschlossenen Herstellergruppe

Die Untersuchung der Eigentumsverhältnisse bei individualisierten Mehrwegflaschen und -flaschenkästen einer geschlossenen Herstellergruppe am Beispielsfall des Brunneneinheitsleerguts hat ergeben, daß den Mineralbrunnen als Hersteller das Eigentum am Leergut auf jeder Stufe des Vertriebs verbleibt[1]. Mit der dinglichen Rechtslage ist es daher unvereinbar, die Leergutüberlassung als Darlehnsvertrag oder Kaufvertrag mit Rückverkaufsverpfichtung[2] zu charakterisieren. Ebensowenig kommt ein Mietvertrag[3] in Betracht. Entgegen einer weit verbreiteten Auffassung[4] stellt die Leergutüberlassung aber auch keinen Leihvertrag dar. Die Rückgabepflicht bezüglich des Brunneneinheitsleerguts ist nicht auf eine Speziessache gerichtet, sondern in den Beziehungen von Hersteller — Händler und Händler — Verbraucher gattungsmäßig

---

[73] So auch KG, JW 1929, 330 Nr. 1.

[74] Enneccerus-Nipperdey, § 223 I (S. 1409 Fn. 14).

[75] So auch Graßhoff, JW 1929, 330 (331).

[76] BGH, NJW 1968, 1962, BGHZ 55, 340 (341).

[77] Zur Verjährung von Leergutrückforderungsansprüchen, die in ein Kontokorrent eingestellt sind, vgl. unten, 3. Kapitel, 2. Abschnitt B II 3 d) cc).

[1] Siehe oben, 1. Abschnitt B I.

[2] Vgl. oben, I 1.

[3] Vgl. oben, I 2.

[4] OLG München, GRUR 1980, 1010 (1011); LG Offenburg, Urt. v. 6.12.1984, 3 O 149/84 (unveröffentlicht); Fink/Rottke, Der Mineralbrunnen 1985, 249 (250).

ausgestaltet. Die Vereinbarung einer Gattungsschuld widerspricht jedoch dem Wesen der Leihe[5].

Richtigerweise ist daher wieder von einem leiheähnlichen Gebrauchsüberlassungsvertrag sui generis[6] auszugehen. Wie schon bei dem vorab behandelten Leerguttypus greift auch hier nicht der Einwand von Martinek durch, daß die schuldrechtliche Rechtslage mit der dinglichen nicht harmonisiere, da immer dann, wenn die Rückgabepflicht durch gattungsgleiches Leergut erfüllt werde, der dingliche Anspruch des Herstellers aus § 985 BGB fortbestehe, obwohl mit der Rückgabe der gattungsgleichen Sache das Geschäft wirtschaftlich abgewickelt sei[7]. Einmal steht dem bereits entgegen, daß die einzelnen Mineralbrunnen den Anspruch aus § 985 BGB gar nicht erheben können, da sie die Genossenschaft Deutscher Brunnen eGmbH (GDB) ermächtigt haben, ihre Eigentumsrechte wahrzunehmen[8]. Zwar könnte nun die GDB die Rechte aus § 985 BGB geltend machen. Da jedoch der GDB als Mitglieder alle die Mineralbrunnen angehören, die Brunneneinheitsleergut verwenden, und Brunneneinheitsleergut damit über die Händler ausschließlich an Mitglieder der GDB zurückfließt, geht der Anspruch aus § 985 BGB letztlich unter. Und bis zum Erlöschen dieses Anspruchs kann der Händler ein Besitzrecht gem. § 986 I 1 BGB geltend machen, soweit er den schuldrechtlichen Rückgabeanspruch mit gattungsgleichem Leergut, nämlich Brunneneinheitsleergut, erfüllt hat.

Hinsichtlich der Ausgestaltung des leiheähnlichen Gebrauchsüberlassungsvertrages sui generis, insbesondere der Frage, welche Vorschriften der Leihe analog anzuwenden sind, kann auf die Ausführungen zu dem vorab behandelten Leerguttypus verwiesen werden[9].

III. Schuldvertragstypus bei Mehrweg-Einheitsflaschen und Mehrweg-Einheitsflaschenkästen

Bei diesem Leerguttypus, der keine besonderen Gestaltungsmerkmale oder unveränderlichen Kennzeichen aufweist (Eurobierflasche und Eurobierkasten), hat sich gezeigt, daß auf jeder Stufe der Vertriebskette das Eigentum am Leergut übertragen wird[1]. Dies entspricht der nahezu einhelligen Auffassung[2] in

---

[5] Dürkes, BB 1956, 25 (26); derselbe, BB 1948, 68 (69f.).

[6] Kollhosser/Bork, BB 1987, 909 (914); Müko-*Kollhosser*, § 598 Rz. 22; Schäfer/Schäfer, ZIP 1983, 656 (658). Wohl auch OLG Karlsruhe, NJW-RR 1988, 370 (371) („darlehnsähnliche Gattungsschuld“).

[7] Martinek, JuS 1987, 514 (516), der zwar nicht von einem leiheähnlichen Gebrauchsüberlassungsvertrag sui generis ausgeht, wohl aber in Anlehnung an OGH BrZ, NJW 1950, 345, eine „darlehnsähnliche Gattungsschuld“ erwägt, die als selbständige vertragliche Nebenpflicht ausgestalltet sein soll.

[8] Vgl. VI. der Verwendungsbestimmungen der GDB für den Umgang mit der Brunneneinheitsflasche (abgedruckt bei OLG München, GRUR 1980, 1010f.).

[9] Siehe oben, I 4a) — i).

[1] Siehe oben, 1. Abschnitt C I.

Rechtsprechung und Literatur. Keine Übereinstimmung besteht indes in der Beurteilung des schuldrechtlichen Vertrages bei der gebrauchsweisen Überlassung des Leerguts.

1. Miete, Leihe und leiheähnlicher Gebrauchsüberlassungsvertrag sui generis

Ein Mietvertrag über das Leergut scheitert bereits am Fehlen eines Mietzinses. Darüber hinaus ist die Miete, wie auch die Leihe und der leiheähnliche Gebrauchsüberlassungsvertrag sui generis, nicht mit der vorliegenden dinglichen Rechtslage in Einklang zu bringen. Bei allen drei Vertragstypen geht nämlich das Eigentum an den überlassenen Gegenständen gerade nicht auf den Empfänger über.

Die Tatsache, daß die Entscheidungen des RG vom 11.11.1938[3] und die des BGH vom 26.11.1953[4] den Leergutüberlassungsvertrag als Leihe werteten, kann kein anderes Ergebnis rechtfertigen. Die RG-Entscheidung bezog sich zwar auf Bierflaschen, nicht jedoch auf Einheitsleergut, das erst während des Krieges in Deutschland eingeführt wurde[5]. In der BGH-Entscheidung ging es dagegen um Einheitsleergut. Dieses könne, so das Gericht, unter der Voraussetzung Gegenstand eines Leihvertrages sein, daß exakt das gelieferte Leergut zurückgegeben werden müsse. Das aber war in dem vom BGH zu entscheidenden Fall ausnahmsweise möglich, da die leeren Flaschen durch einen Belag im Innern von anderen Einheitsflaschen unterscheidbar und damit aussonderbar waren.

2. Kaufvertrag mit Rückverkaufsverpflichtung

Vereinbar mit den Eigentumsverhältnissen am Einheitsleergut ist die Annahme, in der Leergutüberlassung liege ein Kauf der Flaschen und Kästen durch den Empfänger, verbunden mit einer Rückverkaufsverpflichtung des Empfängers oder einer Rückkaufpflicht des Lieferanten[6]. Jedoch hat sich bei der Untersuchung der Rechtsnatur des Pfandes bereits herausgestellt, daß nach der Parteivorstellung ein Kaufvertrag hinsichtlich des Leerguts nicht in Betracht kommt[7]. Dieses ergibt sich im wesentlichen zum einen aus dem im Verhältnis zum wahren Wert des Leerguts zu niedrigen „Kaufpreis“. Zum anderen daraus, daß nach dem Parteiwillen der Getränkeverkäufer am Pfandgeld gar nicht dauerhaft und damit endgültig Eigentum erwerben soll. Im Vordergrund steht

---

[2] Siehe oben, 1. Abschnitt C Fn. 20.

[3] RGZ 159, 65 (66).

[4] BGH, LM Nr. 2 zu § 989 BGB.

[5] Carl, Anm. zu OLG Düsseldorf, Urt. v. 12. 10. 1948, BB 1948, 525; Dürkes, BB 1956, 25 (26); Kollhosser / Bork, BB 1987, 909 (915 Fn. 56). Das heute verwendete Eurobierleergut wurde gar erst nach 1945 handelsüblich.

[6] Siehe oben, 2. Abschnitt Fn. 18.

[7] Siehe oben, 2. Abschnitt C.

für die Parteien vielmehr eine Sicherstellung des Getränkeverkäufers bezüglich dessen Rückforderungsansprüchen.

Wenn die Gegenmeinung[8] den Gedanken der Sicherstellung auf der Ebene Händler — Verbraucher mit dem Argument anzweifelt, daß das Interesse des Händlers am Rückerhalt des Leerguts gering einzuschätzen sei, da ihm für fehlendes Leergut von seinem Lieferanten nur der Betrag berechnet werde, den er seinerseits vom Verbraucher als „Pfand" erhoben habe, so geht diese Argumentation an der Geschäftspraxis im Getränkehandel vorbei. Die „Wiederbeschaffungspreis-Klausel" in den Hersteller-AGB wird nämlich von den Zwischenhändlern mittels eigener AGB regelmäßig an Groß- und Einzelhändler weitergegeben. Ein Interesse des Händlers an der Rückgabe des Leerguts durch den Verbraucher kann daher nicht geleugnet werden. Folglich wird auch auf der Ebene Händler — Verbraucher das Pfandgeld als Sicherheitsleistung, nicht aber als Kaufpreis für das Leergut bezahlt.

3. Darlehn

Den Eigentumsverhältnissen und der tatsächlichen Handhabung der im Getränkehandel beteiligten Parteien entspricht der Darlehnsvertrag insofern, als es für das Darlehn typisch ist, daß das Eigentum an der Darlehnssache auf den Empfänger übergeht und dieser nur zur Rückgabe von Sachen gleicher Art, Güte und Menge verpflichtet ist. Da Einheitsleergut im Unterschied zu den anderen Leerguttypen keinerlei Eigentumsmerkmale aufweist und im Handel lediglich der Zahl nach bestimmt wird, stellen die Flaschen und Kästen vertretbare Sachen i. S. des § 91 BGB dar und können somit auch Gegenstand eines Darlehnsvertrages sein[9]. Die wohl herrschende Auffassung[10] qualifiziert die Leergutüberlassung bei Einheitsflaschen und -kästen daher folgerichtig als Darlehnsvertrag.

---

[8] Martinek, JuS 1987, 514 (521).

[9] BGH, NJW 1956, 298 = LM Nr. 6 zu § 50 ZPO = MDR 1956, 154; OLG Hamm, BB 1954, 1045; Brox, SchR BT, Rz. 221 (S. 136); Erman-*Schmidt*, § 91 Rz. 2; Kollhosser / Bork, BB 1987, 909 (915).

[10] BGH, NJW 1956, 298 = MDR 1956, 154 mit zustimmender Anm. von Pohle; OLG Frankfurt, ZIP 1982, 1331 (1332) für Europaletten; OLG Düsseldorf, BB 1948, 524 mit zustimmender Anm. von Carl; OLG Hamm, BB 1954, 1045; OLG Celle, BB 1967, 778 für Bierkästen; Baumbach / Duden / Hopt, HGB, § 346 Anm. 2; Dürkes, BB 1956, 25 (26); Erman-*Weitnauer*, § 433 Rz. 39; Erman-*Ronke*, § 1205 Rz. 5; Palandt-*Putzo*, vor § 607 Anm. 4 c; RGRK-*Ballhaus*, vor § 607 Rz. 74; Soergel-*Lippisch / Häuser*, vor § 607 Rz. 37; Soergel-*Huber*, § 433 Rz. 320; Schäfer / Schäfer, ZIP 1983, 656 (659); Staub-*Brüggemann*, § 380 Rz. 8; nicht eindeutig Müko-*H.P. Westermann*, § 607 Rz. 83.
Ablehnend allerdings OLG Düsseldorf, BB 1949, 237. Das Gericht meint, ein Darlehn scheide deswegen aus, weil die Flaschen und Kästen nicht im ausschließlichen Interesse des Empfängers hingegeben werden. Wie Carl (BB 1949, 237) in seiner Anmerkung zu der Entscheidung des OLG Düsseldorf aber richtigerweise ausführt, liegt ein Darlehn nur dann nicht vor, wenn es allein im Interesse des Gebers hingegeben werde. Davon kann im Bierhandel jedoch nicht die Rede sein.

Gegen einen sog. „reinen Darlehnsvertrag“[11] wird angeführt, daß es an der für das Darlehn gem. §§ 607, 279 BGB typischen Beschaffungspflicht fehle[12]. Denn es seien weder die Verbraucher dem Händler noch die Händler dem Hersteller gegenüber verpflichtet, sich anderenorts Leergut für den Fall zu besorgen, daß nicht mehr die gleiche Menge herausgegeben werden könne. Es ist jedoch zweifelhaft, ob diese tatsächlichen Feststellungen zwingend dafür sind, das Vorliegen eines „reinen Darlehnsvertrages“ zu verneinen und stattdessen einen darlehnsähnlichen Vertrag sui generis[13] anzunehmen. Daß die Beschaffungspflicht für das Darlehn wesenstypisch sein soll, läßt sich nicht unmittelbar dem Gesetz und auch nicht den Motiven oder Protokollen zum BGB entnehmen. Die Beschaffungspflicht ist lediglich eine regelmäßige Folge davon, daß die Rückgabepflicht beim Darlehn als Gattungsschuld i. S. des § 279 BGB ausgestaltet ist. Demnach ist also neben dem Eigentumsübergang in Wirklichkeit das Merkmal der Gattungsschuld für das Darlehn wesenstypisch. Unzweifelhaft besteht aber bezüglich des Leerguts die Verpflichtung, eine Gattungssache zurückzugeben. Wenn zwischen den Parteien darüber hinaus verabredet ist, daß der Schuldner nur rücklieferungspflichtig sein soll, soweit Leergut bei ihm noch vorhanden ist, so läßt sich dies als Vereinbarung einer beschränkten Gattungsschuld auffassen, etwa vergleichbar mit einer Vorratsschuld. Bei einer Vorratsschuld besteht jedenfalls keine Beschaffungspflicht[14]; trotzdem verbleibt es bei einer Gattungsschuld[15]. Die beim Leergutüberlassungsvertrag fehlende Beschaffungspflicht spricht daher nicht zwingend gegen ein „reines Darlehn“. Dagegen läßt sich auch nicht anführen, daß der Leergutschuldner möglicherweise eine geringere Menge von Flaschen und Kästen zurückliefert. Denn die Parteien können bei Abschluß des Darlehnsvertrages durchaus vereinbaren, daß in größerer oder geringerer Menge zurückzuleisten ist[16], ja sogar, daß die Rückerstattung in vertretbaren Sachen anderer Art erfolgen kann[17]. Der Annahme eines darlehnsänhnlichen Vertrages sui generis bedarf es folglich gar nicht.

---

[11] Terminus nach OLG Hamm, BB 1954, 1054 (1046).

[12] Kollhosser / Bork BB 1987, 909 (916).

[13] So aber Kollhosser / Bork, BB 1987, 909 (915); ähnlich OGH BrZ, NJW 1950, 345 (346), daß den Begriff „darlehnsähnliche Gattungsschuld“ verwendet (Das Gericht bedurfte der Konstruktion mit der „darlehnsähnlichen Gattungsschuld“, weil dem Getränkelieferanten das Eigentum an den Einheitsflaschen verbleiben sollte und daher ein eigentliches Darlehn nicht in Betracht kommen konnte. Die Entscheidung hinsichtlich der Eigentumsverhältnisse rechtfertigt das Gericht aus der besonderen Situation der damals herrschenden „großen Materialverknappung“); eine „darlehnsähnliche Gattungsschuld“ nimmt ebenfalls — allerdings ohne Begründung — LG Köln, transpR 1985, 63 hinsichtlich der Rückgabeverpflichtung bei Euro-Paletten an; vgl. auch Dürkes, BB 1948, 197 (198).

[14] Vgl. Larenz, Schuldrecht I, § 11 I (S. 143).

[15] Brox, SchR AT, Rz. 92.

[16] RGRK-*Ballhaus*, § 607 Rz. 12.

[17] Müko[1]-*H.P. Westermann*, § 607 Rz. 2; RGRK-*Ballhaus*, § 607 Rz. 12.

Mit der h.M.[18] ist daher in der Überlassung von Einheitsleergut der Abschluß eines Darlehnsvertrages zu sehen. Die Ausgestaltung des Vertrages ist wieder durch Auslegung unter Berücksichtigung der Interessenlage und der tatsächlichen Handhabung durch die Parteien zu ermitteln.

a) Vertragsinhalt

Vertragsinhalt ist gem. § 607 BGB die Übertragung von Einheitsleergut zu Eigentum des Empfängers, verbunden mit der Abrede, Leergut gleicher Art, Güte und — soweit noch vorhanden — auch gleicher Menge zurückzuerstatten. Da beim Darlehn im Hinblick auf den Leistungs- und Erfolgsort für die Darlehnshingabe der Vorrang der Parteivereinbarung gilt[19], kann diesbezüglich auf die schon dargelegten unterschiedlichen Vertragsgestaltungen im Getränkehandel verwiesen werden[20].

b) Haftung des Getränkeverkäufers

Das Darlehnsrecht sieht für den Darlehnsgeber keine Haftungsprivilegien vor, so daß es beim allgemeinen Haftungsmaßstab der §§ 276, 278 BGB für den Getränkeverkäufer verbleibt. Hinsichtlich der Haftung für Sachmängel[21] und Mangelfolgeschäden ist wie bei den vorab behandelten Leerguttypen[22] eine Analogie zu den Kaufrechtsnormen anzunehmen. Dies ergibt sich zum einen aus der wirtschaftlichen Verknüpfung von Leergutüberlassungsvertrag und Getränkekaufvertrag und zum anderen, da ein Darlehn vorliegt, aus § 493 BGB[23].

c) Gefahrtragung beim Untergang des Leerguts durch zufällige Ereignisse

Hierbei ist wieder zu unterscheiden:

aa) Zufälliger Untergang auf dem Hintransport

Praktisch relevant wird dieser Fall bei der Warenlieferung der Hersteller an ihre Abnehmer. Da beim Darlehn die Gefahr des zufälligen Untergangs erst mit der Eigentumsübertragung auf den Darlehnsnehmer übergeht[24], trägt der Hersteller in diesem Stadium die Gefahr. Ein anderes Ergebnis ergibt sich selbst dann nicht, wenn hinsichtlich des Flascheninhalts ein Versendungskauf vorläge,

---

[18] Siehe Fn. 10.

[19] Müko-*H. P. Westermann*, § 607 Rz. 43.

[20] Siehe oben, I 4 a) und c) cc).

[21] Die Haftung für Rechtsmängel ist praktisch ohne Relevanz.

[22] Siehe oben, I 4 b).

[23] Vgl. BGH, WM 1985, 834 (836); Palandt-*Putzo*, § 607 Anm. 1 c.

[24] Dürkes, BB 1956, 25 (27); Erman-*Schopp*, § 607 Rz. 12; Müko-*H.P. Westermann*, § 607 Rz. 43; Palandt-*Putzo*, § 607 Anm. 1 c; RGRK-*Ballhaus*, § 607 Rz. 6.

denn auf die nicht mitverkaufte Verpackung findet § 447 BGB jedenfalls keine Anwendung[25].

bb) Zufälliger Untergang beim Händler oder Verbraucher

Mit dem Zeitpunkt der Übergabe wird der Empfänger Eigentümer des Leerguts und trägt in dieser Eigenschaft die Gefahr des zufälligen Untergangs, solange sich das Leergut in seinen Händen befindet[26].

cc) Zufälliger Untergang auf dem Rücktransport

Der Darlehnsnehmer trägt als Eigentümer die Gefahr bis zur Übergabe der geschuldeten Gattungssache an den Darlehnsgeber[27], wobei der Leistungs- und Erfolgsort der Rückgabe wieder der Parteivereinbarung unterliegt.

Auf der Ebene Händler — Verbraucher geht die Abrede regelmäßig dahin, daß der Verbraucher das Leergut beim Händler zurückzugeben hat. Die Gefahr auf dem Rücktransport zum Händler trägt folglich der Verbraucher. Ist dagegen — wie auf der Ebene Hersteller — Händler und der Händler untereinander üblich — verabredet, daß der Getränkeverkäufer das Leergut abholt, erfolgt die Übergabe am Ort der gewerblichen Niederlassung des Leergutschuldners. Ab dem Zeitpunkt der Übergabe trägt dann der Getränkeverkäufer die Gefahr selber.

d) Vertragsgemäßer Gebrauch

In seiner Eigenschaft als Eigentümer kann der Darlehnsnehmer mit der Darlehnssache nach Belieben verfahren. Er berührt damit auch keine Interessen des Darlehnsgebers, denn diesem schuldet er lediglich die Rückgabe von Sachen gleicher Art, Güte und Menge.

Bei der Überlassung von Einheitsleergut sind die Eigentümerrechte des Leergutschuldners jedoch eingeschränkt. Da ihn keine Beschaffungspflicht trifft, andererseits die Händler oder Hersteller aber ein Interesse[28] am zahlenmäßig vollen Rückerhalt des Leerguts haben, ist er wie bei gekennzeichnetem Leergut[29] zur ordnungsgemäßen Behandlung der Flaschen und Kästen verpflichtet. Hier wie dort hat er demnach das Leergut im Rahmen des Zumutbaren vor Schäden und Verlust zu bewahren. Übt der Schuldner den Gebrauch

---

[25] Siehe oben, I Fn. 42.

[26] Vgl. Dürkes, BB 1948, 68 (71); derselbe, BB 1956, 25 (27); Müko-*H.P. Westermann*, § 607 Rz. 49. Die Gefahr geht aber wieder gem. § 300 II BGB auf den Getränkeverkäufer über, wenn dieser das Leergut abzuholen verpflichtet ist, es aber nicht mitnimmt, obwohl es der Käufer für ihn ausgesondert und bereitgestellt hat (siehe oben, I 4 c) bb)).

[27] Siehe nur Dürkes, BB 1948, 68 (72); derselbe, BB 1956, 25 (27).

[28] Siehe oben, I Fn. 58.

[29] Siehe oben, I 4 f).

vertragswidrig aus, macht er sich schadensersatzpflichtig, soweit er das Leergut nicht oder nicht im ordnungsgemäßen Zustand zurückgeben kann. Grundsätzlich ist die Ersatzpflicht in der Höhe aber wieder beschränkt auf das geleistete Pfandgeld.

e) Rückgabepflicht

Die Pflicht des Leergutschuldners zur Rückerstattung von Flaschen und Kästen gleicher Art, Güte und Menge ergibt sich aus § 607 I BGB. Soweit der Schuldner Leergut nicht oder nicht im gebrauchsfähigen Zustand zurückliefern kann, ist er aber nicht gem. § 279 BGB zur Ersatzbeschaffung verpflichtet. Statt dessen ist für diesen Fall verabredet, daß der Schuldner unabhängig vom Verschulden Schadensersatz zu leisten hat. Auf der Ebene Händler — Verbraucher ist der Schadensersatz beschränkt auf das bereits vom Verbraucher gezahlte Pfandgeld. Hingegen wird auf der Ebene Hersteller — Händler regelmäßig der Wiederbeschaffungspreis gefordert, auf den allerdings das Pfandgeld angerechnet wird.

Obwohl für die Rückerstattung grundsätzlich[30] kein Zeitpunkt bestimmt ist, hängt die Fälligkeit nicht gem. § 609 I BGB von einer Kündigung des Gläubigers oder Schuldners ab. § 609 I BGB ist nämlich kein zwingendes Recht und daher abdingbar[31]. Wie bei den vorab behandelten Leerguttypen ist auch hier davon auszugehen, daß der Erstattungsanspruch nach Gebrauchmachung, d. h. nach Verbrauch des Flascheninhalts oder nach Rückgabe durch den Verbraucher fällig wird.

f) Kündigung

Das Recht zur außerordentlichen Kündigung aus wichtigem Grund — beim Darlehn auch durch Vertrag nicht auszuschließen[32] — verbleibt bei der Überlassung von Einheitsleergut ohne praktischen Anwendungsbereich. Da den Schuldner nämlich keine Beschaffungspflicht trifft, könnte er das Leergut ohnehin nicht vor Verbrauch des Getränkes oder vor Rückgabe durch den Verbraucher herausgeben.

g) Verjährung

Der Anspruch auf Leergutrückerstattung gem. § 607 I BGB verjährt ebenso wie der Rückforderungsanspruch beim leiheänlichen Gebrauchsüberlassungs-

[30] Soweit sich in den Hersteller-AGB teilweise die Klausel befindet, wonach der Händler innerhalb einer bestimmten Frist zurückzuliefern hat, ist dies als nicht mit der Interessenlage und der tatsächlichen Handhabung vereinbar anzusehen (siehe oben, I 4 g)).

[31] RGZ 104, 186 (187); RG, HRR 1930, Nr. 699; Palandt-*Putzo*, § 609 Anm. 1 c; RGRK-*Ballhaus*, § 609 Rz. 1.

[32] Palandt-*Putzo*, § 609 Anm. 4 a; RGRK-*Ballhaus*, § 609 Rz. 16.

vertrag sui generis gem. § 196 I Ziff. 1 BGB mit Ablauf von zwei bzw. vier Jahren[33]. Die Problematik der Anspruchskonkurrenz mit dem Herausgabeanspruch aus § 985 BGB taucht hier nicht auf, da der Getränkeverkäufer sein Eigentum am Leergut mit der Übergabe verliert.

C. Zusammenfassung

Der Leergutüberlassungsvertrag ist als selbständiger Vertrag bei individualisiertem Leergut eines einzelnen Herstellers oder einer geschlossenen Herstellergruppe als leiheähnlicher Gebrauchsüberlassungsvertrag sui generis, bei nicht individualisiertem Einheitsleergut dagegen als Darlehn zu charakterisieren.

Bei allen Leerguttypen verbleibt es für den Getränkeverkäufer beim Haftungsmaßstab der §§ 276, 278 BGB. Für Sach- und Rechtsmängel hat er in entsprechender Anwendung zu den Kaufrechtsvorschriften einzustehen. Die Gefahr des zufälligen Untergangs des Leerguts trifft einheitlich den jeweiligen Besitzer.

Die als Gattungsschuld ausgestaltete Pflicht zur Rückerstattung ergibt sich beim leiheähnlichen Gebrauchsüberlassungsvertrag sui generis aus § 604 II S. 1 BGB analog, hingegen beim Darlehn aus § 607 I BGB. Zur Ersatzbeschaffung ist der Schuldner aber bei keinem Leerguttypus verpflichtet. Die Parteivereinbarung geht statt dessen für den Fall, daß Leergut nicht oder nicht im gebrauchsfähigen Zustand zurückgeliefert wird, dahin, daß der Schuldner Schadensersatz unabhängig von seinem Verschulden zu leisten hat, jedoch in der Höhe grundsätzlich beschränkt auf das bereits geleistete Pfandgeld.

Der vertragliche Rückforderungsanspruch verjährt gem. § 196 I Ziff. 1 BGB nach zwei bzw. vier Jahren, sofern die Leergutüberlassung für den Gewerbebetrieb des Händlers erfolgt. Soweit es sich nicht um Einheitsleergut handelt, gilt diese Frist auch für die Eigentumsansprüche.

---

[33] Siehe oben, I 4 i).

4. Abschnitt

Die Problematik der Nichtrücklieferung des Leerguts

A. Nichtrücklieferung auf Händlerebene

In den AGB der Getränkehersteller und auch der Zwischenhändler findet sich ausnahmslos folgende[1] oder eine entsprechend lautende Vertragsklausel:

> „Der Kunde ist verpflichtet, das Leergut nach der Entleerung, spätestens drei Monate nach Lieferung an den Brunnen zurückzugeben.... Der in den Rechnungen ausgewiesene Leergutsaldo gilt 30 Tage nach Übernahme der Ware als anerkannt. Leergut, das bei Fälligkeit nicht zurückgegeben wird, ist dem Brunnen zum jeweiligen Wiederbeschaffungspreis fabrikneuer Kisten und Flaschen zu ersetzen."

Beim Vergleich verschiedener im Getränkehandel verwendeter AGB fällt auf, daß die Rücklieferungsfristen für das Leergut, an die der Ersatz zum Wiederbeschaffungspreis anknüpft, nicht einheitlich lang sind. So existieren Fristen von 1 bis 3 Monaten, teilweise wird auf eine Fristsetzung auch ganz verzichtet und der Ersatz zum Wiederbeschaffungspreis von der „Fälligkeit" oder dem „Verzug" des Abnehmers abhängig gemacht. In der Praxis ergibt sich daraus jedoch keinerlei Unterschied. Es zeigt sich nämlich, daß die AGB-Verwender den Anspruch auf den Wiederbeschaffungspreis abweichend vom Vertragstext nicht schon nach Fristablauf, sondern stets nur bei Vertragsauflösung geltend machen[2]. Die in der jeweiligen Abrechnungsperiode enstandenen Salden werden demnach bis zur Vertragsauflösung — möglicherweise über mehrere Jahre hinweg — fortgeschrieben. Dies hat zur Folge, daß der verlangte Ersatz der Höhe nach mit dem Wert berechnet wird, der zum Zeitpunkt der Vertragsbeendigung für die Anschaffung der fehlenden Leergutbestände erforderlich ist[3]. Zum Streitgegenstand[4] zwischen den Parteien wird die sog.

---

[1] Vgl. OLG Hamm, Der Mineralbrunnen 1977, 32.

[2] Das geschieht wohl zum einen, um nicht die bestehenden Geschäftsbeziehungen durch die Geltendmachung von Schadensersatzansprüchen zu stören. Der primäre Grund liegt aber darin, daß durchaus die Möglichkeit besteht, daß der Vertragspartner durch verstärkte Leergutrücklieferung seiner Kunden die entstandenen Salden zwischenzeitlich wieder ausgleicht.

[3] Schäfer/Schäfer, ZIP 1983, 656 (661).

[4] Vgl. die zahlreichen dazu ergangenen Gerichtsentscheidungen: OLG Nürnberg, Der Mineralbrunnen 1976, 231; OLG Hamm, Der Mineralbrunnen 1977, 32; OLG Frankfurt, Urt. v. 13.7.1979, Aktz. 10 U 163/78 und 10 U 9/79 (beide nicht veröffentlicht); LG Bad Kreuznach, Der Mineralbrunnen 1978, 270; LG Mainz, Urt. v. 14.3. 1978, Aktz. 3 S

„Wiederbeschaffungspreis-Klausel" deswegen, weil der Ersatz zum Neuwert den dafür hinterlegten Pfandbetrag in erheblichem Maße[5] übersteigt.

Im folgenden ist zu untersuchen, ob die „Wiederbeschaffungspreis-Klausel" im Einklang mit den gesetzlichen Regelungen, insbesondere dem Gesetz zur Regelung des Rechts der Allgemeinen Geschäftsbedingungen (AGBG) steht.

I. Verstoß der „Wiederbeschaffungspreis-Klausel" gegen § 3 Satz 2 WährG.

Nach dem Wortlaut des § 3 Satz 2 WährG und aufgrund seiner inzwischen durch die Rechtsprechung des BGH[6] und die Genehmigungspraxis[7] erfolgten Auslegung ist die Eingehung einer Geldschuld in DM genehmigungspflichtig, deren Betrag unmittelbar und zwangsläufig abhängig sein soll vom künftigen Kurs einer anderen Währung oder vom künftigen Preis oder Wert bestimmter Güter oder Leistungen. § 3 Satz 2 WährG bezieht sich aber — nach seinem eng auszulegenden Wortlaut — ausschließlich auf bereits bestehende Geldschulden. Die Vorschrift gilt demnach gerade nicht, wenn eine erst künftig zur Entstehung gelangende Geldforderung mit Wirkung von ihrem künftigen Entstehungszeitpunkt an wertgesichert werden soll[8].

Wie sich gezeigt hat, werden in der Praxis die Leergutsalden — trotz anders lautender Vereinbarungen in den AGB — bis zur Vertragsbeendigung fortgeschrieben und erst dann zum Neuwert geltend gemacht. Die „Wiederbeschaffungspreis-Klausel" bezieht sich daher nicht auf eine bereits bestehende, sondern eine erst künftig zur Entstehung gelangende Forderung[9]. Eine genehmigungspflichtige Wertsicherungsklausel liegt folglich nicht vor.

II. Verstoß der „Wiederbeschaffungspreis-Klausel" gegen das AGBG

Daß die „Wiederbeschaffungspreis-Klausel" dem AGBG unterliegt, ist unzweifelhaft. Denn die zumeist als „Allgemeine Lieferungs- und Zahlungsbedingungen" überschriebenen Vertragsbedingungen sind für eine Vielzahl von Verträgen vorformuliert (§ 1 AGBG) und werden in der Regel bei Vertragsbeginn ausdrücklich einbezogen (§ 2 AGBG).

260/77 (Auszüge im Geschäftsbericht 1978 des Verbandes Rheinisch-Westfälischer Brauereien e.V., S. 63); LG Offenburg, Urt. v. 6.12.1984, Aktz. 3 0 149/84 (unveröffentlicht); OLG Karlsruhe, NJW-RR 1988, 370; OLG Köln, NJW-RR 1988, 373.

[5] Siehe oben, 2. Abschnitt Fn. 21 und 71.

[6] Übersicht bei Dürkes, Wertsicherungsklauseln, D 463ff.

[7] Vgl. Dürkes, Wertsicherungsklauseln, C 32ff.

[8] Dürkes, Wertsicherungsklauseln, D 2f.

[9] So auch Schäfer/Schäfer, ZIP 1983, 656 (661).

1. Schranken der Inhaltskontrolle — § 8 AGBG

Unabhängig davon, ob man den Schadensersatzanspruch für nicht zurückgeliefertes Leergut auf schuldrechtliche Ansprüche[10] oder auf dingliche Ansprüche, nämlich §§ 989 ff. BGB[11] stützt, ergibt sich Art und Umfang der Ersatzleistung aus den §§ 249 ff. BGB. Es wird vereinzelt vorgebracht, daß die Klausel über den Regelungsgehalt der §§ 249 ff. BGB nicht hinausgeht. Zwar ist bei § 249 BGB grundsätzlich zu berücksichtigen, daß der Geschädigte sich den Vorteil anrechnen lassen muß, der adäquat kausal aus dem Schadensereignis herrührt. Dieser Umstand falle aber vorliegend nicht ins Gewicht, weil für den Geschädigten kein Vorteil entstanden sei[12]. Diese Argumentation könnte dazu verleiten, eine Inhaltskontrolle nach den §§ 9 bis 11 AGBG wegen § 8 AGBG für entbehrlich zu halten.

Eine solche Betrachtungsweise würde aber eine über den Gesetzeszweck des § 8 AGBG hinausgehende extensive Auslegung darstellen. Denn der Zweck des § 8 AGBG besteht ausschließlich darin, zu verhindern, daß auf dem Wege der Inhaltskontrolle nach den §§ 9 bis 11 AGBG eine Kontrolle von Preisen und Leistungsangeboten stattfindet oder eine Überprüfung gesetzlicher Interessenbewertung vorgenommen wird[13]. Um letztere geht es sicher nicht, wenn festgestellt werden soll, ob der grundsätzlich bei §§ 249 ff. BGB zu berücksichtigende Abzug „neu für alt" durch die „Wiederbeschaffungspreis-Klausel" von vornherein ausgeschlossen wird. Eine solche Klausel muß sich vielmehr an Sinn und Zweck des § 11 Nr. 5 AGBG messen lassen[14]. Dafür spricht zudem, daß gerade Klauseln, die gesetzlich ungeregelte Vertragstypen betreffen, der Inhaltskontrolle zugänglich sein sollen, soweit sie nicht lediglich den unmittelbaren Gegenstand der Hauptleistungen festlegen[15]. Ein solcher gesetzlich nicht geregelter Vertragstyp liegt hier aber mit dem leiheähnlichen Gebrauchsüberlassungsvertrag sui generis vor[16]. Die „Wiederbeschaffungspreis-Klausel" darf

---

[10] OLG Nürnberg, Der Mineralbrunnen 1976, 231; LG Offenburg, Urt. v. 6.12.1984, Aktz. 3 0 149/84.

[11] BGH, LM Nr. 2 zu § 989 BGB; ebenso Baur, der Mineralbrunnen 1981, 264; derselbe, ZIP 1980, 1101 (1102). Wohl auch OLG Köln, NJW-RR 1988, 373 (374). Der BGH begründet die Anwendung der §§ 989, 990 BGB wie folgt: Nach § 989 BGB sei der Besitzer für den Schaden verantwortlich, der dadurch entstehe, daß infolge seines Verschuldens das Leergut nicht mehr herausgegeben werden könne. Zwar gelte § 989 BGB grundsätzlich nur für den Fall des Eintritts der Rechtshängigkeit. Jedoch müsse der Abnehmer bereits bei Erlangung des Besitzes an dem Leergut damit rechnen, daß er dieses wieder zurückzugeben habe. Infolgedessen treffe der dem § 989 BGB zugrunde liegende Rechtsgedanke auch hier zu. Für zweifelhaft hält diesen Anspruch allerdings OLG Karlsruhe, NJW-RR 1988, 370 (371), da der Vorrang vertraglicher Ansprüche gelte.

[12] Vgl. Fink / Rottke, Der Mineralbrunnen 1985, 249 (251).

[13] *Brandner* in Ulmer / Brandner / Hensen, Kommentar zum AGB-Gesetz, § 8 Rz. 1; *Wolf* in Wolf / Horn / Lindacher, AGB-Gesetz, § 8 Rz. 1.

[14] Schäfer / Schäfer, ZIP 1983, 656 (661).

[15] *Brandner* (Fn. 13), § 8 Rz. 2.

[16] Siehe oben, 3. Abschnitt B I 4, II.

daher nicht schon nach § 8 AGBG von der Inhaltskontrolle der §§ 9 bis 11 AGBG ausgenommen werden[17].

2. Verstoß gegen § 11 Nr. 6 AGBG

Ob eine Inhaltskontrolle nach § 11 AGBG überhaupt angezeigt ist, erscheint im Hinblick auf § 24 S. 1 Nr. 1 AGBG fraglich. Nach dieser Norm findet § 11 AGBG keine Anwendung im kaufmännischen Verkehr, wobei § 24 S. 1 Nr. 1 AGBG auch den Minderkaufmann nach § 4 HGB erfaßt[18]. Da die Kunden der AGB-Verwender, die Zwischen-, Groß- und Einzelhändler, zumindest Minderkaufleute gem. §§ 1 II Nr. 1, 4 I HGB sind, ist eine Inhaltskontrolle nach § 11 AGBG dem Wortlaut des § 24 S. 1 Nr.1 AGBG nach nicht statthaft. Dabei bliebe aber außer acht, daß gem. § 24 S. 2 AGBG der § 9 AGBG auch im kaufmännischen Geschäftsverkehr Anwendung findet und ein Verstoß gegen ein Klauselverbot des § 11 AGBG bei § 9 AGBG ein Indiz für eine unangemessene Benachteiligung des Vertragspartners sein kann, demnach bei der Inhaltskontrolle mittelbar zu berücksichtigen ist[19]. Aufgrund dieser Indizwirkung ist daher eine Prüfung des § 11 AGBG geboten.

Die „Wiederbeschaffungspreis-Klausel" könnte, als Vertragsstrafeversprechen charakterisiert, ein Verstoß gegen § 11 Nr. 6 AGBG darstellen. Trinkner[20] hält die Klausel zwar für ein Vertragsstrafeversprechen, ist aber der Ansicht, daß § 11 Nr. 6 AGBG vom Wortlaut her nicht greife und daher eine Inhaltskontrolle nur nach § 9 AGBG vorzunehmen sei. Der Fall der Vertragslösung i. S. des § 11 Nr. 6 AGBG liegt seiner Ansicht nach deswegen nicht vor, weil die „Wiederbeschaffungspreis-Klausel" eben nicht an den Abbruch der Geschäftsbeziehungen anknüpfe, auch wenn die Klausel — was Trinkner richtigerweise erkennt — ihre Wirkung regelmäßig erst zu diesem Zeitpunkt entfaltet. Diese Begründung vermag nicht zu überzeugen. Wenn die AGB-Verwender in der Praxis den Ersatz zum Wiederbeschaffungspreis erst bei Vertragsauflösung fordern, und nicht wie vereinbart nach der in periodischen Abständen erfolgenden Abrechnung der Leergutkonten, so kann diese ständig abweichende Vertragsdurchführung nur als konkludente Individualvereinbarung i. S. des § 4 AGBG und damit als vorrangig vor der AGB-Regelung angesehen werden[21]. Demnach bleibt § 11

---

[17] So ausdrücklich OLG Karlsruhe, NJW-RR 1987, 370 (371); vgl. auch Palandt-*Heinrichs*, AGBG, § 8 Anm. 2 b, wonach alle Regelungen über die in Form einer Leistungsstörung zu erbringenden Aufwendungen, Entschädigungen und Ersatzleistungen der Inhaltskontrolle der §§ 9 ff. AGBG zu unterliegen haben.

[18] OLG Düsseldorf, WM 1984, 724 (725), *Horn* in Wolf/Horn/Lindacher, § 24 Rz. 6; *Brandner* (Fn. 13), § 24 Rz. 14; *Graf von Westphalen* in Löwe/Graf von Westphalen/Trinkner, AGB-Gesetz, 24 Rz. 8.

[19] BGH, NJW 1984, 1750 (1751); NJW 1984, 2941; OLG Köln, NJW-RR 1988, 373 (375); OLG Karlsruhe, NJW-RR 1988, 370 (372); *Brandner* (Fn. 13), § 24 Rz. 19; Müko-*Kötz*, AGBG, § 24 Rz. 6.

[20] Trinkner, BB 1984, 1455.

Nr. 6 AGBG über § 4 AGBG entgegen der Auffassung von Trinkner durchaus Prüfungsmaßstab.

Ob aber, wie behauptet[22], tatsächlich ein Vertragsstrafeversprechen i. S. von § 11 Nr. 6 AGBG vorliegt, ist zweifelhaft. Die Rechtsprechung[23] grenzt die beiden Rechtsinstitute — unter teilweiser heftiger Kritik im Schrifttum[24] — wie folgt ab:

Von einer Schadenspauschalierung ist auszugehen, wenn eine vereinfachte Abwicklung von als bestehend vorausgesetzten Schadensersatzansprüchen bezweckt ist. Dagegen soll eine Vertragstrafe vorliegen, wenn der Verwender Druck zur ordnungsgemäßen Erfüllung ausüben will. Für eine Unterscheidung der Rechtsinstitute sind jeweils alle Umstände des Einzelfalls zu würdigen[25], wobei dem Wortlaut der Klausel eine gewisse Indizwirkung[26] zugesprochen wird. Formulierungen wie „Schaden", „Entschädigung" oder „Ersatz" sprechen demnach eher für eine Schadenspauschale[27].

Die in der Praxis sehr häufig auftauchende Formulierung, daß „verlorengegangenes oder beschädigtes Leergut zum Wiederbeschaffungspreis in Rechnung gestellt wird", bietet für eine Wortlautauslegung keine Anhaltspunkte[28]. Daher ist aus den Gesamtumständen der beabsichtigte Zweck der Klausel zu ermitteln[29]. Diesen sieht Trinkner primär darin, auf den Leergutkunden einen möglichst wirkungsvollen Druck auszuüben, um so die Erfüllung des Rückgabeanspruchs zu sichern. Denn die vereinbarte Klausel solle den Rückgabeanspruch des Lieferanten nicht nur begründen, sondern auch seine Verwirklichung gewährleisten[30]. Zuzustimmen ist Trinkner insofern, als die „Wiederbeschaf-

---

[21] Vgl. OLG Frankfurt, ZIP 1982, 1331 (1333); *Ulmer* in Ulmer / Brandner / Hensen, § 4 Rz. 12f.; Müko-*Kötz*, AGBG, § 4 Rz. 3, 6f.

[22] Trinkner, BB 1984, 1455.

[23] BGHZ 49, 84 (89) = NJW 1968, 149 (150); BGH, NJW 1976, 1886 (1887); BGH, NJW 1983, 1542; BayObLG, BB 1981, 1418 (1419).

[24] Belke, DB 1969, 559 (661 ff.) geht davon aus, daß jede Pauschalierungsabrede, die als Sanktion für irgendeine Vertragsverletzung vorgesehen sei, in Wirklichkeit ein Vertragsstrafeversprechen darstelle. Diese Auffassung ist allerdings seit Geltung des AGBG als überholt anzusehen, da der Gesetzgeber beide Rechtsinstitute vorgesehen hat. Lindacher, S. 61 f., 117 ff. und Eggert, NJW 1974, 241 (242) rücken hingegen die Schadenspauschalierung in den Vordergrund und nehmen das Vorliegen einer Vertragsstrafe nur bei Abreden mit eindeutig pönalem Charakter an.

[25] OLG Köln, NJW 1974, 1952 (1953); *Wolf* (Fn. 13), § 11 Nr. 5 Rz. 8; *Graf von Westphalen* (Fn. 18), § 11 Nr. 5 Rz. 5.

[26] *Graf von Westphalen* (Fn. 18), § 11 Nr. 5 Rz. 5; vgl. auch Müko-*Kötz*, AGBG, § 11 Nr. 5 a Rz. 34.

[27] BGH, NJW 1968, 149 (150); Trinkner, BB 1984, 1455; *Wolf* (Fn. 13), § 11 Nr. 5 Rz. 8.

[28] Ebenso Trinkner, BB 1984, 1455. Nur vereinzelt finden sich andere Formulierungen, wie: „Für nicht zurückgeliefertes Leergut wird Ersatz in Höhe des Zeitwertes berechnet".

[29] Vgl. *Wolf* (Fn. 13), § 11 Nr. 5 Rz. 8.

[30] Trinkner, BB 1984, 1455.

fungspreis-Klausel" durchaus imstande ist, den Kunden zu einer forcierten Leergutrücklieferung anzuhalten. Zweifelhaft ist aber, daß darin der primäre Grund der Vereinbarung liegen soll. Denn auch ohne die Klausel wären die Händler um eine rechtzeitige Rücklieferung bemüht. Zum einen ersparen sie sich so Lagerkosten für das Leergut. Zum anderen vermeiden sie es, stets erneut Pfandgelder zu entrichten. Hinzu kommt, daß die Händler vielfach schon deswegen gar nicht die fällige Menge zurückliefern können, weil sich ein gewisser Teil des Leerguts noch bei ihren Kunden befindet. Speziell in diesen Fällen hätte die Ausübung von Druck wenig Sinn[31].

Hingegen ist es Tatsache, daß der wahre Wert des nicht zurückgelieferten Leerguts praktisch nicht bestimmbar ist[32]. Dies deutet darauf hin, daß von den Parteien eine vereinfachte Abwicklung von Schadensersatzansprüchen in Form einer Berechnungserleichterung gewollt ist, mithin in Wirklichkeit also eine Schadenspauschale[33] vorliegt. Dafür spricht auch, daß sich die AGB-Verwender an der aus ihrer Sicht wahrscheinlichen Schadenshöhe, eben der Höhe des Neuwertes des Leerguts, orientieren wollen[34]. Die „Wiederbeschaffungspreis-Klausel" ist daher nicht als Vertragsstrafeversprechen, sondern als Schadenspauschalierung[35] aufzufassen und unterliegt folglich der Inhaltskontrolle des § 11 Nr. 5 AGBG[36].

---

[31] Vgl. Schäfer / Schäfer, ZIP 1983, 656 (661).

[32] Siehe dazu unten, 3 a) aa).

[33] So auch: OLG Karlsruhe, NJW-RR 1988, 370 (372); OLG Köln, NJW-RR 1988, 373 (375); Fink / Rottke, Der Mineralbrunnen 1985, 249 (251); Schäfer / Schäfer, ZIP 1983, 656 (661); *Wolf* (Fn. 13), § 11 Nr. 5 Rz. 17, 25.
Zudem geht die herrschende Meinung davon aus, daß im Zweifel gem. § 5 AGBG stets eine Schadenspauschale anzunehmen sei. Diese schaffe im Gegensatz zur Vertragsstrafe keinen neuen Anspruchsgrund und komme auch nicht unabhängig von den Voraussetzungen eines Schadensersatzes zum Tragen, wie es bei der Vertragsstrafe der Fall sein könne: Beuthien, FS für Larenz 1973, 495 (511); *Hensen*, in Ulmer / Brandner / Hensen, § 11 Nr. 5 Rz. 7; *Graf von Westphalen* (Fn. 18), § 11 Nr. 5 Rz. 7; *Wolf* (Fn. 13), § 11 Nr. 5. Rz. 10. A.A. Std.-*Schlosser*, AGBG, § 11 Nr. 5 Rz. 3, der im Zweifel von einer wirksamen Vertragsstrafe ausgehen will.

[34] Vgl. OLG Köln, NJW 1974, 1952 (1953).

[35] Nicht sogleich verständlich wird, was das LG Offenburg (Aktz. 3 0 149/84) meint, wenn es ausführt, es sei zweifelhaft, ob eine Schadenspauschale nach § 11 Nr. 5 AGBG vorliege oder eine von § 11 AGBG nicht erfaßte besondere Art der konkreten Schadensberechnung. Das Gericht will damit nicht die Inhaltskontrolle nach dem AGBG ausschließen — § 9 AGBG wird jedenfalls geprüft —, sondern offenbar seine Überzeugung zum Ausdruck bringen, daß der Schaden des AGBG-Verwenders in der Höhe dem geltend gemachten Wiederbeschaffungspreis entspricht.

[36] Zum gleichen Ergebnis gelangt man, wenn man mit Kötz (Müko-*Kötz*, AGBG, § 11 Nr. 5 a Rz. 34) andere Differenzierungskriterien als die Rechtsprechung zur Unterscheidung von Schadenspauschale und Vertragsstrafe heranzieht. Danach sei nämlich eine Schadenspauschale anzunehmen, wenn die Schadensersatzansprüche des Verwenders, die ihm im Falle der Schlechterfüllung oder Nichterfüllung zustehen, im voraus auf eine bestimmte Höhe — hier dem Wiederbeschaffungspreis — festgelegt werden.

3. Verstoß gegen § 11 Nr. 5 AGBG

Es ist fraglich, ob die „Wiederbeschaffungspreis-Klausel“ an § 11 Nr. 5 a AGBG oder § 11 Nr. 5 b AGBG oder gar an beiden Normen zu messen ist. Die Frage nach dem Verhältnis der beiden Vorschriften bei der Inhaltskontrolle ist wie folgt zu beantworten:

Während § 11 Nr. 5 a AGBG auf die generelle Überhöhung der Pauschale abhebt, greift Nr. 5 b ein, wenn im konkreten Einzelfall dem Verwender ein Schaden nicht entstanden ist oder der entstandene Schaden wesentlich niedriger liegt als die Pauschale[37]. Dabei steht Nr. 5 b aber nicht im Widerspruch zu Nr. 5 a, sondern wird als dessen Ergänzung verstanden[38]. Demnach darf eine Klausel weder gegen die abstrakt-generalisierende Bewertung nach Nr. 5 a noch gegen die Elemente konkreter Schadensberechnung nach Nr. 5 b verstoßen[39]. Somit können Prüfungsmaßstab für die Inhaltskontrolle der „Wiederbeschaffungspreis-Klausel“ § 11 Nr. 5 a und § 11 Nr. 5 b AGBG sein[40].

a) Prüfungsmaßstab § 11 Nr. 5 a AGBG

Gem. § 11 Nr. 5 a AGBG ist eine Pauschalabrede unwirksam, wenn die Pauschale höher ist als der nach dem gewöhnlichen Lauf der Dinge zu erwartende Schaden. Wie sich aus der Gesetzesbegründung[41] entnehmen läßt, lehnt sich die Orientierung der pauschalen Höhe am „gewöhnlichen Lauf der Dinge“ an die Regelung des § 252 S. 2 BGB an. Daraus folgt, daß die in den AGB vereinbarte Pauschale mit dem typischen Durchschnittsschaden zu vergleichen ist, der aus der jeweiligen Vertragsverletzung — nach der Schätzung eines redlichen Beobachters — normalerweise eintritt[42]. Entscheidend für die Inhaltskontrolle ist demnach eine objektive Prüfung[43] unter einer generalisierenden Betrachtungsweise, wobei die konkreten Umstände des Einzelfalls außer Betracht zu bleiben haben[44].

---

[37] *Hensen* (Fn. 33), § 11 Nr. 5 Rz. 22; Müko-*Kötz*, AGBG, § 11 Nr. 5 b Rz. 44; *Wolf* (Fn. 13), § 11 Nr. 5 Rz. 26; Std.-*Schlosser*, AGBG, § 11 Nr. 5 Rz. 20.

[38] *Graf von Westphalen*, (Fn. 18), § 11 Nr. 5 Rz. 32; Müko-*Kötz*, § 11 Nr. 5 b Rz. 44; Std.-*Schlosser*, § 11 Nr. 5 Rz. 20.

[39] *Graf von Westphalen*, § 11 Nr. 5 Rz. 32.
Seine Berechtigung erfährt § 11 Nr. 5 b AGBG darin, daß umgekehrt auch der AGB-Verwender durch § 11 Nr. 5 AGBG nicht gehindert wird, einen im konkreten Fall erlittenen Schaden geltend zu machen, der höher ist als die Pauschale (BGH, NJW 1982, 2316; Müko-*Kötz*, § 11 Nr. 5 b Rz. 44; *Wolf*, § 11 Nr. 5 Rz. 32).

[40] So auch Schäfer/Schäfer, ZIP 1983, 656 (662).

[41] BT-Drucksache 7/3919, S. 30.

[42] BGH, WM 1977, 55 (56); *Graf von Westphalen* (Fn. 18), § 11 Nr. 5 Rz. 15; Müko-*Kötz*, AGBG, § 11 Nr. 5 a Rz. 37; *Wolf* (Fn. 13), § 11 Nr. 5 Rz. 17.

[43] *Graf von Westfalen*, § 11 Nr. 5 Rz. 16; Müko-*Kötz*, § 11 Nr. 5 a Rz. 37.

[44] BGH NJW 1982, 331 (332); *Graf von Westphalen*, § 11 Nr. 5 Rz. 16; *Hensen* (Fn. 33), § 11 Nr.5 Rz. 13; *Wolf*, § 11 Nr. 5 Rz. 17.

aa) Die Auffassung von Wolf

Nach der Ansicht von Wolf[45] liegt bei genereller Betrachtungsweise in der „Wiederbeschaffungspreis-Klausel" ein Verstoß gegen § 11 Nr. 5 a AGBG. Der hierdurch pauschalierte Schaden sei schon deswegen nicht am Durchschnittsschaden ausgerichtet, weil er den Abzug „neu für alt" unberücksichtigt lasse und daher gegen das schadensersatzrechtliche Bereicherungsverbot[46] verstoße.

Dieses Verbot besagt folgendes: Die §§ 249ff. BGB sind nicht auf die Herstellung genau des gleichen Zustandes gerichtet, der vor dem Eintritt des schädigenden Ereignisses bestanden hat. Es kommt vielmehr darauf an, wie sich der wirtschaftliche Zustand des Geschädigten ohne das schadensstiftende Ereignis darstellen würde[47]. Die danach erforderliche Vermögensvergleichung spiegelt den Grundgedanken des Schadensersatzrechts wieder. Es soll nämlich erreicht werden, daß der Geschädigte durch die Ersatzleistung nicht ärmer und nicht reicher gemacht wird[48]. Grundsätzlich muß sich der Geschädigte daher den Vorteil anrechnen lassen, der adäquat ursächlich aus dem Schadensereignis entstanden ist. Dies hat zur Folge, daß in den Fällen, in denen der Schaden nur durch die Anschaffung einer neuen Sache beseitigt werden kann, also beispielsweise bei Zerstörung oder Verlust, regelmäßig ein Abzug „neu für alt" vorzunehmen ist[49]. Unterbleibt der Abzug, ist der Geschädigte in unzulässiger Weise bereichert.

Die Ansicht von Wolf wäre widerlegt, wenn sich herausstellt, daß die AGB-Verwender durch den Ersatz zum Wiederbeschaffungspreis gar nicht bereichert sind. Denn dann dürfte ein Abzug „neu für alt" nicht vorgenommen werden. Der einzelne Hersteller ist nicht bereichert, wenn der ihm durch die Nichtrücklieferung entstandene Schaden mit dem Wiederbeschaffungspreis der Höhe

---

[45] *Wolf*, § 11 Nr. 5 Rz. 17, 25; ebenso Schäfer/Schäfer, ZIP 1983, 656 (662). Jetzt auch OLG Köln, NJW-RR 1988, 373 (375), das auf den Aspekt der Vorteilsausgleichung allerdings nicht eingeht, und OLG Karlsruhe, NJW-RR 1988, 370 (372), das zwar einen Verstoß gegen den Grundsatz der Vorteilsausgleichung bejaht, jedoch diesen als Verstoß gegen § 9 II Nr. 1 AGBG ansieht.

[46] Vgl. *Löwe* in Löwe/Graf von Westphalen/Trinkner, AGBG (1. Auflage 1977), § 11 Nr. 5 Rz. 8.

[47] RGZ 131, 158 (178); 143, 267 (274); BGHZ 30, 29 (31).

[48] BGHZ 30, 29 (31).

[49] Ganz h. M. in Rechtsprechung und Literatur. Vgl. nur RGZ 169, 355; BGHZ 30, 29; Esser/Schmidt, SchR AT, § 33 V 2 a; Larenz, Schuldrecht I, § 29 II a (S. 489); Müko-*Grunsky*, § 249 Rz. 9; Palandt-*Heinrichs*, § 251 Anm. 4 a bb; Std.-*Medicus*, § 249 Rz. 176. Ebenso Lange, Schadensersatz, § 6 V 3, der allerdings kritisiert, daß das Problem des Abzugs „neu für alt" vielfach unter dem Gesichtspunkt der Vorteilsausgleichung behandelt wird. Dies sei deswegen anfechtbar, weil das Problem — anders als bei der Vorteilsausgleichung — nicht auf der Ebene der Entstehung des Schadens liege, sondern bei seiner Beseitigung. Die h. M. kann sich in ihrer Argumentation auf die Motive berufen (Mot. II, S. 18f.), wo ausgeführt wird, daß, soweit „schädliche und nützliche Folgen entstanden sind, diese nicht voneinander getrennt werden dürfen, sondern auf das Gesamtresultat gesehen werden muß".

nach identisch ist. Bei der Berechnung der Schadenshöhe — und damit für die Vorteilsausgleichung — fällt maßgeblich ins Gewicht, ob die vom Wiederbeschaffungspreis neu zu erwerbende Sache gerade für den Geschädigten einen höheren Wert hat[50]. Die Getränkehersteller jedenfalls stellen allein auf die Gebrauchstauglichkeit ab und sehen neuwertiges Leergut nicht als höherwertig an[51]. Für das Abfüllen und den Verkauf ihrer Produkte ist aus ihrer Sicht bereits verwendetes Leergut ebenso gebrauchstauglich wie neues Leergut. Einen Abzug „neu für alt" müßten sich die Hersteller daher nicht entgegenhalten lassen[52].

Hiergegen läßt sich aber einwenden, daß die Gebrauchstauglichkeit ein Potential ist, das sich durch ständigen Gebrauch immer mehr erschöpft: Eine häufig gebrauchte Sache muß daher früher als eine weniger häufig gebrauchte Sache ersetzt werden[53]. Dieser Einwand läßt sich jedoch nur dann halten, wenn zu ermitteln wäre, ob Leergut überhaupt durch Gebrauch abgenutzt wird und wenn ja, wie diese Abnutzung zu beziffern ist[54]. Für die 0,7l-Brunneneinheitsflasche[55] läßt sich hierzu beispielhaft auch für die anderen Leerguttypen folgendes feststellen: Zwar ist die Zahl der bewußt ausgesonderten Menge von beschädigten Flaschen und annähernd auch die Zahl der Leergutverluste in der Kundschaft bekannt[56]. Nicht bekannt ist aber, ob die Beschädigungen oder die Verluste in der Kundschaft auf eine Abnutzung durch Gebrauch bei sachgemäßer Handhabung zurückzuführen sind oder durch unsachgemäßen Gebrauch verursacht werden. Denn gerade wenn letzterer Fall überwiegend oder aus-

---

[50] Lange, Schadensersatz, § 6 V 3; Müko-*Grunsky*, § 249 Rz. 9.

[51] Vgl. Fink / Rottke, Der Mineralbrunnen 1985, 249 (251).

[52] Fink / Rottke, ebenda.

[53] Larenz, Schuldrecht I, § 29 II a (S. 489).

[54] So zutreffend Trinkner, BB 1984, 1544 (1456).

[55] Zur exakten Beschreibung der Flasche: OLG München, GRUR 1980, 1010 und OLG Köln, ZIP 1980, 1098.

[56] Im Jahre 1986 wurden von den Mineralbrunnen 110 Millionen Flaschen neu hinzugekauft. Das entspricht 2% der Absatzmenge des Jahres 1986 in Höhe von 5,5 Mrd. Flaschen. Von diesen 2%, die sich auch für die davorliegenden Jahre feststellen ließen, entfallen ca. 1% auf betrieblichen Flaschenbruch. Dieser betriebliche Flaschenbruch beruht auf 0,2% unvermeidbarem Bruch und 0,8% für die Aussortierung von geschädigten Flaschen. Das zweite Prozent setzt sich aus Käufen für die Absatzexpansion sowie aus Verlusten in der Kundschaft zusammen. Im Verhältnis zum Gesamtbestand der 0,7l-Flaschen von ca. 1 Mrd. Flaschen beläuft sich die Aussonderungsquote von beschädigten Flaschen auf 4,4%. Diese Zahlen entstammen einem Schreiben des Verbandes Deutscher Mineralbrunnen e.V. an den Verfasser.
Nicht ersichtlich wird, ob das OLG Karlsruhe, NJW-RR 1988, 370 — das Gericht nimmt einen Verstoß gegen den Grundsatz der Vorteilsausgleichung an — Gewißheit darüber erlangt hat, inwieweit Leergut einer Abnutzung durch Gebrauch unterliegt. Verwiesen wird lediglich auf die „überzeugenden Ausführungen des Sachverständigen", wonach das neu angeschaffte Leergut dem gebrauchten aus technischen Gründen deutlich überlegen sei, was letztlich zu einem Vorteil der AGB-Verwender führe. Ebenso differenziert das OLG Köln, NJW-RR 1988, 373 (375) nicht erkennbar zwischen einer Abnutzung bei sachgemäßer und unsachgemäßer Handhabung.

schließlich vorläge, bestünde tatsächlich kein Unterschied im Wert zwischen neuem und gebrauchtem Leergut. Allerdings könnte man sich mit der wohl h.M.[57] auf den Standpunkt stellen, daß den AGB-Verwender im Rahmen des § 11 Nr. 5 a AGBG hierfür die Darlegungs- und Beweislast trifft. Danach hätte der AGB-Verwender Tatsachen vorzutragen, die die Feststellung erlaubten, daß die Beschädigungen und Verluste weitgehend gerade nicht auf einer Abnutzung durch sachgemäßen Gebrauch beruhen. Ein solcher Beweis wäre für den Getränkehersteller aber nahezu unmöglich oder nur mit erheblichem Aufwand durchzuführen. Es bedürfte nämlich für einen solchen Beweis langwieriger und kostspieliger Untersuchungen des Verbraucherverhaltens.

In den Fällen jedoch, in denen eine Partei nicht in der Lage ist, den vollen Beweis für einen bei ihr entstandenen Schaden anzutreten, weil — wie hier — die Beweiserhebung über die Schadenshöhe einen unverhältnismäßigen Aufwand erfordert, kommt § 287 ZPO zur Anwendung[58]. Danach wird der Vollbeweis durch eine Ermessensentscheidung des Gerichts ersetzt. Vorliegend ist zu bedenken, daß der Grad der Abnutzung des Leerguts als verhältnismäßig gering zu unterstellen ist[59] und daß der Begriff „typischer Schaden" immer einen gewissen Spielraum beinhaltet[60]. Deshalb erscheint es nach § 287 ZPO geboten, den beim Hersteller durch die Nichtrücklieferung entstandenen Schaden der Höhe nach dem Anschaffungspreis für neues Leergut gleichzusetzen[61]. Folglich ist ein Abzug „neu für alt" hier nicht vorzunehmen.

Der Auffassung von Wolf[62], daß die Pauschale schon deswegen generell überhöht sei, weil sie den Abzug „neu für alt" nicht berücksichtige, kann somit nicht gefolgt werden[63].

---

[57] BGHZ 67, 312 (315ff.) = NJW 1977, 381 (382) zur früheren Rechtslage, aber bereits unter Hinweis auf § 11 Nr. 5 a AGBG; Müko-*Kötz*, AGBG, § 11 Nr. 5 a Rz. 41; Palandt-*Heinrichs*, AGBG, § 11 Anm. 5 b cc; Std.-*Schlosser*, AGBG, § 11 Nr. 5 Rz. 18; a.A. *Graf von Westphalen*, (Fn. 18), § 11 Nr. 5 Rz. 27, *Hensen*, (Fn. 33); § 11 Nr. 5 Rz. 14.

[58] Vgl. *Hartmann* in B/L/A/H, § 287 Anm. 1; Zöller-*Stephan*, § 287 Rz. 1.

[59] Dieses läßt sich am Beispielsfall der Brunneneinheitsflasche belegen (siehe auch oben, Fn. 56): Selbst wenn die Anzahl der ausgesonderten beschädigten Flaschen und die in der Kundschaft in Verlust gegangenen Flaschen sämtlich auf Abnutzung durch sachgemäßen Gebrauch zurückzuführen wäre, beliefe sich die Abnutzungsquote je Lieferung auf weniger als 2% der Gesamtmenge der gelieferten Flaschen.

[60] *Coester-Waltjen* in Schlosser/Coester- Waltjen/Graba, § 11 Nr. 5 Rz. 38.

[61] Ebenso OLG Hamm, Der Mineralbrunnen 1977, 32 (34). Hingegen gelangt das OLG Köln, NJW-RR 1988, 373 (376) — wegen der dort angenommenen Unwirksamkeit der Wiederbeschaffungspreis-Klausel — über § 6 II AGBG i.V.m. § 287 ZPO zu dem Ergebnis, daß der vom AGB-Verwender geforderte Ersatz keinesfalls den Pfandwert übersteigen dürfe. Das OLG Karlsruhe, NJW-RR 1988, 370 (373) nimmt dagegen unter dem Gesichtspunkt „neu für alt" gem. § 6 II AGBG i.V.m. § 287 ZPO bei Flaschen einen Abzug von nur 20% vom Tagesneupreis vor, während es für Kästen einen solchen Abzug interessanterweise nicht für gerechtfertigt hält, da dabei eine Vorteilsausgleichung nicht in Betracht kommen solle.

[62] *Wolf* (Fn. 13), § 11 Nr. 5 Rz. 17, 25.

[63] So auch Trinkner, BB 1984, 1455 (1456).

bb) Die Auffassung von Schäfer / Schäfer

Auch der von Schäfer / Schäfer vorgebrachte Einwand, daß der durchschnittliche tatsächliche Schaden des Herstellers in etwa 50% niedriger sei als die veranschlagte Pauschale[64], ist abzulehnen. Schäfer / Schäfer begründen ihre Ansicht damit, daß das Alter der vom Hersteller ausgelieferten Flaschen und Kästen im statistischen Durchschnitt ein Halb der Zeit ihrer Gebrauchsfähigkeit betrage. Deshalb belaufe sich auch der durchschnittliche Wert der Verpackungsmittel in etwa nur auf 50% des Neuwertes.

Diese statistische Berechnung geht aus folgendem Grunde fehl:

Um den früheren Zustand i. S. d. § 249 S. 1 BGB wiederherzustellen, müßte etwa die Ersatzbeschaffung[65] gleichwertigen gebrauchten Leerguts möglich sein. Es existiert aber kein Gebrauchtmarkt für Leergut[66]. Auch bestimmt sich die Ersatzpflicht des Händlers nicht nach § 249 S. 2 BGB[67]. Denn die Nichtrücklieferung beruht auf Zerstörung oder Verlust des Leerguts[68], so daß in Wirklichkeit ein Fall des § 251 I BGB vorliegt und sich die Höhe der Ersatzpflicht daher nach dem Verkehrswert bestimmt[69]. Der Verkehrswert ist jedoch bei Leergut nicht zu ermitteln, weil ein Gebrauchtleergutmarkt fehlt und deshalb kein Marktpreis festgestellt werden kann.

Es könnte zwar in Betracht gezogen werden, den Verkehrswert durch lineare oder degressive Abschreibung aus dem Neupreis zu entwickeln[70]. Bei Kraftfahrzeugen beispielsweise läßt sich so der Wert relativ leicht ermitteln, indem man bei der Abschreibung an die gefahrenen Kilometer anknüpft[71]. Bei Leergut fehlt es

---

[64] Schäfer / Schäfer, ZIP 1983, 656 (662). Ähnlich OLG Köln, NJW-RR 1988, 373 (376).

[65] Auch die Lieferung einer gleichartigen Sache ist nach allgemeiner Auffassung Naturalrestitution i. S. von § 249 S. 1 BGB: BGHZ 92, 85 (89); Larenz, Schuldrecht I, § 28 I (S. 467); Müko-*Grunsky*, § 249 Rz. 3; Std.-*Medicus*, § 249 Rz. 203.

[66] OLG Frankfurt, Urt. v. 13.7.1979, Aktz. 10 U 163/78 und 10 U 9/79 (unveröffentlicht). Diese Frage wurde vom Gericht in den Entscheidungsgründen eingehend gewürdigt, da sich der Beklagte auf die Existenz eines Gebrauchtmarktes für Brunneneinheitsleergut berief und zum Beweis seiner Behauptung auf Anzeigen in der Fachpresse verwies. Das OLG Frankfurt führt dazu aus, daß es in einem Zeitraum von 2 Jahren nur zu 1 oder 2 Anzeigen überhaupt gekommen sei, „so daß von einem Markt mit mehr oder weniger ständigem Angebot und Nachfrage des Gewünschten in der Tat nicht die Rede sein kann". Ebenso: LG Offenburg Aktz. 3 0 149/84; Schäfer / Schäfer, ZIP 1983, 656 (661); Trinkner, BB 1984, 1455 (1456).

[67] So aber fälschlicherweise LG Offenburg, Aktz. 3 0 149/84.

[68] § 249 S. 2 BGB gilt nur für den Fall der Beschädigung einer Sache, also wenn ihre Herstellung noch möglich ist: Larenz, Schuldrecht I, § 28 I (S. 468).

[69] BGHZ 92, 85 (90); Palandt-*Heinrichs*, § 251 Anm. 4.

[70] Vgl. Palandt-*Heinrichs*, § 251 Anm. 4; Std.-*Medicus*, § 251 Rz. 41. Für Brunneneinheitsleergut wird dies vom OLG Köln, NJW-RR 1988, 373 (376) vorgenommen, das als Abschreibungskriterium, ähnlich wie Schäfer / Schäfer (Fn. 64), die Häufigkeit der Umläufe heranzieht.

aber an einem entsprechenden objektiven Kriterium. Zumindest stellt das von Schäfer/Schäfer herangezogene statistische Durchschnittsalter, bemessen an der Zeit der Gebrauchsfähigkeit, kein solches Kriterium dar. Im Unterschied zu dem Tachometerstand eines Kfz ist es für das Merkmal der Gebrauchsfähigkeit des Leerguts doch gar nicht erwiesen, ob überhaupt und wenn in welchem Maße darin ein wertbestimmender Faktor zu sehen ist. Dies liegt nicht zuletzt daran, daß das Merkmal der Gebrauchsfähigkeit — also die theoretisch mögliche Anzahl von Umläufen, die Leergut bei rein sachgemäßer Handhabung der Beteiligten erzielen kann — eine unbekannte Größe ist, da die Abnutzungsquote bei Leergut ungewiß ist.

Kann der Verkehrswert jedoch — wie in diesem Fall — nicht durch lineare oder degressive Abschreibung mit Hilfe objektiver Kriterien bestimmt werden, so ist er durch Vergleich mit ähnlichen Objekten zu ermitteln[72]. In diesem Rahmen sind nach Auffassung des BGH[73] bei der notwendigen freien richterlichen Schätzung Unterschiede zu den ähnlichen Objekten in Qualität, Quantität, Erhaltungszustand und Gebrauchswert zu berücksichtigen. Unter Zugrundelegung dieser Rechtsprechung bieten sich als „ähnliche Objekte" nur neuwertige Flaschen und Kästen an. Denn nur für diese steht ein Marktpreis fest. Außerdem ist für die Hersteller der Gebrauchswert von neuem und gebrauchtem Leergut praktisch gleich groß. Beachtet man darüber hinaus, daß der Grad der Abnutzung des Leerguts als verhältnismäßig gering zu unterstellen ist, gelangt man über die Anwendung des § 287 ZPO erneut zu dem Ergebnis, daß der beim Hersteller entstandene Schaden der Höhe nach mit dem Anschaffungspreis für neues Leergut gleichzusetzen ist.

cc) Bereicherung durch Zirkulierbarkeit des Leerguts

Letztlich könnte man einen Verstoß gegen § 11 Nr. 5 a AGBG aus der Tatsache herzuleiten versuchen, daß der Hersteller die dem einen Abnehmer zum Neupreis in Rechnung gestellten Flaschen und Kästen aufgrund der Zirkulierbarkeit des Leerguts von einem anderen Händler zurückerhält, mit dem er ebenfalls in Geschäftsbeziehungen steht. Hierin könnte eine Bereicherung des Herstellers zu sehen sein, die dazu führt, daß der von ihm mit der „Wiederbeschaffungspreis-Klausel" geltend gemachte Ersatz eben doch höher ist als der typischerweise eintretende Schaden.

Es mag zwar gerade bei dem individualisierten Leergut eines einzelnen Herstellers so sein, daß zunächst verloren geglaubtes Leergut über andere Händler zurückfließt. Jedoch ist das kein ganz gewisser Umstand. Allein die theoretische Chance aber, das Leergut zurückzuerhalten, stellt noch keine

[71] KG, NJW 1972, 769 und OLG Karlsruhe, VersR 1973, 471 (472) schreiben pro gefahrene 1000 km 1% des Neuwertes ab.

[72] BGHZ 92,85 (93); Palandt-*Heinrichs*, § 251 Anm. 4.

[73] BGHZ 92,85 (93).

Bereicherung dar. Und selbst wenn der oben beschriebene Umstand eintreten würde, stünde einer Vorteilsausgleichung entgegen, daß ein nicht adäquater Vorteil bei der Schadensermittlung und -bemessung unberücksichtigt bleibt[74]. Um einen solchen nicht adäquaten Vorteil handelt es sich aber hier, denn der Rücklauf über andere Händler beruht auf Zufall, nicht aber adäquat ursächlich auf dem vom Schuldner verursachten Schadensfall[75]. Aus der Zirkulierbarkeit des Leerguts läßt sich somit eine Bereicherung des Herstellers und damit ein Verstoß gegen § 11 Nr. 5 a AGBG ebenfalls nicht herleiten.

Zusammenfassend kann daher festgestellt werden, daß die „Wiederbeschaffungspreis-Klausel" einer Inhaltskontrolle nach § 11 Nr. 5 a AGBG standhält[76].

b) Prüfungsmaßstab § 11 Nr. 5 b AGBG

Ein Verstoß der „Wiederbeschaffungspreis-Klausel" gegen § 11 Nr. 5 b AGBG läge vor, wenn den Vertragspartnern der AGB-Verwender mit der Klausel der Nachweis abgeschnitten würde, daß im konkreten Einzelfall ein Schaden tatsächlich nicht entstanden oder jedenfalls wesentlich niedriger ist als die Pauschale. Nach der wohl heute h. M.[77] ist es nicht erforderlich, daß die Pauschalierungsklauseln den ausdrücklichen Hinweis enthalten, dem Kunden bleibe der Gegenbeweis vorbehalten. Folglich kann dadurch, daß die im Getränkehandel gängigen Klauseln den Gegenbeweis regelmäßig nicht ausdrücklich für zulässig erklären, ein Verstoß gegen § 11 Nr. 5 b AGBG noch nicht hergeleitet werden. Anderseits erfaßt das Verbot des § 11 Nr. 5 b AGBG aber auch nicht nur solche Klauseln, die ausdrücklich den Gegenbeweis verbieten. Vielmehr genügt es, wenn der Gesamtzusammenhang der Pauschale in dem AGB-Kunden die Vorstellung erweckt, ihm stehe die Möglichkeit des Gegenbeweises nicht zu[78].

Fraglich ist, ob durch die Formulierung „... ist zum Wiederbeschaffungspreis zu ersetzen" den Vertragspartnern der konkrete Schadensnachweis abgeschnitten wird[79]. Bejaht worden ist dies von der Rechtsprechung[80] bei der ähnlich

---

[74] BGHZ 30, 29 (33) = NJW 1959, 1078; BGH, NJW 1978, 536 f.; NJW 1983, 2137 f.; Müko-*Grunsky*, vor § 249 Rz. 94; Palandt-*Heinrichs*, vor § 249 Anm. 7 A b.

[75] LG Offenburg, Urt. vom 6.12.1984, Aktz. 3 0 149/84.

[76] Im Ergebnis ebenso: Fink/Rottke, Der Mineralbrunnen 1985, 249 (251); Trinkner, BB 1984, 1455 (1456).

[77] BGH, NJW 1982, 2316 (2317); NJW 1985, 320 (321); NJW 1985, 633 (634); OLG Stuttgart, BB 1985, 1420; *Hensen* (Fn. 33). § 11 Nr. 5 Rz. 18; Müko-*Kötz*, AGBG, § 11 Nr. 5 b Rz. 46; Palandt-*Heinrichs*, AGBG, § 11 Anm. 5 c; a.A. *Coester-Waltjen* (Fn. 60), § 11 Nr. 5 Rz. 39; Std.-*Schlosser*, § 11 Nr. 5 Rz. 19.

[78] Vgl. BGH, NJW 1982, 2316 (2317); NJW 1983, 1320 (1322); *Graf von Westphalen* (Fn. 18), § 11 Nr. 5 Rz. 35.

[79] Dies nimmt, allerdings ohne Begründung, das OLG Köln, NJW-RR 1988, 373 (375) an bei der Formulierung „... kann den Tagesneupreis verlangen".
Schäfer/Schäfer, ZIP 1983, 656 (662) folgern dies zwar auch nicht aus der Formulierung,

lautenden Formulierung „... ist zu zahlen". Allerdings wurde in diesen beiden Entscheidungen als Auslegungsmaßstab der Klausel die Verständnismöglichkeit eines „rechtsunkundigen Durchschnittskunden" zugrunde gelegt. Ob ein Rechtsunkundiger bei der Formulierung „... ist zu zahlen" annimmt, er sei „definitiv"[81] zur Zahlung des pauschalierten Ersatzes verpflichtet, da dieser „zwingend festgelegt"[82] sei, mag unzweifelhaft sein, kann aber im übrigen auch dahingestellt bleiben. Dann jedenfalls handelt es sich bei dem hier angesprochenen Verkehrskreis in der Regel um geschäftserfahrene rechtskundige Kaufleute. Und nach deren Verständnismöglichkeit bleibt auch bei der Formulierung „... ist zu zahlen" die Möglichkeit noch offen, dem AGB-Verwender mit dem Einwand zu begegnen, im konkreten Fall sei ein geringer Schaden erwachsen. Aus dem Gesamtzusammenhang, insbesondere der Formulierung der „Wiederbeschaffungspreis-Klausel", läßt sich demnach ein Verstoß gegen § 11 Nr. 5 b AGBG nicht herleiten.

Dieses Ergebnis wird noch durch einen weiteren hier zu berücksichtigenden Umstand gestützt: Zwar wäre, würde man ein Abschneiden des Gegenbeweises annehmen, die Klausel unwirksam, egal, ob der Gegenbeweis schwierig wäre oder nicht. Der Gegenbeweis müßte aber überhaupt möglich sein[83]. Der Ausschluß eines unmöglichen Gegenbeweises oder der Ausschluß hinsichtlich eines unwesentlichen niedrigeren Betrages macht die Klausel nämlich gerade nicht unwirksam[84].

Zu prüfen ist daher, ob für den AGB-Kunden überhaupt die Möglichkeit besteht, den Gegenbeweis zu führen[85] oder darzulegen, daß der im konkreten Einzelfall dem Verwender enstandene Schaden wesentlich niedriger ist als in der geltend gemachten Pauschale. In Anlehnung an § 323 ZPO geht die Literaturmeinung[86] davon aus, daß das Merkmal „wesentlich" erfüllt ist, wenn die Abweichung des konkreten Schadens im Vergleich zu der Pauschale 10% beträgt. Diese Schwelle von 10% sehen Schäfer/Schäfer[87] regelmäßig als überschritten an. Da nach ihrer Auffassung das Alter des Leerguts bei Lieferung an die Händler im statistischen Durchschnitt mit ein Halb der Zeit seiner

---

wohl aber aus dem Zweck der Regelung, der darin liege, das Risiko des Leergutverlustes auf die Händler abzuwälzen. Dieser Zweck würde bei Zulassung des konkreten Schadensnachweises unterlaufen.

[80] BGH, NJW 1985, 633 (634); OLG Stuttgart, BB 1985, 1420.

[81] OLG Stuttgart, BB 1985, 1420.

[82] BGH, NJW 1985, 633 (634).

[83] *Coester-Waltjen* (Fn. 60), § 11 Nr. 5 Rz. 40.

[84] So ausdrücklich Wolf (Fn. 13), § 11 Nr. 5 Rz. 30.

[85] Daß die Beweislast bei § 11 Nr. 5 b AGBG dem AGB-Kunden obliegt, folgt aus dem Gesetzeswortlaut und ist unbestritten, Siehe nur Hensen (Fn. 33), § 11 Nr. 5 Rz. 22; Std.-*Schlosser*, AGBG, § 11 Nr. 5 Rz. 20.

[86] *Graf von Westphalen* (Fn. 18), 11 Nr. 5 Rz. 38; *Hensen* (Fn. 33); § 11 Nr. 5 Rz. 23; Palandt-*Heinrichs*, AGBG, § 11 Anm. 5 c; Std.- *Schlosser*, AGBG, § 11 Nr. Rz. 20.

[87] Schäfer/Schäfer, ZIP 1983, 656 (662).

Gebrauchsfähigkeit anzusetzen ist, beträgt der Durchschnittswert nur ca. 50%, sicherlich aber stets weniger als 90% des Neuwertes. Dem ist entgegenzuhalten, daß mit der Berufung auf das statistische Durchschnittsalter der Gegenbeweis bei § 11 Nr. 5 b AGBG nicht zu führen ist. Statistische Berechnungen können herangezogen werden, wenn es um die Frage der generellen Überhöhung der Pauschale im Rahmen des § 11 Nr. 5 a AGBG geht. Hingegen erlegt § 11 Nr. 5 b AGBG dem Kunden auf, konkrete Umstände des Einzelfalls[88] darzulegen. Der Händler müßte demzufolge — einmal unterstellt, es ließe sich überhaupt von der Gebrauchsfähigkeit auf den Wert des Leerguts schließen — vorbringen, daß das speziell ihm gelieferte Leergut eine derart hohe Anzahl von Umläufen gehabt hat, daß ein wesentlich niedrigerer Schaden anzunehmen ist. Nur wird gerade dieser Beweis dem Kunden nahezu unmöglich sein. Einer Flasche oder einem Kasten läßt sich die Anzahl der Umläufe nämlich nicht ansehen[89].

Aber selbst wenn dem AGB-Kunden dieser Nachweis ausnahmsweise gelingen würde, blieben die Zweifel[90] an der Behauptung, daß das Merkmal der Gebrauchsfähigkeit einen Rückschluß auf den Wert zulasse, bestehen. Allenfalls könnte man es für vertretbar halten, die nach der Rücklieferung ausgesonderte Menge beschädigten Leerguts und die Menge an Leergutverlusten in der Kundschaft heranzuziehen, um den Beweis eines niedrigeren Schadens beim Hersteller zu führen. Aber auch wenn sich nachweisen ließe, daß der Ersatz dieser Menge sämtlich auf Abnutzung zurückzuführen ist, würde die Schwelle von 10% deutlich unterschritten bleiben[91]. Folglich kann der AGB-Kunde einen wesentlich niedrigeren Schaden des Verwenders nicht darlegen bzw. besteht für ihn überhaupt erst gar nicht die Möglichkeit, einen solchen Gegenbeweis zu führen.

Somit entfällt auch unter dieser Betrachtungsweise ein Verstoß gegen § 11 Nr. 5 b AGBG. Die „Wiederbeschaffungspreis-Klausel" hält daher einer Inhaltskontrolle nach § 11 Nr. 5 b AGBG stand.

---

[88] Siehe nur *Graf von Westphalen* (Fn. 18), § 11 Nr. 5 Rz. 37.

[89] Vgl. LG Offenburg, Urt. v. 6.12.1984, Aktz.3 0 149/84.

[90] Siehe oben, a) bb).

[91] Hier kann nur auf statistische Zahlen verwiesen werden. So beträgt bspw. bei der Brunneneinheitsflasche diese Menge maximal 2% bei jeder Lieferung (vgl. Fn. 56 und 59). Eine ähnliche Quote läßt sich für die Eurobierflasche errechnen. Mehr als 13 Mrd. Füllungen im Jahre 1977 standen ca. 350 Mio. neu angeschaften Flaschen gegenüber. Das sind maximal 3% Flaschen, die pro Lieferung auf Verlust in der Kundschaft und spätere Aussonderung zurückzuführen sind. Letztere Zahlen entstammen einem Gutachten der Deutschen Gesellschaft zur Förderung der Brauwissenschaft e.V., aus dem einige Ergebnisse wiedergegeben sind bei Krüger, Brauwelt 1980, 552 (555).

4. Verstoß gegen § 9 II Nr. 1 AGBG

a) Die Indizwirkung eines Verstoßes gegen § 11 Nr. 5 AGBG bei § 9 II Nr. 1 AGBG

Ein Verstoß der Klausel gegen § 9 II Nr. 1 AGBG könnte sich zunächst daraus ergeben, daß man entgegen der hier vertretenen Auffassung mit Wolf und Schäfer / Schäfer[92] annimmt, die Klausel halte der Inhaltskontrolle nach § 11 Nr. 5 AGBG nicht stand.

§ 9 II Nr. 1 AGBG kommt für diesen Fall Über § 24 S. 2 AGBG deswegen als Prüfungsmaßstab in Betracht, weil die unmittelbare Anwendung des § 11 Nr. 5 AGBG wegen der Kaufmannseigenschaft der Getränkehändler gem. § 24 S. 1 AGBG[93] ausgeschlossen ist. Der hier unterstellte Verstoß gegen § 11 Nr. 5 AGBG könnte für § 9 II Nr.1 AGBG eine Indizwirkung[94] dafür haben, daß er auch im kaufmännischen Geschäftsverkehr zu einer unangemessenen Benachteiligung des AGB-Kunden führt. Die ganz überwiegende Meinung bejaht diese Indizwirkung für § 11 Nr. 5 a AGBG[95] wie für § 11 Nr. 5 b AGBG[96] und läßt die Verbote auf diese Weise unter Kaufleuten gem. §§ 9 II Nr. 1, 24 S. 2 AGBG Anwendung finden.

Es ist aber zu berücksichtigen, daß Rechtsgedanken oder Rechte, die bei Verbrauchergeschäften wesentlich sind, im kaufmännischen Verkehr einen anderen Stellenwert haben können[97]. Dies hat zur Folge, daß ein Verstoß gegen § 11 AGBG wegen „der besonderen Interessen und Bedürfnisse des kaufmännischen Geschäftsverkehrs" ausnahmsweise als angemessen angesehen werden kann[98]. Wann eine solche Ausnahme anzunehmen ist, macht der BGH[99] davon abhängig, ob die an sich verbotene Klausel Kaufleute im Geschäftsverkehr ebenso trifft wie Nichtkaufleute.

Es ist daher zu prüfen, ob sich aus den Umständen des Getränkehandels ergibt, daß die „Wiederbeschaffungspreis-Klausel" im Geschäftsverkehr aus-

---

92 *Wolf* (Fn. 13), § 11 Nr. 5 Rz. 17, 25; Schäfer / Schäfer, ZIP 1983, 656 (662). Ebenso OLG Karlsruhe, NJW-RR 1988, 370 (372) und OLG Köln, NJW-RR 1988, 373 (375).

93 § 24 S. 1 AGBG gilt auch für den Minderkaufmann nach § 4 HGB (vgl. Fn. 18).

94 Zur Indizwirkung siehe auch oben, 2.

95 BGHZ 67, 312 (317); BGH, NJW 1984, 2940 (2941), *Brandner* (Fn. 13), § 11 Nr. 5 Rz. 19: *Graf von Westphalen* (Fn. 18), § 11 Nr. 5 Rz. 41; Müko-*Kötz*, § 11 Nr. 5 b Rz. 47; Palandt-*Heinrichs*, AGBG, § 11 Anm. 5 d; Std.-*Schlosser*, § 11 Nr. 5 Rz. 24.

96 BGH, NJW 1984, 2940 (2941); Müko-*Kötz*, § 11 Nr. 5 b Rz. 47; Palandt-*Heinrichs*, § 11 Anm. 5 d; a. A. Std.-*Schlosser*, § 11 Nr. 5 Rz. 25, der bei § 11 Nr. 5 b AGBG den vollen Ausschluß des Gegenbeweises für zulässig hält, da im Handelsverkehr dem Gesichtspunkt der Beweiserleichterung und -beschleunigung eine erheblich größere Rolle zukomme, als bei Beteiligung Privater.

97 Palandt-*Heinrichs*, AGBG, § 9 Anm. 5 c; Schlechtriem, FS für Duden, 571 (579).

98 BGH, NJW 1984, 1750 (1751); NJW 1984, 2941 (2942); OLG Karlsruhe, NJW-RR 1988, 370 (372); *Brandner* (Fn. 13), § 24 Rz. 19; Müko-*Kötz*, § 9 Rz. 18.

99 BGH, NJW 1984, 1750 (1751).

nahmsweise als tragbar hingenommen werden kann. Hierzu ist mit Trinkner[100] zu Recht der Umstand zu zählen, daß sich der Händler gegen die Gefahr der Inanspruchnahme durch den Hersteller selbst absichern kann. Dies geschieht durch das Führen von Leergutkonten, der „Weitergabe“ der Klausel in den eigenen AGB und in Extremfällen durch das Einfordern von Sicherheitsleistungen in Höhe des Wiederbeschaffungswertes. Der Letzthändler — regelmäßig der Einzelhändler — hat zwar diese Möglichkeiten gegenüber dem Verbraucher nicht, jedoch vermag er die Gefahr der Inanspruchnahme durch seinen Lieferanten über seine Getränkepreise zu kalkulieren. Es ergibt sich demnach die Besonderheit, daß jeder Händler — sei er Zwischen-, Groß- oder Einzelhändler — die Möglichkeit hat, die Gefahr, den Wiederbeschaffungspreis bei Nichtrückgabe entrichten zu müssen, auf seine Abnehmer abwälzen kann[101]. Der Händler als Kaufmann ist daher durch die Klausel erheblich geringer betroffen als ein vergleichbarer Nichtkaufmann. Dieser Umstand rechtfertigt folglich die Annahme, daß bei einem hier unterstellten Verstoß gegen § 11 Nr. 5 AGBG letztlich eine unangemessene Benachteiligung des jeweiligen AGB-Kunden i. S. von § 9 II Nr. 1 AGBG in der „Wiederbeschaffungspreis-Klausel“ nicht gesehen werden kann[102].

Unterstreichen läßt sich diese Feststellung noch mit der Vorschrift des § 24 S. 2 2. H. S. AGBG, wonach auf die im Handelsverkehr geltenden Gewohnheiten und Gebräuche angemessen Rücksicht zu nehmen ist. Zwar können auch Verkehrssitte und Handelsbrauch nach § 346 HGB den Maßstab der Inhaltskontrolle nicht verschieben[103]; jedoch spricht es für die Angemessenheit einer Klausel, wenn sie sich in bestimmten Verkehrskreisen als Übung allgemein durchgesetzt hat[104]. Das OLG Frankfurt[105] jedenfalls hält den Handelsbrauch, daß im Falle der Nichtrückgabe des Leerguts der Brunnen zur Anschaffung von fabrikneuem Leergut berechtigt ist, für die Mineralbrunnenindustrie seit 1955 für erwiesen. Dieser Handelsbrauch soll nach Feststellung des Gerichts sogar dann gelten, wenn die AGB eine derartige Ersatzbeschaffung nicht ausdrücklich vorsehen. Auch für die anderen hier behandelten Leerguttypen, insbesondere das Eurobierleergut, läßt sich dieser Handelsbrauch bestätigen[106].

---

[100] Trinkner, BB 1984, 1455 (1457).

[101] Fink / Rottke, Der Mineralbrunnen 1985, 249 (252); Trinkner, BB 1984, 1455 (1457). Dagegen sieht das OLG Karlsruhe, NJW-RR 1988, 370 (372) die Möglichkeit der Abwälzung auf die Endabnehmer wegen des „allgemein bekannten scharfen Wettbewerbs im Getränkehandel“ als nur theoretisch gegeben und bejaht daher ein Verstoß gegen § 9 II Nr. 1 AGBG.

[102] Ebenso: Fink / Rottke und Trinkner ebenda.

[103] OLG Hamburg, ZIP 1983, 700; *Graf von Westphalen* (Fn. 18), § 24 Rz. 19, Müko-*Kötz*, § 24 Rz. 7.

[104] BGH, NJW 1985, 2693 (2695); *Brandner* (Fn. 13), § 9 Rz. 87.

[105] OLG Frankfurt, Urt. v. 13.7.1979, Aktz. 10 U 163/78 und 10 U 9/79 (unveröffentlicht). Das OLG Karlsruhe, NJW-RR 1988, 370 (373) hingegen folgert aus der Verwendung der branchentypischen Wiederbeschaffungspreis-Klausel lediglich, daß keine überraschende Klausel i.S. des § 3 AGBG vorliegt.

b) Die Regelung der Zufallshaftung als Verstoß gegen § 9 II Nr. 1 AGBG

Weiterhin sind Schäfer / Schäfer[107] der Auffassung, die „Wiederbeschaffungspreis-Klausel" verstoße speziell im Handel mit den Leerguttypen, bei der in schuldrechtlicher Hinsicht ein leiheähnlicher Gebrauchsüberlassungsvertrag sui generis vorliegt[108], gegen § 9 II Nr. 1 AGBG. Die unangemessene Benachteiligung des Vertragspartners sei darin zu sehen, daß der Händler auch für den unverschuldeten Untergang des Leerguts hafte. Würden die Parteien hinsichtlich der Leergutüberlassung einen reinen Darlehnsvertrag oder einen reinen Leihvertrag schließen, wäre der Hersteller entweder mit dem Insolvenzrisiko behaftet oder er hätte selbst für den zufälligen Untergang einzustehen. Der leiheähnliche Gebrauchsüberlassungsvertrag sui generis führe aber bei gleichzeitiger Geltung der „Wiederbeschaffungspreis-Klausel" dazu, daß der Hersteller von beiden Risiken entlastet bleibe. Das sei eine „einseitige Kumulierung von Lasten und Vorteilen der kombinierten Verträge", die nicht im Einklang mit dem Grundgedanken der gesetzlichen Regelung stehe[109].

Der Auffassung von Schäfer / Schäfer kann nicht gefolgt werden. Allein daraus, daß die Parteien beim leiheähnlichen Gebrauchsüberlassungsvertrag sui generis die Zufallshaftung abweichend vom reinen Leihvertrag vereinbaren, kann eine unangemessene Benachteiligung des Vertragspartners nicht hergeleitet werden. Das könnte allenfalls dann bejaht werden, wenn es sich bei der beim Leihvertrag grundsätzlich den Verleiher treffenden Zufallshaftung[110] um einen wesentlichen Grundgedanken einer gesetzlichen Regelung handeln würde. Das wiederum würde voraussetzen, daß die Regelung der Zufallshaftung einem wesentlichen Schutzbedürfnis des Vertragspartners dient[111]. Daß dieses Schutzbedürfnis aber unter Umständen — insbesondere dann, wenn der Vertrag allein für den Vertragspartner vorteilhaft ist — entfallen kann, hat auch die Rechtsprechung beim Leihvertrag anerkannt. Sie gelangt so über eine Vertragsauslegung zu einer Zufallshaftung des Entleihers[112]. Ebenso fehlt es beim leiheähnlichen Gebrauchsüberlassungsvertrag sui generis am Schutzbedürfnis des Vertragspartners. Zwar ist die Leerguthingabe nicht allein ausschließlich für den Händler vorteilhaft, immerhin aber doch in seinem wirtschaftlichen

---

[106] Die Voraussetzungen für die Bildung eines Handelsbrauches (vgl. BGH, NJW 1952, 257; Baumbach / Duden / Hopt, HGB, § 346 Anm. 2 A.) — gewisser Zeitraum, Zustimming der Beteiligten, tatsächliche Übung — liegen jedenfalls zweifelsohne vor.

[107] Schäfer / Schäfer, ZIP 1983, 656 (662f.).

[108] Es handelt sich dabei um individualisiertes Leergut eines einzelnen Herstellers oder einer geschlossenen Herstellergruppe (siehe oben, 3. Abschnitt, B I 4, II).

[109] Schäfer / Schäfer, ZIP 1983, 656 (663).

[110] Vgl. oben, 3, Abschnitt, B I 4 c).

[111] *Brandner* (Fn. 13), § 9 Rz. 96; Palandt-*Heinrichs*, AGBG, § 9 Anm. 3 d; *Wolf* (Fn. 13), § 9 Rz. 65.

[112] LG Saarbrücken, DJ 1934, 514; LG Aachen, NJW 1952, 426; AG Herford, BB 1974, 1350. Zustimmend: Erman-*Schopp*, § 602 Rz. 2; RGRK-*Gelhaar*, § 599 Rz. 2; Std.-*Reuter*, § 599 Rz. 4; ablehnend jedoch Müko[1]-*Haase*, § 599 Rz. 4.

Interesse. Ferner ist zu berücksichtigen, daß der Händler — anders als beim normalen Leihvertrag — die uneingeschränkte Verfügungsbefugnis[113] über das Leergut erlangt. Er kann es also an Dritte liefern, ohne daß dem Hersteller eine Einwirkungsmöglichkeit auf das Leergut verbleibt. Wegen des fehlenden Schutzbedürfnisses kann daher unter den gegebenen Umständen in der Regelung der Zufallshaftung kein „wesentlicher Grundgedanke einer gesetzlichen Regelung" i.S. von § 9 II Nr. 1 AGBG gesehen werden, von der nicht abgewichen werden dürfte.

Aber selbst wenn man von dem Vorliegen dieses Tatbestandsmerkmals des § 9 II Nr. 1 AGBG ausginge, müßte zusätzlich noch dargelegt werden, daß die durch die „Wiederbeschaffungspreis-Klausel" abgewandelte Zufallshaftung gerade mit diesem wesentlichen Grundgedanken unvereinbar ist. Von der Vereinbarkeit ist zumindest solange auszugehen, wie — was Schäfer/Schäfer nicht geprüft haben — eine Abweichung bei einer notwendig vorzunehmenden Gesamtbetrachtung des Vertragsinhalts gleichwertig kompensiert wird[114]. Dabei kann sich ergeben, daß eine erhebliche Benachteiligung des Vertragspartners durch eine für ihn vorteilhafte Vertragsbestimmung derart aufgewogen wird, daß von einer unvereinbaren Abweichung nicht mehr die Rede sein kann[115]. So ist es auch beim hier vorliegenden schuldrechtlichen Überlassungsvertrag. Bei einer Gesamtbetrachtung fallen für den Händler als Vertragspartner zwei vorteilhafte Vertragsbestimmungen ins Gewicht, die die abweichend vom Leihvertrag geregelte Zufallshaftung durchaus zu kompensieren vermögen. Zum einen liegt ein solcher Vorteil darin, daß der Händler nicht verpflichtet ist, die speziell gelieferten Flaschen und Kästen zurückzugeben. Die Pflicht zur Rückerstattung nur gattungsmäßiger Sachen erspart ihm im Gegensatz zur Speziesschuld erhebliche Aufwendungen im organisatorischen Bereich. Zum andern ist ein solcher Vorteil in der schon erwähnten Möglichkeit des Händlers zu sehen, uneingeschränkt über das Leergut verfügen zu können.

Eine „Unvereinbarkeit" der Abweichung von der gesetzlichen Regelung läßt sich somit nicht begründen. Folglich kann ein Verstoß gegen § 9 II Nr. 1 AGBG entgegen der Auffassung von Schäfer/Schäfer aus der abweichend vom Leihvertrag vereinbarten Zufallshaftung endgültig nicht hergeleitet werden.

c) Zwischenergebnis

Die „Wiederbeschaffungspreis-Klausel" hält unter jeder Betrachtungsweise einer Inhaltskontrolle nach § 9 II Nr. 1 AGBG stand.

---

113 Vgl. BFH, BB 1987, 1376 (1377).

114 *Brandner* (Fn. 13), § 9 Rz. 101; *Wolf* (Fn. 13), § 9 Rz. 72.

115 BGH, NJW 1982, 644 (645); NJW 1982, 1820 (1821); *Brandner* (Fn. 13), § 9 Rz. 76; *Wolf*, (Fn. 13), § 9 Rz. 72 .

B. Nichtrücklieferung auf Verbraucherebene

Die Nichtrücklieferung von Leergut durch den Verbraucher begegnet keinen rechtlichen Problemen. Zwischen Händler und Verbraucher besteht die konkludente Abrede, daß bei Nichtrückgabe des Leerguts das vom Verbraucher geleistete Pfandgeld einbehalten wird. Diese Abrede umfaßt darüber hinaus, daß der Händler weitergehende Ansprüche — etwa den Wiederbeschaffungspreis unter Verrechnung des Pfandgeldes — gegen den Verbraucher nicht geltend macht. Dogmatisch läßt sich dieser Teil der Abrede als ein antizipierter Teilverzicht mit der Folge deuten, daß die Forderung in der Höhe des Wiederbeschaffungswertes gar nicht erst entstehen soll[116].

C. Zusammenfassung

Die „Wiederbeschaffungspreis-Klausel" in den Hersteller-AGB, die der Inhaltskontolle nach §§ 9 bis 11 AGBG unterfällt, ist nicht als Vertragsstrafeversprechen, sondern als pauschalierter Schadensersatz i.S. von § 11 Nr. 5 AGBG anzusehen. Ein Verstoß der Klausel gegen § 11 Nr. 5 AGBG, der unter Kaufleuten Indizwirkung für eine unangemessene Benachteilgung des Vertragspartners i.S. von § 9 II AGBG hat, läßt sich nicht feststellen.

Auch ergibt sich kein Verstoß der Klausel gegen § 9 II Nr. 1 AGBG. Die beim leiheähnlichen Gebrauchsüberlassungsvertrag sui generis abweichend vom reinen Leihvertrag geregelte Zufallshaftung wird durch andere für den AGB-Kunden vorteilhafte Vertragsbestimmungen kompensiert. Eine unangemessene Benachteiligung läßt sich somit daraus nicht herleiten. Und selbst wenn man einen Verstoß gegen § 11 Nr. 5 AGBG unterstellen würde, ließe sich eine unangemessene Benachteiligung i.S. von § 9 II AGBG nicht begründen. Denn die nur im kaufmännischen Geschäftsverkehr verwendete Klausel läßt jedem Händler die Möglichkeit, die Risiken der Klausel auf seine Abnehmer abzuwälzen. Dieser Umstand führt dazu, die Klausel für den Geschäftsverkehr als ausnahmsweise für tragbar zu erklären.

Gegenüber dem Verbraucher wird der Wiederbeschaffungswert bei Nichtrückgabe nicht erhoben. Insoweit verfällt nur das geleistete Pfandgeld.

---

[116] Vgl. BGH, BB 1956, 1086; BGHZ 40, 326 (330); Palandt-*Heinrich*, § 397 Anm. 1 b; Std.-*Kaduk*, § 397 Rz. 61.

2. Kapitel

Fässer, Gasflaschen und Säcke

Die wirtschaftliche Bedeutung von Fässern und Säcken als Mehrwegverpackungen ist in den letzten Jahrzehnten gesunken. So werden die Stoffsäcke, die früher gerade im Mehl- und Getreidehandel unentbehrlich waren, heute vielfach durch Einweg-Säcke aus Papier ersetzt. Mehrweg-Fässer werden nahezu ausschließlich nur noch in der Getränkeindustrie, hier vornehmlich von Brauereien verwendet[1].

1. Abschnitt

Eigentumsverhältnisse und Konkursfragen

A. Eigentumsverhältnisse

Im tatsächlichen Bereich läßt sich bei den hier behandelten Verpackungsmitteln im Unterschied zu den Mehrwegflaschen und -kästen die Besonderheit feststellen, daß vom Abfüller zumeist direkt an den Endabnehmer ohne Zwischenschaltung von Händlern geliefert wird. Dadurch wird gewährleistet, daß der Abfüller (Hersteller) regelmäßig speziell die gelieferten Verpackungen zurückerhält[2]. Bezüglich der Fässer, Gasflaschen und Säcke erklären die Abfüller durchweg in ihren AGB den „Eigentumsvorbehalt"[3] und verpflichten den Abnehmer bei Nichtrücklieferung zum Ersatz des Wiederbeschaffungswertes[4]. Hingegen ist die Pfandnahme bei den einzelnen Verpackungen uneinheitlich geregelt. Während sie bei Fässern allgemein üblich[5] ist, wird für Gasfla-

---

[1] Die Untersuchung beschränkt sich daher auf diesen Verwendungsbereich.

[2] Das ist selbst dann so, wenn, wie bspw. bei Bierfässern, im Vertrieb ein Händler zwischengeschaltet ist. Die Händler registrieren nämlich, im Unterschied zum Handel mit Flaschen und Kästen, die Ausgabe von Fässern an die Verbraucher genau und fordern diese auch zurück. Dies hat seinen Grund darin, daß die Händler bei Nichtrücklieferung den Brauereien den in den AGB vereinbarten Wiederbeschaffungswert schulden, der zur Zeit ca. 130 DM für das 50 l-Faß beträgt. Das vom Verbraucher gezahlte Pfandgeld beträgt hingegen üblicherweise nur 50 DM.

[3] Zur mißverständlichen Verwendung dieses Begriffs, siehe oben, 1. Kapitel, 1. Abschnitt A, Fn. 11.

[4] Diese sog. „Wiederbeschaffungspreis-Klausel" hält auch bei diesen Verpackungsmitteln einer Inhaltskontrolle nach den §§ 9 bis 11 AGBG stand (vgl. oben, 1. Kapitel, 4. Abschnitt A II).

[5] Dies gilt vor allem für die sog. „Kleingebindefässer" in den Größen 10, 15 und 20 l, für die 50 DM Pfandgeld verlangt wird. Für die sog. „Gastwirtefässer" in den Größen 50, 75

schen und Säcke ein „Pfand" nur ausnahmsweise erhoben. Statt dessen wird dem Abnehmer bis zur Rückgabe der Verpackungen ein Nutzungsentgelt in Form einer täglichen Gebühr berechnet.

I. Eigentumsverhältnisse bei Fässern und Gasflaschen

Die Eigentumsverhältnisse bei Fässern und Gasflaschen entsprechen denen bei den individualisierten Mehrwegflaschen[6] und -kästen eines einzelnen Herstellers, d. h. dem Abfüller verbleibt das Eigentum an der Verpackung. Dort wie hier fehlt es an einer Einigung i. S. von § 929 S. 1 BGB[7]. Dafür spricht zum einen die Tatsache, daß der Abnehmer die Lieferung der Ware nicht als Angebot zur Übereignung des Verpackungsmittels verstehen kann. Denn die Fässer und Gasflaschen sind besonders gekennzeichnet[8] und der „Eigentumsvorbehalt" wird ausdrücklich vereinbart.

Zum anderen stützt die Interessenlage dieses Ergebnis. Wegen des außergewöhnlich hohen Wertes[9] der Verpackungen hat der Abfüller ein Interesse daran, diese so schnell wie möglich zurückzuerhalten. Dieses Interesse kann er als Eigentümer am besten verwirklichen. Demgegenüber erstreckt sich das Interesse des Abnehmers allein auf den Verpackungsinhalt[10]. Die Verpackungen selber will er schnell zurückliefern, um nicht erneut 50 DM Pfandgeld entrichten zu müssen oder um nicht die sog. „Leih-Gebühr" übermäßig anwachsen zu lassen.

Wie schon bei den für einen bestimmten Hersteller gekennzeichneten Flaschen und Kästen besteht auch hier für den Abfüller nicht die Gefahr, das

und 100 l wird meist kein „Pfand" mehr verlangt. Bei den 30 l-Fässern schließlich wird die Pfandnahme von Brauerei zu Brauerei unterschiedlich gehandhabt.

[6] Siehe oben, 1. Kapitel, 1. Abschnitt A I 1.

[7] Ebenso für Gasflaschen Kollhosser/Bork, BB 1987, 909.

[8] Gasflaschen weisen durch fest angebrachte Metallschilder oder eingeprägte Inschriften den Abfüller aus. Bei Brauereifässern ist die Kennzeichnung für eine bestimmte Brauerei gar gesetzlich vorgeschrieben. Die Durchführungsbestimmungen zum Biersteuergesetz in der Fassung vom 14.3.1952 (BGBl I 1952, 153), zuletzt geändert durch die sechste Verordnung zur Änderung der Durchführungsbestimmungen zum Biersteuergesetz vom 28.11.1980 (BGBl I 1980, 2196), schreiben in § 52 I vor: „Auf einem der Faßböden muß der Name der Brauerei, in der das Bier hergestellt worden ist, aufgebracht sein. Der Name der Brauerei und die Faßnummer müssen eingebrannt oder mit dauerhafter, nicht verwischbarer Farbe aufgetragen sein. Bei Stahlfässern können sie auch in diese oder in mit ihnen festvernietete Metallschilder eingeschlagen sein".
Schon diese Bestimmung führt dazu, daß die Brauereien Bier ausschließlich in für sie gekennzeichnete Fässer abfüllen. Es ist daher nicht so, daß Brauereien „Fässer ohne Rücksicht auf die Ursprungsbrauerei" verwenden, wie es das LG Mainz (1. Kapitel, 4. Abschnitt Fn. 4) aufgrund tatsächlicher Gegebenheiten festgestellt haben will. Das Gericht gelangt so fälschlicherweise über die Annahme eines Darlehnsvertrages zu einem Eigentumsübergang an den gelieferten Fässern.

[9] Der Neuwert der handelsgängigen Fässer in den Größen 30 l und 50 l beträgt ca. 130 DM; der von Gasflaschen ist in etwa gleich hoch.

[10] Kollhosser/Bork, BB 1987, 909. Vgl. auch OLG Köln, ZIP 1980, 1096 (1097).

Alleineigentum durch Vermengung gem. §§ 947 I, 948 I BGB zu verlieren. Denn wegen der besonderen Kennzeichnung bleiben die Verpackungen jederzeit aussonderbar.

II. Eigentumsverhältnisse bei Säcken

Für den Regelfall ist auch bei Säcken anzunehmen, daß dem Abfüller das Eigentum an der Verpackung verbleibt[11], insbesondere wenn die Säcke — was heute üblicherweise der Fall ist[12] — das Zeichen der Lieferfirma tragen. Als Begründung läßt sich wieder auf die ausdrückliche Vereinbarung des „Eigentumsvorbehalts" in den AGB, auf die Kennzeichnung der Säcke für den Abfüller und auf die Interessenlage der Parteien verweisen[13].

Besondere Umstände des Einzelfalls, wie gesetzliche Bestimmungen, Handelsbräuche, Verkehrssitte oder abweichende Parteivereinbarungen können allerdings ein anderes Ergebnis rechtfertigen. So haben das LG Hagen[14] und das LG Köln[15] die Rückgabepflicht bei Säcken als Gattungsschuld charakterisiert und sind daher zu einem Eigentumsübergang der Verpackung auf den Abnehmer gelangt[16]. Jedoch haben gerade diese Entscheidungen für die Wertung heutiger Verhältnisse wenig Aussagekraft. In der Urteilsbegründung stützen sich die Gerichte nämlich im wesentlichen auf eine heute nicht mehr gültige gesetzliche Bestimmung[17].

Anzunehmen ist aber ein Eigentumsübergang der Säcke jedenfalls dann, wenn der Abfüller einen besonderen Betrag für die Verpackung berechnet[18] oder die Parteien die Klausel „brutto für netto" vereinbaren[19]. Letztere bedeutet

---

[11] Vgl. OLG Marienwerder, OLGZ 22, 269f.; OLG Stuttgart (Nebensitz Karlsruhe), NJW 1949, 68 = BB 1948, 198; Bandasch, GK-HGB, § 380 Rz. 7; Baumbach/Duden/Hopt, HGB, § 380 Anm. 2; Schlegelberger, HGB, § 380 Rz. 4; Soergel-*Lippisch/Häuser*, vor § 607 Rz. 37; Staub-*Brüggemann*, § 380 Rz. 10.

[12] Schlegelberger, HGB, § 380 Rz. 4.

[13] Siehe oben, I.

[14] LG Hagen, BB 1950, 53.

[15] LG Köln, BB 1950, 547 (548).

[16] So ausdrücklich LG Köln, ebenda.

[17] Es handelte sich dabei um die Anordnung der Hauptvereinigung der deutschen Getreide- und Futtermittelwirtschaft betreffs das Getreidewirtschaftsjahr 1944/45 vom 1.7.1944 (Auszüge bei OLG Stuttgart, NJW 1949, 68). In § 19 der AO hieß es zur Rücklieferungspflicht: „Liefert der Verkäufer Ware netto ausschließlich Sack in Gewebesäcken, so hat der Käufer diese oder eine entsprechende Anzahl von Säcken gleicher Art und Beschaffenheit unverzüglich zurückzugeben." Da das LG Köln davon ausging, daß die Säcke keine Kennzeichnung hatten, legte das Gericht § 19 der AO als eine Vereinbarung eines Darlehns zwischen den Parteien aus. Im Ergebnis zustimmend, allerdings mit anderer Begründung, Becker, BB 1948, 585.

[18] Vgl. OLG Hamburg, SeuffA 62 Nr. 224; Dürkes, BB 1948, 68 (69); Schlegelberger, HGB, § 380 Rz. 3.

[19] Vgl. Düringer-*Hachenburg*, HGB, § 380 Anm. 2; Dürkes, BB 1948, 68 (69); Schlegelberger, HGB, § 380 Rz. 3. Allerdings soll das nach OLG Hamburg (SeuffA 62

nicht nur, daß der Kaufpreis nach dem Bruttogewicht ohne Abzug des Verpackungsgewichts zu berechnen ist, sondern auch, daß die Säcke ohne zusätzliche Vergütung dem Käufer überlassen werden[20]. Darüber hinaus tauchen im Handel Klauseln auf, die es im Belieben des Abnehmers lassen, ob er die Säcke zu Eigentum erwerben will. Wird vereinbart, daß die innerhalb einer festgesetzten Frist nicht zurückgelieferten Säcke dem Abnehmer berechnet werden oder daß Säcke im Eigentum des Abfüllers bleiben und bei frachtfreier Rücksendung zum berechneten Preis innerhalb einer Frist zurückgenommen werden, so ist dies als ein Angebot zum Verkauf mit Einräumung eines Rücktrittsrechts zu sehen[21]. Mit der Nichtrücklieferung innerhalb der vereinbarten Frist kommt der Kaufvertrag konkludent zustande[22] und der Abnehmer erlangt das Eigentum an den Säcken.

B. Auswirkungen im Konkurs

Da dem Abfüller bei Fässern, Gasflaschen und Säcken das Eigentum regelmäßig verbleibt, erwächst ihm daraus im Konkurs eines seiner Abnehmer ein Aussonderungsanspruch i. S. von § 43 KO.

Nr. 224) dann nicht gelten, wenn der Wert der Verpackung im Verhältnis zum Wert der verpackten Ware verhältnismäßig groß ist.

[20] Schlegelberger, HGB, § 380 Rz. 3.

[21] OLG Dresden, SeuffA 72 Nr. 49; Dürkes, BB 1948, 68 (69); Staub-*Brüggemann*, § 380 Rz. 11.

[22] Staub-*Brüggemann*, § 380 Rz. 11.

2. Abschnitt

Schuldvertragstypen

A. Schuldvertragstypus bei der Gebrauchsüberlassung von Fässern

Wie bereits festgestellt[23], erhält sowohl die Brauerei als Abfüller als auch ein eventuell zwischengeschalteter Händler vom Endverbraucher in der Regel speziell die gelieferten Fässer zurück. Da ein Nutzungsentgelt[24] nicht vereinbart wird, liegt in der Gebrauchsüberlassung ein Leihvertrag[25].

Dieser ist wie folgt ausgestaltet: Vertragsinhalt ist gem. § 598 BGB die unentgeltliche Gebrauchsgestattung[26] durch den Verleiher. Wie beim leiheähnlichen Gebrauchsüberlassungsvertrag sui generis ist die Haftung des Verleihers durch konkludente Parteivereinbarung abweichend von §§ 599, 600 BGB geregelt. Haftungsmaßstab für den Verleiher in bezug auf Vertragsverletzungen ist daher §§ 276, 278 BGB und für Sachmängel haftet er in Analogie zu den Kaufrechtsnormen[27]. Ebenso ist die Gefahrtragung[28] durch Parteivereinbarung modifiziert. Der Abnehmer haftet demnach auch für unverschuldeten Untergang oder Verlust, soweit sich die Sache in seinen Händen befindet. Allerdings ist die Haftung des Endverbrauchers grundsätzlich in der Höhe beschränkt auf das geleistete Pfandgeld[29].

Gem. § 601 I BGB trägt der Abnehmer die Erhaltungskosten und ist gem. § 603 S. 1 BGB zum vertragsgemäßen Gebrauch verpflichtet[30]. Der Abfüller hat gem. § 604 II S. 1 BGB i. V. m. der Rückgabevereinbarung in den AGB nach

[23] Siehe unter Fn. 2.

[24] Ein solches ist weder in dem Kaufpreis für den Faßinhalt, noch in dem hinterlegten Pfandgeld zu sehen (siehe oben, 1. Kapitel, 3. Abschnitt B I 2).

[25] A. A. LG Mainz (1. Kapitel, 4. Abschnitt Fn. 4), das einen Darlehnsvertrag für gegeben hält. Zur Kritik dazu, siehe unter Fn. 8.

[26] Zur Bedeutung dieses Begriffs im Getränkehandel, vgl. oben, 1. Kapitel, 3. Abschnitt B I 4 a).

[27] Vgl. oben, 1. Kapitel, 3. Abschnitt B I 4 b).

[28] Vgl. oben, 1. Kapitel, 3. Abschnitt B I 4 c).

[29] Da die Brauereien laut Vereinbarung in den AGB von ihren Abnehmern stets den Wiederbeschaffungswert bei Nichtrückgabe fordern, kann es im Einzelfall vorkommen, daß auch ein Händler diesen bei ihm entstandenen Schaden unter Verrechnung des Pfandgeldes vom Endverbraucher einfordert. Anders als bei Mehrwegflaschen und -kästen (vgl. 1. Kapitel, 4. Abschnitt B) kann wegen der hohen Differenz zwischen Pfandgeld und Wiederbeschaffungspreis (siehe Fn. 2) auf der Ebene Händler-Verbraucher ein antizipierter Teilverzicht nicht angenommen werden.

[30] Vgl. oben, 1. Kapitel, 3. Abschnitt B I 4 d), f).

Verbrauch des Verpackungsinhalts einen schuldrechtlichen Rückforderungsanspruch auf die gelieferten Fässer[31]. Dieser Anspruch, wie auch der dingliche Herausgabeanspruch aus § 985 BGB und der Schadensersatzanspruch aus §§ 989, 990 BGB, unterliegt der vierjährigen Verjährungsfrist des § 196 I Ziff. 1, II BGB[32].

B. Schuldvertragstypen bei der Gebrauchsüberlassung von Gasflaschen

Soweit der Abfüller für bestimmte Arten von Gasflaschen[33] ausnahmsweise ein Pfandgeld erhebt, ist wie bei der Gebrauchsüberlassung von Fässern ein Leihvertrag[34] anzunehmen. Üblicherweise verzichtet der Abfüller aber auf ein „Pfand" und berechnet statt dessen für die Zeit der Überlassung eine Gebühr[35] nach Tagen. Nach dem Willen der Parteien soll die Gebühr als Vergütung für die Überlassung des Gebrauchs entrichtet werden, so daß in diesen Fällen ein Mietvertrag[36] vorliegt.

Der Vertragsinhalt wird, anders als bei Flaschen oder Fässern, für die Fragen der Haftung, der Gefahrtragung und der Sachmängel durch die AGB zumeist genau bestimmt. Danach trägt der Kunde nach den gängigen Klauseln „bis auf den normalen Verschleiß in jedem Fall das Aufbewahrungs- und Verlustrisiko". Kosten und Gefahrtragung für den Transport ab Lieferstelle sowie die Rücklieferung zur Lieferstelle treffen den Kunden. Dies wird für die Gefahrtragung auch vielfach dann ausdrücklich vereinbart, wenn der Abfüller die Beförderung besorgt[37]. In bezug auf Sachmängel gehen die Klauseln dahin, daß der Kunde „offensichtliche Schäden an den Behältern unverzüglich nach Bekanntwerden anzuzeigen hat". Darüber hinaus wird regelmäßig vereinbart, daß die aus Verpackungsmängeln beim Abnehmer entstandenen Schäden ebenso wie die aus sonstigen Vertragsverletzungen[38] nur begrenzt auf den Wert

---

[31] Vgl. oben, 1. Kapitel, 3. Abschnitt B I 4 g).

[32] Vgl. oben, 1. Kapitel, 3. Abschnitt B I 4 i).

[33] Das Einbehalten von Pfandgeldern ist nur üblich bei der Überlassung von Propangas-Flaschen.

[34] So auch Kollhosser/Bork, BB 1987, 909 (910), die allerdings zu Unrecht den Leihvertrag bei Gasflaschen als Regelfall betrachten.

[35] Die Gebühr ist abhängig von Größe und Wert der Gasflaschen und reicht in etwa von 0,15 DM bis über 0,50 DM pro Tag.

[36] Vgl. BGH, LM Nr. 1 zu § 989 BGB; OLG Stuttgart (Nebensitz Karlsruhe) NJW 1949, 68 für Mehlsäcke; Erman-*Schopp*, vor § 535 Rz. 50. Auch in den AGB der Abfüller wird von „mietweiser Überlassung" gesprochen.

[37] Zwar widerspricht dies dem Regelfall, wonach die Gefahr auf den Kunden erst dann übergeht, wenn er die Emballage in seinen Händen hält (siehe oben, 1. Kapitel, 3. Abschnitt B I 4 c) aa)); jedoch läßt sich bei einer wie hier abweichenden Abrede eine „unangemessene Benachteiligung" des AGB-Kunden i. S. von § 9 II AGBG jedenfalls nicht ersehen.

[38] Für Vertragsverletzungen haftet der Abfüller in seiner Rolle als Vermieter nach §§ 276, 278 BGB (vgl. Palandt-*Putzo*, § 538 Anm. 2 d aa).

der Lieferung[39] geltend gemacht werden können. Üblicherweise regeln die AGB zudem die Modalitäten der Mietzinszahlung und bestimmen in Verbindung mit § 556 I BGB den schuldrechtlichen Rückforderungsanspruch[40] des Abfüllers. Letzterer verjährt ebenso wie die dinglichen Ansprüche gem. § 196 I Ziffer 1, II BGB nach zwei bzw. vier Jahren[41].

C. Schuldvertragstypen bei der Gebrauchsüberlassung von Säcken

Ausnahmsweise und nur bei Vorliegen besonderer Umstände[42] kommt zwischen den Parteien ein Kaufvertrag über die Säcke zustande. Regelmäßig verbleiben aber die Säcke im Eigentum des Abfüllers, so daß insoweit nur Miete oder Leihe in Betracht kommen. Erhebt der Abfüller für die Gebrauchsüberlassung ein „Pfand", ist von einem Leihvertrag[43] auszugehen. In den allermeisten Fällen wird auf ein „Pfand" jedoch verzichtet und statt dessen, wie bei Gasflaschen, eine tägliche Gebühr entweder schon ab Empfang der Säcke oder erst nach Ablauf einer gewissen Frist bis zur Rückgabe berechnet. Es ist dann wieder ein Mietvertrag[44] anzunehmen.

Der Vertragsinhalt wird bei diesem Verpackungsmittel neben den Vereinbarungen in den AGB insbesondere durch Handelsbräuche bestimmt. Einheitliche Regeln lassen sich daher nur schwer aufstellen[45]. Im Zweifel ist aber wieder davon auszugehen, daß die Gefahr für den Untergang, Verlust oder Verschlechterung der Abnehmer trägt, sobald er die Verpackung in seinen Händen hat[46]. Die Gefahr und die Kosten treffen ihn auch für den Rücktransport der Säcke zum Abfüller[47].

Miete hat der Abnehmer bis zum Eintreffen der Säcke beim Abfüller zu entrichten[48]. Mit dem Verlust der Säcke beim Abnehmer endet das Mietverhältnis. Von diesem Augenblick an kann kein Mietzins mehr für die Zukunft erhoben werden, jedoch hat der Abfüller einen Anspruch auf Ersatz des Wertes[49]. Liefert der Abnehmer die Säcke nicht zurück und ist der Verlust oder

[39] Wegen § 11 Nr. 7 AGBG wird aber zusätzlich zugleich festgelegt, daß die Beschränkung auf den Wert der Lieferung nicht bei vorsätzlichem oder grob fahrlässigem Verhalten des AGB-Verwenders gilt.

[40] Die Klausel lautet dann bspw.: „Mietbehälter sind sofort nach Entleerung mit einem Überdruck von mindestens 0,5 bar an das Lieferwerk zurückzugeben".

[41] Vgl. oben, 1. Kapitel, 3. Abschnitt B I 4 i).

[42] Siehe oben, A II.

[43] OLG Stuttgart (Nebensitz Karlsruhe), NJW 1949, 68; Schlegelberger, § 380 Rz. 4.

[44] Düringer-*Hachenburg*, Bd. V. Einl. Anm. 45; Soergel-*Lippisch/Häuser*, vor § 607 Rz. 37; Staub-*Brüggemann*, § 380 Rz. 12.

[45] Vgl. Schlegelberger, § 380 Rz. 3.

[46] OLG Stuttgart (Nebensitz Karlsruhe), NJW 1949, 68.

[47] ROHG 13, 367; Staub-*Brüggemann*, § 380 Rz. 12; a. A. Düringer-*Hachenburg*, Bd. V Einl. Anm. 45.

[48] Staub[3]-*Brüggemann*, § 380 Anm. 6 a.

Untergang nicht gewiß, läuft die Miete nicht unbegrenzt weiter. Fordert der Abfüller die Verpackungen nämlich erst nach so langer Zeit zurück, daß inzwischen die Miete übermäßig angewachsen ist, kann über § 242 BGB ein Mietzinsverzicht angenommen werden[50].

Der Anspruch auf die Sackmiete gem. § 535 S. 2 BGB und der Anspruch auf die Rückgabe der Säcke gem. § 556 BGB unterliegen wie die dinglichen Ansprüche[51] der zwei- bzw. vierjährigen Verjährungsfrist des § 196 I Ziff. 1, II BGB.

---

[49] Vgl. RGZ 99, 230 (232); ROHG 19, 306; Düringer-*Hachenburg*, Bd. V Einl. Anm. 45.

[50] RG SeuffA 50 Nr. 155 (S. 263); Staub-*Brüggemann*, § 380 Rz. 12.

[51] Vgl. oben, 1. Kapitel, 3. Abschnitt B I 4 i).

3. Kapitel

Mehrweg-Paletten

1. Abschnitt

Definition, Arten, Funktion und Vorkommen

A. Definition und Arten

Obwohl der Begriff der Palette in einer nahezu unüberschaubaren Vielzahl[1] von Gütenormen und DIN-Normen, frachttariflichen Vereinbarungen und sonstigen Bestimmungen und Verordnungen auftaucht, existiert weder ein rechtlich geschlossenes System bezüglich des Umgangs mit Paletten[2], noch gibt es eine allgemeinverbindliche gesetzliche Begriffsbestimmung[3]. In Anlehnung an die Definition in dem Merkblatt Nr. 435-1 des Internationalen Eisenbahnverbandes (UIC) werden im folgenden unter dem Begriff Paletten Ladeplatten ohne oder mit Aufbau verstanden, die dazu dienen, Güter zusammenzufassen, um eine Ladeeinheit zu bilden[4].

In der Praxis kommen über 20 verschiedene Arten[5] von Paletten vor, wobei der Hauptunterschied in den Palettenmaßen liegt. Während die überwiegende Zahl der Palettenarten aber einen nur begrenzten Anwendungsbereich — vornehmlich den Werksverkehr und den Hafenumschlag[6] — hat, haben sich 2 Arten im Transport- und Handelsgewerbe allgemein durchgesetzt. Es handelt sich dabei um die sog. „Euro-Pool-Palette"[7] und die „Euro-Pool-Gitterbox"[8],

---

[1] Eine Übersicht gibt Eyl, Kaufrechtliche Aspekte des Palettenverkehrs, transpR 1984, 237 (238).

[2] Ebenso: Eyl, ebenda; Willenberg, Rechtsfragen des Palettenverkehrs auf der Straße, transpR 1985, 161.

[3] Willenberg, ebenda.

[4] Weiter heißt es in dem Merkblatt: „Die Paletten sind besonders dazu eingerichtet, um das Befördern, Lagern und Stapeln mit Flurförderfahrzeugen und Ladeeinrichtungen zu ermöglichen. Sie sind unten mit Einfahröffnungen versehen, die mit den genormten Elementen der Lager- und Transporteinrichtungen abgestimmt sind."

[5] Vgl. die Aufstellung bei Eyl, transpR 1984, 237, und Krenkel, Der Euro-Paletten-Pool — eine Bilanz über zwei Jahrzehnte, Die Bundesbahn 1978, 445 (449).

[6] Krenkel, ebenda.

[7] Die in der UIC zusammengeschlossenen 19 europäischen Eisenbahnverwaltungen haben, um die Paletten untereinander tauschfähig zu machen, bestimmte genormte Anforderungen an die Qualität einer europäischen Vierweg-Flachpalette aufgestellt. Nach

auf die sich die Untersuchung der Rechtsprobleme wegen deren großen Verbreitung im folgenden konzentriert.

B. Funktion und Vorkommen

Paletten nehmen primär folgende Funktionen wahr[9]: Sie stellen ein Transport-, Lade- und Lagerhilfsmittel dar, das aufgrund der genormten Fläche von 800 x 1200 mm den vorhandenen Platz optimal auszunutzen hilft. Die „Tauschbarkeit" von Paletten vor allem im sog. „Paletten-Pool"[10] garantiert ferner eine ununterbrochene Transportkette vom Absender bis zum Empfänger. Nicht zuletzt dadurch wird gewährleistet, daß Güter besser und schonender behandelt werden und der Palettenverwender erspart sich obendrein Verpackungs- und somit auch Frachtkosten, zumal für beladene Paletten im Transportgewerbe grundsätzlich Tarafreiheit besteht[11]. Darüber hinaus bildet die Palette zusam-

---

dem UIC-Merkblatt 435 — Teil 2 (Gütenormen für eine europäische Vierweg-Flachpalette aus Holz mit den Abmessungen 800 x 1200 mm), 5. Ausgabe, muß die „Euro-Pool-Palette" besonders gekennzeichnet sein. Dies erfolgt durch das Zeichen EUR im Oval auf dem rechten Eckklotz, dem Zeichen der zulassenden Bahnverwaltung (also z. B. DB für Deutsche Bundesbahn) auf dem linken Eckklotz und durch eine auf dem Mittelklotz eingebrannte Code-Nummer, die Hersteller und Baujahr der Palette erkennen läßt. Ferner befindet sich auf dem Mittelklotz noch das beim RAL (Ausschuß für Lieferbedingungen und Gütesicherung beim Rationalisierungs-Kuratorium der Deutschen Wirtschaft) als Verbandszeichen registrierte Gütezeichen „RAL-RG 993", soweit die Palette in der Bundesrepublik Deutschland hergestellt wurde.

Das Verbandszeichen RAL ist eingetragen für die Gütegemeinschaft Paletten e.V. Dieser Verein verfolgt satzungsgemäß den Zweck, die Gütesicherung von Paletten und Palettenhilfsgeräten durchzuführen. Nur die neu hergestellten Paletten, die nach einer Gütekontrolle den Qualitätsanforderungen entsprechen, erhalten das Verbandszeichen und werden von den Palettenverwendern als tauschbar akzeptiert. Palettenhersteller, die von der Gütegemeinschaft Paletten e.V. nicht abgenommene Paletten in den Verkehr bringen, begehen bei bestehender Verwechselungsgefahr mit den tauschfähigen „Euro-Pool-Paletten" einen Wettbewerbsverstoß nach § 3 UWG, der von dem Verein gem. § 13 UWG gerichtlich geltend gemacht werden kann (OLG Bamberg, transpR 1985, 75; LG Tübingen, transpR 1985, 77).

Hinweis: Die Bezeichnung der vorab beschriebenen Palette als „Euro-Pool-Palette" ist nicht einheitlich. Teilweise werden auch die Begriffe Pool-Palette, Flach-Palette, Tausch-Palette oder Euro-Palette verwendet (vgl. Eyl, transpR 1984, 237).

[8] Nach der Gütenorm für eine Europäische Vierweg-Boxpalette „Y" aus Stahl mit den Abmessungen 800 mm x 1200 mm (UIC-Merkblatt Nr. 435 — Teil 3, 5. Ausgabe) i. V. mit DIN-Norm 15155 (Abmessungsnorm) und DIN-Norm 15156 (Gütenorm) sind diese Paletten wie die „Euro-Pool-Paletten" mit dem Zeichen EUR, dem Zeichen der zulassenden Bahnverwaltung, der Herstellercodenummer und dem Gütezeichen „RAL-RG 993" ausgestattet. Letzteres findet sich allerdings wieder nur bei den in der Bundesrepublik Deutschland hergestellten Gitterboxen.

[9] Vgl. Eyl, transpR 1984, 237 und Krenkel, Die Bundesbahn 1978, 445 (447).

[10] Zur Darstellung des Paletten-Pool-Systems siehe unten, 2. Abschnitt A.

[11] Eine Ausnahme gilt für den Güternahverkehr (§ 2 GüKG) nach Tafel III des Güternahverkehrstarifs für Kraftfahrzeuge (GNT). Vgl. OLG Nürnberg, transpR 1985, 70 (72).

men mit dem Gut eine Verpackungs- und Versandeinheit und erleichtert so die Übersicht und Kontrolle über die zu transportierenden oder zu lagernden Güter.

Die „Euro-Pool-Palette" und die „Euro-Pool-Gitterbox" wurden ursprünglich im Rahmen des „Deutschen Paletten-Pools" und des „Europäischen Paletten-Pools" vorwiegend im Eisenbahntransportverkehr eingesetzt. Aufgrund der dargelegten Funktionen und Vorteile für den Palettenverwender haben Paletten im Laufe der Zeit Einzug in jede Sparte des Transportgewerbes gefunden, sei es im Luft-, Schiffahrts- oder Güterkraftverkehr[12]. Insbesondere beim letzteren, hier speziell im Speditionswesen, ist der Einsatz von Paletten heute nicht mehr wegzudenken[13].

[12] Im folgenden beschränkt sich die Untersuchung der Rechtsprobleme auf die Hauptanwendungsbereiche des Paletteneinsatzes, nämlich den Eisenbahn- und den Güterkraftverkehr. Soweit bei der Verwendung von Paletten im Luft- und Schiffahrtsverkehr Unterschiede zu der Verwendung von Containern bestehen, werden diese im 4. Kapitel (Container) hervorgehoben.

[13] So auch OLG Frankfurt, transR 1986, 354 (356).

2. Abschnitt

Die Problematik des sog. „Palettentausches", Eigentumsverhältnisse und Schuldvertragstypen

Die Bewertungen der Eigentumsverhältnisse und Schuldvertragstypen bei der „Euro-Pool-Palette" und der „Euro-Pool-Gitterbox" (beide Arten von Paletten werden im folgenden unter der auch im Transportgewerbe gängigen Bezeichnung Pool-Paletten zusammengefaßt) sind in ihren Ergebnissen abhängig von der Handhabung des sog. "Palettentausches". Der „Palettentausch" birgt, insbesondere im Güterstraßentransport, eine Fülle rechtlicher Probleme[1]. Zum besseren Verständnis wird zunächst auf den „Palettentausch" und die Eigentumsverhältnisse und Schuldvertragstypen im sog. „Paletten-Pool" und erst anschließend im Gütertransport auf der Straße eingegangen.

A. Der Palettenverkehr im „Paletten-Pool"

Aus dem Bedürfnis heraus, für sämtliche in der Bundesrepublik Deutschland tätigen Verkehrsträger und -nutzer ein einheitliches Palettengrundmaß festzulegen und diese Paletten unter den einzelnen Verkehrsträgern tauschbar zu machen, wurde am 01.01.1960 unter maßgeblicher Mitwirkung der Deutschen Bundesbahn der „Deutsche-Paletten-Pool" gegründet. Diesem folgte ein Jahr später die Gründung des „Europäischen-Paletten-Pools" (EPP) unter Anschluß von mittlerweile 19 europäischen Bahnverwaltungen.

I. Zweck und Ablauf des „Palettentausches"

Der Zweck des „Palettentausches" liegt darin, den direkten Rücktransport von leeren Paletten vom Empfänger zum Absender — man spricht insoweit von Palettenleerläufen — zu vermeiden. Denn der Palettenleerlauf bindet Transportkapazitäten und verursacht so erhebliche Kosten.

Der „Palettentausch" selber läuft wie folgt ab: Um die Vorzüge des Pool-Systems wahrnehmen zu können, ist eine Mitgliedschaft im „Paletten-Pool" Voraussetzung. Diese erwirbt man im Bereich der Deutschen Bundesbahn (DB) durch den schriftlichen Abschluß der „Vereinbarung über den Tausch von Pool-Paletten"[2] mit der zuständigen Bundesbahndirektion. Dieser Vereinbarung

---

[1] Vgl. nur die umfangreiche Rechtsprechung dazu in transpR 1984, 248-264, transpR 1985, 56-79 und 299-303.

werden, quasi als Allgemeine Geschäftsbedingungen, die „Allgemeine Bestimmungen über den Tausch von Pool-Paletten mit den Eisenbahnen in der Bundesrepublik Deutschland“[3] zugrunde gelegt. Das neue Mitglied, das selber Pool-Paletten bereits in bestimmter Anzahl vorrätig hat, verpflichtet sich durch den Abschluß obiger Vereinbarungen, mit der für ihn vorher festgelegten Güterabfertigung der DB Pool-Paletten zu tauschen. Liefert das Mitglied der Güterabfertigung palettierte Ware für den Transport mit der DB an, erhält es DB-eigene leere Paletten gleicher Anzahl, Art und Güte zurück. Andererseits hat das Mitglied der Güterabfertigung eigene leere Paletten zu übergeben, soweit es palettierte Ware von dieser entgegennimmt. Zur Vereinfachung des „Tauschverfahrens“ führt die DB für ihre Großkunden Palettenkonten, auf denen der tägliche Saldo ermittelt wird, der von den Kunden bis zum nächsten Werktag auszugleichen ist. Im Unterschied zum übrigen Verkehrsgewerbe läuft der „Palettentausch“ im Pool-System wegen der eindeutigen rechtlichen Konstruktion, insbesondere der ausdrücklichen Verpflichtung zur Rückgewähr von Leerpaletten für denjenigen, der beladene Paletten übernommen hat, weitgehend reibungslos ab[4].

II. Eigentumsverhältnisse

Im „Paletten-Pool“[5] werden Paletten rechtsgeschäftlich gemäß § 929 S. 1 BGB unter Eigentumsübergang ausgetauscht, d.h. in einer Transportkette Absender — DB — Empfänger geht regelmäßig mit der Übergabe von Paletten durch den Absender an die Güterabfertigung das Eigentum auf die DB und von dieser bei Auslieferung an den Empfänger auf letzteren über.

Im Verhältnis Absender — DB ist dabei eine Einigung i. S. von § 929 S. 1 BGB über den Eigentumsübergang in der Ausfertigung und Entgegennahme des sog. Paletten-Kontrollscheins zu sehen. In dem Paletten-Kontrollschein, der die palettierte Ware auf dem Transport zum Empfänger begleitet, findet sich folgender Passus: „Mit Übergabe oder Übernahme des Paletten-Kontrollscheins gelten die Bedingungen für den Palettentausch als vereinbart. Dem Absender und Empfänger sind diese Bedingungen bekannt. Hiermit wird Bezug genommen u. a. auf die „Allgemeinen Bestimmungen über den Tausch von Pool-Paletten mit den Eisenbahnen in der Bundesrepublik Deutschland (Paletten-

---

2 Deutsche Bundesbahn, Formular 750 06.

3 Deutsche Bundesbahn, Formular 750/IV.

4 Vgl. Einsatz und Kontrolle von Tauschpaletten, Gutachten der Unternehmensberatung Spedition und Lagerei GmbH, 1982, S. 55.

5 Hier wird nur näher auf die Eigentumsverhältnisse an Paletten im Bereich der DB eingegangen. Beim grenzüberschreitenden Eisenbahnverkehr werden „Paletten gleicher Art und Güte an den Grenzbahnhöfen zwischen den beteiligten Bahnverwaltungen ausgetauscht, so daß im Moment der körperlichen Übergabe auch das Eigentum an der Palette auf den Tauschpartner — nämlich auf die Nachbarbahn — übergeht“, Krenkel, Die Bundesbahn 1978, 445 (446).

Pool)“, die bei Aufnahme in den Paletten-Pool Vertragsbestandteil geworden sind[6]. Unter I. heißt es in den Allgemeinen Bestimmungen: „Pool-Paletten sind Paletten, die von den Eisenbahnen zu einheitlichen Bedingungen mit den Tauschpartnern unter Eigentumsübergang ausgetauscht werden.“ Ein Angebot zur Eigentumsübertragung auf die DB liegt in der Ausfertigung des Paletten-Kontrollscheins durch den Absender — er trägt dort Anzahl und Art der zu tauschenden Pool-Paletten ein — unter anschließender Vorlage bei der Güterabfertigung. Diese nimmt das Angebot nach Prüfung der Paletten auf ihre Gebrauchsfähigkeit[7] dadurch an, daß sie den Palettenschein übernimmt, gegenzeichnet und dem Absender eine Kopie aushändigt. Überläßt die DB im Gegenzug dem Absender leere Paletten, so kommt die Einigung über den Eigentumsübergang mit der Entgegennahme dieser Paletten zustande.

Der Empfänger der palettierten Ware erlangt schließlich das Eigentum an den Paletten von der DB bei der Warenauslieferung. Die Einigung i. S. des § 929 S. 1 BGB ist darin zu sehen, daß die Güterabfertigung dem Empfänger den Paletten-Kontrollschein vorlegt und dieser gegenzeichnet, wobei wiederum die Bedingungen für den Palettentausch als vereinbart gelten.

III. Schuldvertragstypen

Die Hingabe von Paletten stellt nicht eine Nebenpflicht aus dem Transportvertrag, sondern, wie schon bei der gebrauchsweisen Überlassung von Leergut[8], einen selbständigen Vertrag dar, der freilich mit dem Transportvertrag eine wirtschaftliche Einheit bildet. Für einen selbständigen Vertrag spricht neben dem hohen Wert der Paletten[9] auch der Umstand, daß die Parteien die Modalitäten des „Palettentausches“ derart umfangreich geregelt haben.

1. Leih- und Mietvertrag

Ein Leih- oder Mietvertrag[10] liegt der Überlassung von Paletten innerhalb des Pool-Systems nicht zugrunde, denn beide Vertragstypen sind nicht auf Eigentumsübergang ausgerichtet.

---

[6] Siehe oben, I.

[7] Nach IV. der „Allgemeinen Bestimmungen über den Tausch von Pool-Paletten mit den Eisenbahnen in der Bundesrepublik Deutschland“ sind nicht gebrauchsfähige Pool-Paletten vom Palettentausch ausgeschlossen. Gemäß I.(5) der „Vereinbarung über den Tausch von Pool-Paletten“ sind Pool-Paletten nicht gebrauchsfähig, „die wegen Schäden, Verschmutzung, Rückständen oder eines anhaltenen Geruchs nicht allgemein verwendet werden oder Personen, Güter, Fahrzeuge und Geräte gefährden können; insbesondere darf die Stapelfähigkeit nicht beeinträchtigt sein. Alte Bezeichnungen müssen entfernt sein.“

[8] Siehe oben, 1. Kapitel, 3. Abschnitt B I.

[9] Nach Einsatz und Kontrolle von Tauschpaletten, Gutachten, S. 39, betrug der durchschnittliche Verkaufspreis für die „Euro-Pool-Palette“ im Januar 1981 19,30 DM und für die „Euro-Pool-Gitterbox“ 135,80 DM.

2. Kaufvertrag mit Rückverkaufsverpflichtung

Da Pool-Paletten unter Eigentumsübergang ausgetauscht werden, käme insoweit ein Kaufvertrag in Betracht. Jedoch scheitert dieser bereits am Fehlen eines Kaufpreises. Zwar erhebt die DB für jede zu tauschende Palette ein Entgelt in Höhe von 2,50 DM für die „Euro-Pool-Palette“ und 6 DM für die „Euro-Pool-Gitterbox“. Nur ist dieses Entgelt von den Parteien ausdrücklich als eine „Tauschgebühr“ zur Kostensenkung bei der DB vereinbart[11] und nicht etwa als Gegenleistung für die Übereignung der Paletten gedacht. Dafür spricht nicht zuletzt auch die im Verhältnis zum wahren Wert[12] der Paletten viel zu niedrige „Tauschgebühr“.

3. Tausch- und Darlehnsvertrag

Aufgrund der bestehenden dinglichen Rechtslage könnte in der Palettenüberlassung neben einem Darlehnsvertrag ebenso — dem Wortlaut der „Allgemeinen Bestimmungen über den Tausch von Pool-Paletten“[13] entsprechend — ein Tauschvertrag[14] gesehen werden. Für letzteren gilt diese Vermutung insbesondere in den Fällen, in denen die Parteien Paletten Zug-um-Zug, also beladen gegen leer und umgekehrt, bei der Güterabfertigung austauschen. Definiert man aber den Tausch als „Umsatz eines individuellen Wertes gegen einen anderen individuellen Wert“[15], so spricht hier scheinbar gegen einen Tauschvertrag, daß die Parteien keine individuell bestimmten Gegenstände umsetzen wollen. Der Palettenübergeber erwartet vom Empfänger lediglich, daß dieser ihm im Gegenzug Paletten gleicher Anzahl, Art und Güte, mithin also eine Gattungssache aushändigt. Dieser Umstand allein kann aber nicht zur Ablehnung eines Tauschvertrages führen[16]. Dabei bliebe nämlich außer acht, daß die heute ganz überwiegende Auffassung im Schrifttum[17] auch Gattungssachen beim vorliegenden Vertragstypus für austauschbar hält.

Gegen das Vorliegen eines Tauschvertrages spricht indes der Parteiwille. Wie sich aus der „Vereinbarung über den Tausch von Pool-Paletten“[18] entnehmen

---

[10] Einen Mietvertrag im Speditionsverkehr nehmen das OLG Karlsruhe (transpR 1985, 301, 302) und das AG Landau (transpR 1985, 302, 303) an. Zur Kritik daran, siehe unten, B III 2 a).

[11] Vgl. VII. der „Vereinbarung über den Tausch von Pool-Paletten“ (DB-Formular 750 06).

[12] Siehe oben, Fn. 9.

[13] DB-Formular 750/IV.

[14] So für den Palettenverkehr auf der Straße: AG Hannover, transpR 1985, 60 (61); Decker, DVZ 1986, 38 (39); wohl auch Eyl, transpR 1984, 237 (244).

[15] Mot. II, S. 366; RGZ 50, 285 (287); 73, 88 (89).

[16] So aber Haake, BB 1982, 1389 (1390).

[17] Vgl. nur Müko-*H. P. Westermann*, § 515 Rz. 1; Palandt-*Putzo*, § 515 Anm. 1 a; Std.-*Mayer-Maly*, § 515 Rz. 1; Soergel-*Huber*, § 515 Rz. 1.

[18] DB-Formular 750 06.

läßt, sind die durch die Annahme und Ausgabe beladener Paletten entstandenen Palettenschulden nicht im Zug-um-Zug-Austausch, sondern erst am nächsten Werktag auszugleichen. Die Parteien haben demnach weniger das Tätigen eines Umsatzgeschäftes[19], d.h. die Verpflichtung, Sachen, Rechte oder sonstige Vermögenswerte endgültig in die volle rechtliche Verfügungsmacht des anderen Teils gegen Entgelt zu überführen[20], vor Augen. Im Vordergrund steht vielmehr der Wille zur Hingabe einer Gattungssache unter gleichzeitiger Verpflichtung der Gegenseite, Paletten gleicher Art und Güte bis zum nächsten Werktag zurückzugewähren. Der Rückgewähranspruch auf eine Gattungssache, also ein Wesensmerkmal des Darlehns[21], steht somit im Mittelpunkt der Parteivereinbarung. Folglich ist der Palettenüberlassungsvertrag als Darlehn[22] zu qualifizieren. An diesem Ergebnis ändert auch die Tatsache nichts, daß die DB gem. der „Vereinbarung über den Tausch von Pool-Paletten" eine „Tauschgebühr" erhebt oder etwa Verzögerungsgebühren für das Nichteinhalten der festgesetzten Tauschfristen verlangt. Denn die Unentgeltlichkeit ist, wie § 608 BGB zeigt, kein zwingendes Merkmal des Darlehnsvertrages[23].

4. Vertragsausgestaltung

Der zustandegekommene Darlehnsvertrag zwischen Absender und Bahn oder Bahn und Empfänger ist wie folgt ausgestaltet[24]: Haftungsmaßstab für Vertragsverletzungen im Zusammenhang mit der Palettenübergabe sind die §§ 276, 278 BGB[25]. Die Gefahr für den zufälligen Untergang oder die zufällige Beschädigung trägt bis zur Übergabe der Paletten an den Vertragspartner der jeweilige Eigentümer. Einwände gegen Beschädigungen oder den sonstigen Zustand der Paletten sind bei der Übernahme anzubringen, spätere Reklamationen werden nicht anerkannt[26]. Den jeweiligen Eigentümer der Paletten trifft die Pflicht, auf eigene Kosten Schäden zu beseitigen und unbrauchbare Paletten zu erneuern[27]. Der Anspruch auf Palettenrückerstattung verjährt im Verhältnis

---

[19] Wie der Kauf stellt auch der Tausch ein Umsatzgeschäft dar (vgl. Müko-*H. P. Westermann*, § 515 Rz. 1).

[20] Soergel[10]-*Ballerstedt*, vor § 433 Rz. 1.

[21] Vgl. Mot II, S. 306.

[22] Ebenso die ganz h. M. für den Palettenverkehr auf der Straße, siehe unten, 2. Abschnitt B III. Fn. 15.

[23] Ebenso Haake, BB 1982, 1389 (1390).

[24] Zur Problematik der Verzögerungsgebühren und zu der Frage, ob an Paletten ein Zurückbehaltungsrecht bestehen kann, vgl. unten, B III 3 e) und 3. Abschnitt A.

[25] § 454 HGB und §§ 82ff. EVO (Eisenbahn-Verkehrsordnung) greifen dagegen ein, soweit es um Verlust oder Beschädigung des Guts wie der Palette (siehe unten, 4. Abschnitt B) geht.

[26] Das ergibt sich aus den „Allgemeinen Bestimmungen über den Tausch von Pool-Paletten" (DB-Formular 750/IV) in Verbindung mit den entsprechend lautenden Vertragsklauseln in den Paletten-Kontrollscheinen.

[27] So IV. der „Allgemeinen Bestimmungen über den Tausch von Pool-Paletten" (DB-Formular 750/IV).

Versender — DB als den an dem Frachtvertrag beteiligten Parteien nach § 94 EVO[28] in einem Jahr. Im Verhältnis DB — Empfänger unterliegt der Anspruch der regelmäßig vierjährigen Verjährungsfrist des § 196 I Ziffer 1, II BGB bzw. der zweijährigen Frist des § 196 I Ziffer 3 BGB.

B. Der Palettenverkehr außerhalb des Paletten-Pools mit Schwerpunkt im Güterkraftverkehr[1]

I. Der „Palettentausch“

Außerhalb des Paletten-Pools der DB fehlt es an einer das Tauschverfahren regelnden eindeutigen rechtlichen Konstruktion. Zwar schließen sich immer häufiger Spediteure und Frachtführer zum sog. „Ringtausch“[2] zusammen, jedoch bleibt dies regelmäßig auf eine begrenzte Teilnehmerzahl von ständig kooperierenden Firmen beschränkt. Ein bundesweiter Paletten-Pool unter Anschluß sämtlicher Verkehrsträger und -nutzer wird wohl allgemein für wünschenswert erachtet, scheint aber aus Kostengründen nicht realisierbar zu sein[3].

Im Mittelpunkt der Problematik des „Palettentausches“ steht die Frage nach der Verpflichtung zur Rückgabe von Leerpaletten. Diese Frage ist deswegen so relevant, weil insbesondere die Unternehmen im Transportgewerbe für ihre Dienste ständig eine gewisse Anzahl von Leerpaletten vorrätig halten müssen. Ein Unternehmen mit hohen Palettenaußenständen ist daher gezwungen, über Gebühr in den eigenen Palettenbestand zu investieren.

Die Schwierigkeiten bei der Beantwortung der Frage resultieren zum einen aus den zahlreichen in der Praxis existierenden Palettentausch-Verfahren. Nach dem Gutachten der Unternehmensberatung Spedition und Lagerei GmbH (USL) lassen sich zumindest 4 Grundtypen festmachen[4]:

„a) Der Versender / Absender übergibt das Transportgut auf eigenen Paletten und erwartet die körperliche Rückführung von Paletten gleicher Anzahl, Art und Güte nach einem angemessenen Zeitraum.

---

[28] Daß der Rückerstattungsanspruch aus dem Palettendarlehn bezüglich der Verjährung den Sonderregeln für den Beförderungsvertrag folgt, ist unbestritten (siehe unten, B III 3d) aa)).

[1] Wie schon bei der Erörterung des Paletten-Pool-Systems erfolgt auch hier eine Beschränkung auf die Rechtslage im innerdeutschen Palettenverkehr.

[2] Der Ausgleich von Palettenschulden wird beim „Ringtausch“ dadurch gesucht, daß der Palettenschuldner dem Palettengläubiger Paletten bei einem Dritten anbietet, bei dem er ein Guthaben hat. Vgl. Einsatz und Kontrolle von Tauschpaletten, Gutachten, S. 43f.

[3] Einsatz und Kontrolle von Tauschpaletten, Gutachten, S. 52.

[4] Einsatz und Kontrolle von Tauschpaletten, Gutachten, S. 55; ebenso Willenberg, transpR 1985, 161 (165).

b) Der Versender/Absender übergibt das Transportgut auf eigenen Paletten und erwartet die kurzfristige Rückgabe von Paletten gleicher Anzahl, Art und Güte, bevor ein körperlicher Rücktransport der dem Empfänger beladenen zugeführten Paletten möglich ist.

c) Der Versender/Absender verlangt bei Übergabe der beladenen Paletten Überlassung leerer Paletten gleicher Anzahl, Art und Güte (Zug-um-Zug-Tausch).

d) Der Spediteur/Frachtführer stellt dem Versender/Absender vor Übernahme beladener Paletten leere Paletten zur Verfügung. Der Spediteur/Frachtführer tritt in Vorlage.“

Zum anderen ergeben sich Schwierigkeiten daraus, daß es zu Überschneidungen in den Rechtsbeziehungen innerhalb einer Transportkette kommen kann. So steht bspw. der Empfänger nicht nur in Rechtsbeziehungen zum Empfangsspediteur[5], sondern auch zum Versender, so daß Palettenrückgewähransprüche möglicherweise aus beiden Rechtsbeziehungen abgeleitet werden können[6].

1. Verpflichtung zur Rückgewähr von Leerpaletten kraft Handelsbrauch

Für die Beteiligten an einer Transportkette, bestehend aus Versender/Absender — Versandspediteur — Frachtführer — Empfangsspediteur — Empfänger, ist der Palettenverkehr, d.h. Ankauf, Verwendung, Weitergabe und Austausch von Paletten, grundsätzlich als Handelsgeschäft i.S. von § 343 HGB zu werten[7]. Die von § 343 HGB vorausgesetzte Kaufmannseigenschaft folgt dabei für Frachtführer und Spediteure aus § 1 II Nr. 5 und 6 HGB. Aber auch Versender/Absender und Empfänger der palettierten Ware sind regelmäßig Kaufleute, zumal § 343 HGB die Eigenschaft als Minderkaufmann genügen läßt[8].

Die Qualifizierung des Palettenverkehrs als Handelsgeschäft drängt die Prüfung der Frage auf, ob nicht aufgrund tatsächlicher Übung eine Pflicht zur Rückgabe von Paletten kraft Handelsbrauch i.S. von § 346 HGB anzunehmen ist. Der Rechtsprechung zufolge besteht zumindest örtlich eine dahingehende Verpflichtung. Für den Hamburger Raum hat das OLG Hamburg[9] den Handelsbrauch festgestellt, „daß Spediteure und Frachtführer, die Stückgüter auf Paletten zur Versendung übernehmen, diese oder eine entsprechende Anzahl von Leerpaletten gleicher Art und Güte zurückzugewähren haben“. Entgegengesetzt entschieden hat mehrfach das OLG Düsseldorf. So soll weder der

---

[5] So aber scheinbar Einsatz und Kontrolle von Tauschpaletten, Gutachten, S. 56.

[6] Vgl. hierzu auch KG, transpR 1985, 299 (300).

[7] Ebenso Eyl, transpR 1984, 237 (239) und Willenberg, transpR 1985, 161 (165).

[8] Baumbach/Duden/Hopt, HGB, § 343 HGB Anm. 1.

[9] OLG Hamburg, transpR 1984, 249. Das Gericht stützt seine Entscheidung auf ein Umfrage der Handelskammer Hamburg.

Frachtführer[10], der vom Versender palettierte Ware übernommen hat, diesem, noch der Unterfrachtführer[11] dem Frachtführer, noch der Empfangsspediteur[12] dem Frachtführer gegenüber kraft Handelsbrauch zur Rückgewähr von Leerpaletten verpflichtet sein. Einen entsprechenden Handelsbrauch verneint haben auch das LG Mannheim[13] für das Verhältnis Empfangsspediteur — Versandspediteur und das LG Bonn[14] für das Verhältnis Spediteur — Versender. Ausdrücklich offengelassen wurde die Frage des Bestehens eines Handelsbrauches zur Rückgewähr von Leerpaletten vom OLG Celle[15] und vom LG Offenburg[16]. Zwar nicht als Handelsbrauch, aber doch als für das Transport- und Frachtgewerbe „übliche Praxis“ kennzeichnen es zahlreiche Entscheidungen[17], daß derjenige, der Paletten erhält, verpflichtet ist, sie in gleicher Anzahl, Art und Güte baldmöglichst zurückzugeben.

Nach der Auffassung von Willenberg[18] sind die den Handelsbrauch ablehnenden Entscheidungen aus der Sicht der Beteiligten im Transportgewerbe zutiefst unbefriedigend. Er hält es aufgrund der tatsächlichen Gegebenheiten — starke Verbreitung der Paletten in der Transportbranche, Tauschfähigkeit, erheblicher Wert — für an der Zeit, daß die Gerichte einen Handelsbrauch dahingehend feststellen, „daß derjenige, der Stückgüter auf Paletten zur Versendung übernimmt, eine entsprechende Anzahl von Leerpaletten gleicher Art und Güte zurückzugewähren hat.“

Bei näherer Prüfung stellt sich heraus, daß für diese Auffassung gewichtige Argumente sprechen. Der so formulierte Handelsbrauch bereitet Versendern

---

[10] OLG Düsseldorf, Urt. v. 4.3.1982, transpR 1984, 250 = VersR 1983, 583f. und OLG Düsseldorf, Urt. v. 30.12.1982, transpR 1984, 17 (18) = transpR 1984, 264 (L) = VersR 1983, 872f.

[11] OLG Düsseldorf, Urt. v. 11.1.1973, transpR 1984, 251 (252). Durch ein Redaktionsversehen ist das Urteil fälschlicherweise als vom OLG Köln ergangen gekennzeichnet.

[12] KG, transpR 1985, 299 (301).

[13] LG Mannheim, transpR 1984, 256 (257). Wie Willenberg, transpR 1985, 161 (166), richtigerweise ausführt, betrifft die Entscheidung aber mehr die Verpflichtung zur Rückholung der Paletten vom Empfänger durch den Empfangsspediteur.

[14] LG Bonn, transpR 1984, 258. Das Gericht lehnt das Bestehen eines Handelsbrauches zwar nicht ausdrücklich ab, findet aber keinen Anhaltspunkt für eine Verpflichtung zur Rückführung von Leerpaletten.

[15] OLG Celle, transpR 1984, 253 (254).

[16] LG Offenburg, transpR 1985, 194.

[17] OLG Frankfurt, transpR 1986, 354 (355); KG, transpR 1985, 299 (300); OLG Frankfurt, transpR 1984, 248 (249); OLG Düsseldorf, transpR 1984, 17 (19) und transpR 1984, 250 (251); LG Köln, transpR 1984, 264; LG Bielefeld, transpR 1985, 56 (57); LG Berlin, transpR 1985, 62; LG Krefeld, transpR 1985, 64 (67); AG Calw, transpR 1985, 59; AG Hannover, transpR 1985, 60 (61).

[18] Willenberg, transpR 1985, 161 (166). Zur Feststellung des Handelsbrauches sollten die Gerichte, insbesondere die Kammern für Handelssachen, auch „ohne umfangreiche Gutachten der örtlichen Handelskammern aus eigener Sachkunde heraus in der Lage sein“.

und Transportführern keine unnötigen Verrechnungsschwierigkeiten, ist leicht zu handhaben und damit in besonderem Maße gerade für das unter Zeitdruck arbeitende Transportgewerbe praktikabel. Da die Palettenrückführung in diesem Gewerbe zudem, wie durch zahlreiche Gerichtsentscheidungen bestätigt, branchenüblich ist, die Zustimmung der Beteiligten findet und über einen schon längeren Zeitraum praktiziert wird, liegen an sich die Voraussetzungen[19] für die Herausbildung eines Handelsbrauches vor.

Dagegen fehlt es den Gerichten, die die Rückführung als lediglich „übliche Praxis“ anerkennen, an dem für die Feststellung eines Handelsbrauches im Unterschied zur Branchenüblichkeit[20] darüber hinaus erforderlichen verpflichtenden Charakter der Übung[21]. Wenn sich aber ein Verfahren in der Branche derart durchgesetzt und bewährt hat und obendrein die Zielvorstellung aller Beteiligten, nämlich die kostspieligen Palettenleerläufe zu vermeiden, geradezu optimal verwirklicht, so kann doch am Verpflichtungswillen nicht generell gezweifelt werden. Denn einer Handlungsweise, die sich den wirtschaftlichen Gegebenheiten auf eine solche Weise anpaßt, daß sie für jeden Beteiligten finanzielle und organisatorische Vorteile birgt, liegt auch regelmäßig ein Rechtsbindungswille zugrunde.

Allerdings ist dem OLG Düsseldorf[22] darin zuzustimmen, daß in dem Fall Zweifel am verpflichtenden Charakter der Übung aufkommen, in dem der Empfänger dem anliefernden Unternehmer keine leeren Paletten herausgeben kann. Dies kommt dann vor, wenn der Empfänger sonst am Palettenverkehr nicht teilnimmt und daher keine Paletten zum Tausch anbieten kann. Würde man jetzt mit Willenberg eine Verpflichtung des Transportunternehmers kraft Handelsbrauches zur Rückgewähr von Leerpaletten seinem Auftraggeber gegenüber anerkennen, so müßte er an diesen Paletten zurückführen, ohne selbst eine gesicherte Aussicht darauf zu haben, die dem Empfänger übergebenen Paletten zurückzuerlangen. Denn zum einen hat er gegen den Empfänger regelmäßig weder einen vertraglichen[23] noch einen dinglichen[24] Herausgabeanspruch bezüglich der übergebenen Paletten. Und zum anderen kann dem

[19] Zu den Voraussetzungen für das Bestehen eines Handelsbrauches vgl. BGH, NJW 1952, 257.

[20] Zum Unterschied zwischen Branchenüblichkeit und Handelsbrauch: OLG Karlsruhe, transpR 1985, 301 (302); Staub-*Ratz*, § 346 Anm. 74.

[21] So ausdrücklich OLG Düsseldorf, transpR 1984, 17 (19).

[22] OLG Düsseldorf, transpR 1984, 17 (19).

[23] OLG Düsseldorf, transpR 1984, 17 (19); Dubischar, § 15 III 2, S. 250.
Ein Herausgabeanspruch des anliefernden Unternehmers läßt sich auch nicht daraus herleiten, daß man den Personenkreis für den hier diskutierten Handelsbrauch auf den Empfänger ausdehnt. Hierfür fehlt es schon an der für die Feststellung eines Handelsbrauches erforderlichen Branchenüblichkeit.

[24] Innerhalb einer Transportkette werden Paletten — bis auf seltene Ausnahmefälle — unter Eigentumsübergang übergeben, siehe unten, II.

Unternehmer auch nicht zugemutet werden, solange zu warten, bis der Empfänger das Transportgut von den Paletten abgeladen hat.

Der von Willenberg für das Transportgewerbe formulierte Handelsbrauch bedarf daher, will er nicht den letzten Unternehmer in einer Transportkette unbillig belasten, einer Einschränkung: Spediteure und Frachtführer, die Stückgüter auf Paletten zur Versendung übernehmen, haben Paletten gleicher Anzahl, Art und Güte zurückzugewähren, soweit sie Paletten vom Empfänger übergeben bekommen[25]. Die Verpflichtung der Transportführer kraft Handelsbrauch entfällt demnach, wenn nachweislich Leerpaletten vom Empfänger nicht herausgegeben werden.

2. Verpflichtung zur Rückgabe von Leerpaletten kraft Parteivereinbarung

Bis zu einer allgemeinen Anerkennung einer Palettenrückgewährpflicht für Spediteure und Frachtführer kraft des hier dargelegten Handelsbrauches durch die Rechtsprechung bleibt zu untersuchen, welche gerade für die Transportbranche spezifischen Parteivereinbarungen statt dessen eine Verpflichtung zur Rückgabe von Leerpaletten gleicher Anzahl, Art und Güte begründen können.

a) Ausdrückliche Parteivereinbarung

In Betracht kommen dabei zunächst vertragliche Verpflichtungen durch ausdrückliche Parteivereinbarungen[26]. Diese werden mündlich, zumeist aber schriftlich und bei Beteiligung eines Spediteurs regelmäßig unter Zugrundelegung der Allgemeinen Deutschen Spediteur-Bedingungen (ADSp) geschlossen[27]. Solche Abreden sind denkbar zwischen allen Gliedern einer Transportkette, also Versender / Absender und Spediteur oder Frachtführer, den Spediteuren und Frachtführern untereinander bspw. im Rahmen der Vereinbarung eines Ringtausches[28], zwischen Spediteur oder Frachtführer und Empfänger und schließlich auch zwischen Versender und Empfänger.

Im Verhältnis Versender — Spediteur / Frachtführer ist zu beachten, daß eine vertragliche Verpflichtung zur Palettenrückgewähr an den Versender nicht schon aus dem abgeschlossenen Speditions- oder Frachtvertrag folgt. Denn, so hat das LG Bonn[29] ausdrücklich festgestellt, der Speditionsvertrag erstreckt sich

---

[25] Vgl. auch LG Bremen, Urt. v. 22.04.1987, Aktz. 5 S 802/86 (unveröffentlicht), wonach der Frachtführer darlegungspflichtig dafür ist, daß der Empfänger Paletten nicht herausgeben kann.

[26] Vgl. OLG Düsseldorf, transpR 1984, 17 (18).

[27] Willenberg, KVO, § 1 Rz. 40.

[28] Siehe oben, Fn. 2.

[29] LG Bonn, transpR 1984, 258f.; ebenso: OLG Frankfurt, transpR 1984, 248 (249); LG Mannheim, transpR 1984, 256 (257); zustimmend: Willenberg, transpR 1985, 161 (166); Einsatz und Kontrolle von Tauschpaletten, Gutachten, S. 56.

nur auf das Speditionsgut und ist mit der ordnungsgemäßen Ablieferung des Guts erfüllt. Zum Speditionsgut gehören aber auch die Paletten als Ladegeräte. Aus diesem Grund kann der Speditionsvertrag eine Rückgewährpflicht nicht begründen. Dafür ist vielmehr der Abschluß einer Sondervereinbarung[30] zwischen den Parteien erforderlich. In der Tendenz ähnlich ist eine Entscheidung des LG Ravensburg[31], wonach mit Ablieferung der verfrachteten Güter die frachtvertragliche Hauptpflicht erfüllt ist. Übernehme der Frachtführer für die Rückfahrt Leerpaletten, auf der diese verloren gehen, so könne deswegen ein Schadensersatzanspruch aus positiver Vertragsverletzung des Frachtvertrages aus dem Gedanken der Fortwirkung vertraglicher Rücksichtspflichten nicht hergeleitet werden.

b) Vertrag zugunsten Dritter

Hat sich schließlich eine Partei aufgrund einer Sondervereinbarung zur Rückführung von Leerpaletten verpflichtet, und wird dieser von ihrer Vertragspartei über einen Frachtführer palettierte Ware zugestellt, so soll nach einer Entscheidung des KG[32] dem Frachtführer kein eigener Herausgabeanspruch auf Leerpaletten aus einem Vertrag zugunsten Dritter gem. § 328 I BGB gegen den Belieferten zustehen. Denn ohne das Vorliegen besonderer Umstände sei es regelmäßig nicht erkennbar im Interesse der aus der Sondervereinbarung eigentlich berechtigten Partei, daß der Frachtführer das Recht auf Rückgabe der Paletten erwerben soll.

Der Frachtführer kann allenfalls dann einen eigenen Anspruch geltend machen, wenn ihm sein Auftraggeber den vertraglichen Herausgabeanspruch abgetreten hat oder, so das KG[33], die Forderung kraft Gesetzes nach § 441 II, III HGB auf ihn übergegangen ist. Ein Forderungsübergang nach § 441 II, III HGB bezüglich des Rückgabeanspruchs auf Leerpaletten ist grundsätzlich, d.h. soweit der Frachtbrief nicht ein anderes bestimmt, zu bejahen, wenn der Frachtführer seinen Vormann[34] befriedigt.

c) Stillschweigende Parteivereinbarung

Fraglich ist, ob nicht eine stillschweigende Parteivereinbarung über die Pflicht zur Palettenrückführung dann anzunehmen ist, wenn die Rückgewähr von Leerpaletten von den Parteien über einen schon längeren Zeitraum ständig praktiziert wird. Denn wenn es zum einen branchenüblich ist, daß Leerpaletten

---

[30] So auch OLG Frankfurt, transpR 1984, 248 (249); Willenberg, transpR 1985, 161 (167).

[31] LG Ravensburg, transpR 1984, 259 (260f.).

[32] KG, transpR 1985, 299 (300).

[33] KG, ebenda.

[34] Vormänner können nach dieser Norm Frachtführer, aber auch Spediteure sein (Baumbach/Duden/Hopt, HGB, § 441 HGB Anm. 1).

zurückzuführen sind, und zum anderen die Parteien dieses Verfahren ständig handhaben, dann läßt sich dieses Parteiverhalten nur so auslegen, daß ein dahingehender Rechtsfolgewillen sowohl beim Übergeber wie beim Übernehmer der Paletten vorhanden ist. Die Hingabe von beladenen Paletten läßt sich demnach als Willenserklärung durch schlüssiges Verhalten mit dem Inhalt verstehen, die Gegenpartei zur Palettenrückgewähr zu verpflichten[35]. Dieses Vertragsangebot nimmt der Empfänger durch Entgegennahme der Palette stillschweigend an[36].

Die überwiegende Auffassung in der Rechtsprechung[37] steht dem jedoch ablehnend gegenüber. Dabei wird der Verpflichtungswille des Palettenübernehmers mit der Begründung verneint, daß für ihn ein erhebliches Haftungsrisiko entsteht und er andernfalls eigene organisatorische Vorkehrungen für die Palettenüberwachung treffen muß[38]. Dem läßt sich allerdings entgegnen, daß der Palettenübernehmer selbst auch von der Palettenverwendung profitiert. Diese ermöglicht ihm eine schnelle und damit kostengünstige Be- und Entladung und/oder platzsparende Lagerung. Es ist daher nicht einzusehen, warum derjenige, der die Vorteile der Palettenverwendung wahrnimmt, nicht auch am Haftungsrisiko beteiligt werden soll.

Auch die Erwägungen des OLG Düsseldorf[39] können in diesem Zusammenhang nicht hinreichend überzeugen. Das Gericht erkennt eine stillschweigende Zusage zur Palettenrückführung nicht an, weil es sich dabei um eine Garantiehaftung ohne Verschulden handele. Denn der Transportunternehmer habe keinen Einfluß darauf, ob und in welchen Mengen er von den Empfängern Leerpaletten zurückerhalte, um diese an den Versender zurückzugewähren. Zwar läßt sich die Gefahr, daß der Transportunternehmer von den Empfängern keine Paletten zurückerhält, nicht von der Hand weisen. Bei ständiger Praktizierung der Rückgewähr zwischen Unternehmer und Versender läßt sich aber zumindest eine bedingte stillschweigende Vereinbarung annehmen. Auflösende Bedingung (§ 158 II BGB) ist in diesen Fällen der Umstand, daß der Empfänger Leerpaletten nachweislich nicht herausgeben kann[40].

---

[35] Ebenso AG Hannover, transpR 1985, 60 (61). Vgl. auch KG, transpR 1985, 299 (300). Grundsätzlich hält das KG einen stillschweigend abgeschlossen Vertrag über die Palettenrückführung aufgrund der „üblichen Praxis“ für möglich. Dies gelte aber nicht in jedem Fall, speziell dann nicht, wenn sich der Übernehmer der beladenen Paletten schon einem Vormann der anliefernden Partei gegenüber ausdrücklich zur Rückführung verpflichtet habe.

[36] Vgl. AG Hannover, transpR 1985, 60.

[37] OLG Düsseldorf, transpR 1984, 17 (19); OLG Frankfurt, transpR 1984, 248 (249); vgl. auch LG Bonn, transpR 1984, 258 (259).

[38] OLG Frankfurt, transpR 1984, 248 (249).

[39] OLG Düsseldorf, transpR 1984, 17 (19).

[40] Vgl. LG Bremen, Urt. v. 22.04.1987, Aktz. 5 S 802/86.

d) Faktischer Vertrag

Das LG Berlin[41] hält einen ausdrücklich abgeschlossenen Vertrag über die Palettenrückgewähr für nicht erforderlich. Eine Verpflichtung zur Rückgabe von Paletten gleicher Anzahl, Art und Güte folgt nach Auffassung des Gerichts schon aus einem faktischen Vertragsverhältnis, wobei zur Begründung die tatsächlichen Gegebenheiten — Üblichkeit des Palettentausches im Speditions- und Frachtgewerbe — angeführt werden.

Diese Rechtsprechung ist abzulehnen. Zwar ist, wie auch das KG[42] in der Berufungsinstanz anmerkt, die Lehre vom faktischen Vertragsverhältnis vom BGH trotz ablehnender Haltung der ganz überwiegenden Literaturmeinung[43] bis heute nicht ausdrücklich aufgegeben worden. Jedoch ist die Anerkennung dieses Instituts vom BGH auf Fälle des sozialtypischen Verhaltens im modernen Massenverkehr[44] und auf fehlerhafte Dauerschuldverhältnisse[45] beschränkt geblieben. Gerade aber unter diese Fälle läßt sich die Problematik der Rückführungspflicht von Leerpaletten in der Transportbranche nicht eingruppieren.

e) Palettenbegleitschein (PBS)

Der Palettenbegleitschein (PBS), auch als Palettenkontrollschein oder schlicht als Palettenschein bezeichnet, wird von den Beteiligten im Transportgewerbe jetzt auch außerhalb des Paletten-Pool-Systems der europäischen Bahnverwaltungen zunehmend benutzt. Anders als im Pool-System existiert aber kein einheitliches Formular, sondern nahezu jedes Unternehmen verwendet Eigenentwürfe, die voneinander in Inhalt, Aufbau, Format und in der Bezeichnung deutliche Abweichungen aufweisen[46]. Dies liegt daran, daß die PBS i. d. R. speziell auf die Belange der sie verwendenden Unternehmen zugeschnitten sind. Um den Problemen, die sich aus dieser Uneinheitlichkeit ergeben, zu begegnen, hat der Bundesverband Spedition und Lagerei e. V. in Zusammenarbeit mit der Unternehmensberatung Spedition und Lagerei GmbH einen neuen einheitlichen PBS entworfen[47], der allen Mitgliedern zur Verwendung dringend empfohlen wird.

---

[41] LG Berlin, transpR 1984, 62.

[42] KG, transpR 1985, 299 (300).

[43] Vgl. nur Medicus, Bürgerliches Recht, Rz. 190ff. und Palandt-*Heinrichs*, vor § 145 Anm. 5, je mit weiteren Nachweisen.

[44] BGHZ 21, 319 (334); 23, 175 (177).

[45] BGHZ 55, 5 (8 f.); BAG, DB 1974, 1531 f.

[46] Vgl. Einsatz und Kontrolle von Tauschpaletten, Gutachten, S. 67.

[47] Anlage 17 des Gutachtens.

aa) Funktion des PBS

Dieser neue PBS hat, wie auch im Grundsatz die schon bisher verwendeten, folgende Funktion[48]: Der PBS, der regelmäßig vom Versender ausgestellt wird, begleitet das palettierte Transportgut bis zum Empfänger. Der Versender vermerkt in dem PBS, der aus einem Mehrfach-Satz besteht, die Anzahl und Art der zu transportierenden Paletten. Auf der dem Versender verbleibenden Kopie quittiert der die palettierte Ware abholende Fahrer die Übernahme der Paletten. Zugleich wird auf dieser Kopie die Anzahl der eventuell vom Fahrer dem Versender überlassenen leeren Paletten festgehalten. Die Übernahme der leeren Paletten quittiert der Versender auf einer Kopie, die dem abholenden Unternehmer verbleibt. Genauso wird das Verfahren auf dem weiteren Transportweg gehandhabt. Jedes Glied der Transportkette erhält auf diese Weise eine Kopie, auf der sowohl die Anzahl der dem Übernehmer des Transportguts übergebenen Paletten, als auch die Anzahl der eventuell dem Vormann überlassenen leeren Paletten festgehalten ist. Das Original des PBS bekommt schließlich der Empfänger und läßt sich darauf vom anliefernden Fahrer, soweit erfolgt, die Rückgabe leerer Paletten bestätigen.

Auf den PBS neueren Datums findet sich darüber hinaus die Klausel, daß die Paletten unter „Anerkennung der Tauschbedingungen“ übergeben werden. Die Tauschbedingungen selber sind, worauf der Übernehmer ausdrücklich hingewiesen wird, regelmäßig auf der Rückseite des Originals und der Kopien abgedruckt und lauten bspw.[49]: „Wir bitten um sofortigen Tausch oder um Anlieferung bis spätestens ... an eines unserer Lager. Die Transportkosten gehen zur Ihren Lasten. Ab diesem Zeitpunkt verpflichten Sie sich zur Zahlung einer Palettenmiete von DM 1,50 pro Einheit und Tag.“

bb) Begründung der Rückgewährpflicht

Ob durch die Übergabe des PBS zusammen mit dem palettierten Transportgut eine Verpflichtung zur Rückgewähr von Leerpaletten begründet werden kann, wird in Rechtsprechung und Literatur kontrovers beurteilt. Einer Auffassung[50] zufolge können PBS eine solche Verpflichtung generell nicht begründen. Daran ändere der Abdruck der Tauschbedingungen auf den Formularen nur wenig, denn der Empfänger brauche nicht damit zu rechnen, daß auf solchen Schriftstücken rechtsgeschäftliche Erklärungen abgegeben werden[51]. Erst recht habe dies zu gelten für den Fall, in dem der Empfänger sonst am Palettenverkehr nicht teilnimmt[52].

---

[48] Zur Funktion und Handhabung vgl. auch LG Stuttgart, transpR 1985, 67.

[49] Vgl. AG Offenburg, transpR 1984, 59 (60).

[50] LG Hechingen, transpR 1984, 262; AG Braunschweig, transpR 1985, 57 (58).

[51] LG Hechingen, transpR 1984, 262.

[52] AG Braunschweig, transpR 1985, 57 (58).
Nicht zur Unterstützung dieser Auffassung lassen sich hingegen die Entscheidungen des

Eine andere Auffassung[53] hält dagegen das Zustandekommen einer vertraglichen Verpflichtung zur Palettenrückgewähr durch die Übergabe von PBS generell für möglich. Zumal wenn sie Rückführungspflichten oder Verzögerungsgebühren ausdrücklich vorsehen, seien PBS nach dem Parteiwillen nicht als reine Bestandskontrollen gedacht und daher rechtlich im Hinblick auf die Verpflichtungen auch nicht „belanglos“[54].

Dieser Auffassung ist zweifelsohne zuzustimmen. Wenn PBS mit dem Hinweis auf die Rückführungspflicht zusammen mit dem palettierten Gut übergeben werden, so ist darin ein Angebot zum Abschluß eines Vertrages mit dem Inhalt zu sehen, entweder Paletten sofort auszutauschen oder baldmöglichst Leerpaletten zurückzuführen. Mit Entgegennahme des PBS und der Quittierung der Art und Anzahl der übernommenen Paletten unter Anerkennung der Tauschbedingungen nimmt der Vertragspartner dieses Angebot ausdrücklich an. Und sollte die Quittierung der Übernahme ausnahmsweise[55] nicht vorgesehen sein, kommt der Vertrag schon durch die widerspruchslose Entgegennahme des PBS, mithin durch konkludentes Handeln, zustande[56]. An diesem Ergebnis kann auch der Einwand des LG Hechingen[57], der Empfänger brauche mit der Abgabe von rechtsgeschäftlichen Erklärungen auf dem PBS nicht zu rechnen, nichts ändern. Denn dieses Argument ist schlicht unzutreffend. Zum einen sind nämlich die jeweiligen Übernehmer von PBS regelmäßig Transportkaufleute — so auch die Vertragsparteien in dem vom LG Hechingen entschiedenen Fall — und wissen daher oder müßten wissen, daß wegen des hohen Wertes der Paletten Vereinbarungen über Tauschbedingungen auf PBS heute allgemein üblich sind. Und selbst wenn ausnahmsweise ein Nicht-Kaufmann Paletten zusammen mit dem PBS erhält und diesen gegenzeichnet, wird er die mit seiner Unterschrift verbundene Verpflichtungserklärung sich entgegenhalten müssen. Denn die Rückgewährverpflichtung ist, weil für eine Vielzahl von Verträgen vorformuliert, als Allgemeine Geschäftsbedingung anzusehen und wegen des Abdrucks der Tauschbedingungen auf dem PBS auch

---

OLG Düsseldorf vom 30.12.1982 (OLG Düsseldorf, transpR 1984, 17) und vom 11.01.1973 (OLG Düsseldorf, transpR 1984, 251) heranziehen, die beide trotz Vorhandenseins eines PBS ebenfalls eine Rückgewährpflicht verneinen. Denn im ersten Fall fehlte ein ausdrücklicher Hinweis darauf, daß der Übernehmer zur Rückführung von Leerpaletten verpflichtet sein sollte. Und im zweiten Fall war auf dem PBS nur der Wortlaut „... zurück an ...“ vermerkt. Die Ansicht des Gerichts, diese Vereinbarung könne allenfalls die Pflicht des Anliefernden zum Abholen der dem Empfänger übergebenen Paletten begründen, erscheint daher vertretbar.

[53] OLG Frankfurt, transpR 1984, 248 (249); LG Bonn, transpR 1984, 258 (259); AG Offenburg, transpR 1985, 59 (60); Willenberg, transpR 1985, 161 (167). Daß eine Vertragsgestaltung durch PBS möglich ist, erkennen auch das OLG Karlsruhe, transpR 1985, 301 (302) und LG Düsseldorf, transpR 1984, 263, an.

[54] OLG Karlsruhe, transpR 1985, 301 (302).

[55] So scheinbar in dem vom LG Hechingen, transpR 1984, 262, entschiedenen Fall.

[56] Willenberg, transpR 1985, 161 (167).

[57] LG Hechingen, transpR 1984, 262.

gem. § 2 AGBG Vertragsbestandteil geworden. Erst recht muß sich dann aber ein Kaufmann sein Handeln zurechnen lassen, wenn er den PBS gegenzeichnet. Daß der Kaufmann sonst am Palettenverkehr nicht teilnimmt, spielt entgegen der Ansicht des AG Braunschweig[58] dabei sicher keine Rolle.

cc) Wirksame Vertretung durch Fahrer

Geht man nun mit der überwiegenden Auffassung[59] davon aus, daß PBS eine Rückgewährpflicht begründen, so stellt sich als nächstes die äußerst praxisrelevante Frage, ob auch die abholenden Fahrer durch Übernahme und Unterzeichnung des PBS ihren Arbeitgeber wirksam vertraglich verpflichten können.

Willenberg[60] und ihm folgend Dubischar[61] halten das in diesem Zusammenhang problematische Tatbestandsmerkmal der Vertretungsmacht bei § 164 I BGB nach den Grundsätzen der Duldungsvollmacht für gegeben. Nur wenn der Unternehmer seinem Fahrer ausdrücklich eine dahingehende Handlung untersagt habe und dem Vertragspartner dieser Umstand bekannt sei, könne eine wirksame Rückgewährverpflichtung verneint werden[62].

In der Rechtsprechung wird die Frage dagegen negativ beurteilt. Handlungen und Erklärungen des Fahrers könnten nach den Grundsätzen der Duldungsvollmacht dem Unternehmer nur insoweit zugerechnet werden, als sie im Rahmen bestehender Vereinbarungen mit dem Vertragspartner zu erwarten seien. Die Verpflichtung zur Palettenrückgewähr gehe aber, da sie eine besondere Organisation und zusätzlichen Einsatz des Unternehmers erforderlich machten, über diesen Rahmen hinaus[63]. Wegen fehlender Vertretungsmacht könne dem Fahrer daher allenfalls die Eigenschaft als Empfangsbote zukommen[64].

Zu Recht hält Willenberg[65] die Rechtsprechung in diesem Punkt für praxisfremd. Der hier im Zusammenhang mit dem PBS vorgestellte „Palettentausch“ ist heute, soweit nicht ausdrücklich etwas anderes vereinbart ist, allgemein üblich. Dadurch, daß dieses Verfahren Palettenleerströme geradezu optimal zu vermeiden hilft und praktisch einfach zu handhaben ist, entspricht es regelmäßig der Interessenlage und damit auch dem Parteiwillen der Beteiligten. Wenn aber für die Beteiligten eine unkomplizierte und zugleich zügige Abwicklung des „Tausches“ im Vordergrund steht, dann ist auch anzunehmen, daß es durchaus in ihrem Interesse ist, daß Fahrer den PBS wirksam gegenzeichnen.

---

[58] AG Braunschweig, transpR 1985, 57 (58).

[59] Siehe oben, Fn. 53.

[60] Willenberg, transpR 1985, 161 (167).

[61] Dubischar, § 15 III 2, S. 250.

[62] Willenberg, transpR 1985, 161 (167).

[63] OLG Frankfurt, transpR 1984, 248 (249) und LG Bonn, transpR 1984, 258 (259).

[64] AG Offenburg, transpR 1985, 59 (60).

[65] Willenberg, transpR 1985, 161 (167).

Allein sie können vor Ort die übernommenen Paletten nachzählen, auf ihre Gebrauchstauglichkeit hin überprüfen und diese gegebenenfalls zurückweisen. Wollte man die Verpflichtung erst durch einen speziell dafür Bevollmächtigten entstehen lassen, etwa bei Rückkehr des Fahrers, so ergäben sich neben dem zusätzlichen Organisationsaufwand unnötige Streitigkeiten und Komplikationen, so bspw., wenn Paletten beschädigt wären oder unterwegs abhanden kommen würden. Hinzu tritt, daß in der Transportbranche der „Tausch" nahezu ausschließlich zwischen Lagerangestellten und Fahrern durchgeführt wird. Daß diese Handhabung aber auch dem Parteiwillen entspricht, erweist sich anhand der Tatsache, daß die PBS jüngeren Datums[66] für die Übernahme- und Übergabebestätigung die Unterschrift des Fahrers genügen lassen. Es ist daher davon auszugehen, daß bei den Transportunternehmern in Bezug auf die Fahrerunterschrift regelmäßig schon ein Bevollmächtigungswille vorhanden ist. Fehlt es, wie häufig der Fall, an einer ausdrücklichen Vollmacht dem Fahrer oder Dritten gegenüber, so ist folglich zumindest eine stillschweigend erteilte Vollmacht anzunehmen.

Selbst wenn man entgegen der hier vertretenen Ansicht eine stillschweigend erteilte Vollmacht nicht für gegeben hält, liegen zumindest die Voraussetzungen der Duldungsvollmacht vor. Denn die Unternehmer lassen es, wie sich an der ständigen Übung zeigt, wissentlich geschehen, daß Fahrer nach außen hin durch ihre Unterschriftsleistung als Vertreter erscheinen. Und der Vertragspartner darf dieses Dulden auch dahin verstehen, daß der Fahrer bevollmächtigt ist.

Die Vertretungsmacht des Fahrers läßt sich darüber hinaus auch noch aus einem von der Rechtsprechung[67] entwickelten Grundsatz herleiten, der auf dem Gedanken des Vertrauensschutzes beruht und sich mit dem Anwendungsbereich der Duldungs- und Anscheinsvollmacht zum Teil überschneidet. Danach muß, wer einem anderen Aufgaben überträgt, deren ordnungsgemäße Erfüllung nach der Verkehrsauffassung eine bestimmte Vollmacht voraussetzt, diesen als bevollmächtigt gelten lassen, auch wenn tatsächlich eine Vollmacht nicht erteilt wurde. Wenn der „Palettentausch" nahezu ausschließlich von Fahrern und Lagerangestellten abgewickelt wird und damit die Bestandskontrolle an übergebenen und übernommenen Paletten heute wie selbstverständlich zum Aufgabenbereich eines Fahrers zählt, dann ist auch nach der Verkehrsauffassung anzunehmen, daß dieser für den Rahmen seines Aufgabenbereichs die erforderlichen Vollmachten besitzt.

dd) Zusammenfassung

Zusammenfassend läßt sich somit feststellen, daß durch die Übergabe des palettierten Transportguts bei gleichzeitiger Gegenzeichnung des PBS eine

---

[66] So auch der PBS-Entwurf der Unternehmensberatung Spedition und Lagerei GmbH (vgl. Anlage 17 des Gutachtens).

[67] RGZ 102, 295 (296); 106, 200 (203); BGH, WM 1973, 635; Palandt-*Heinrichs*, § 173 Anm. 4 e.

Verpflichtung zur Rückgewähr von Leerpaletten begründet wird. Spediteure und Frachtführer werden hierbei durch die Unterschrift ihrer Fahrer auf dem PBS wirksam vertreten. Auf diese Weise entstehen innerhalb einer Transportkette bei Verwendung des PBS eine ganze Reihe von Rückgewährverpflichtungen derart, daß jeweils der Übernehmer des Transportguts dem Übergeber die Rückgabe von Leerpaletten schuldet[68]. Eine vertragliche Beziehung besteht dabei nur zwischen diesen beiden Beteiligten. Daher scheidet eine gesamtschuldnerische Haftung des Palettenübernehmers zusammen mit seinem Nachmann gegenüber dem Palettenübergeber aus[69]. Folglich kann der Palettenübernehmer auch keinen Ausgleichsanspruch nach § 426 I oder II BGB gegen seinen Nachmann erheben, wenn er Paletten an den Palettenübergeber vollzählig zurückgibt[70].

II. Eigentumsverhältnisse

Unter den Beteiligten im Transportgewerbe herrscht eine Rechtsunsicherheit bezüglich der Frage nach den Eigentumsverhältnissen an Paletten[71]. Im Gegensatz zum Paletten-Pool, wo der Eigentumsübergang beim Palettentausch ausdrücklich und in allen Fällen als vereinbart gilt[72], fehlt es hier an einer entsprechenden Regelung. Denn regelmäßig sind die Eigentumsverhältnisse weder Inhalt ausdrücklicher Vereinbarungen noch des Speditions- oder Frachtvertrages und auch nicht des PBS. Dabei ist die Eigentumsfrage keineswegs ohne Belang[73]. Sie gewinnt Bedeutung bei der Regelung des Schadensersatzes, soweit eine Palette bei der Beförderung verlorengeht oder beschädigt wird[74]. Darüber hinaus ist sie im Konkurs entscheidend für die Frage, ob dem Vertragspartner ein Aussonderungsanspruch oder ein nur schuldrechtlicher Rückgewähranspruch auf Leerpaletten zusteht.

1. Paletteneinsatz ohne Tausch

Denkbar ist in der Transportbranche eine Absprache dahin, daß eine Partei verpflichtet sein soll, speziell die angelieferten Paletten innerhalb eines bestimmten Zeitraumes zurückzugeben[75]. Solche Abreden werden getroffen, wenn die anliefernde Partei weiß, daß ihr Vertragspartner am Palettenverkehr sonst nicht teilnimmt. Ein Eigentumsübergang findet in diesen Fällen nicht statt. Für eine Einigung i. S. von § 929 S. 1 BGB fehlt es schon am Angebot. Die anliefernde

[68] Ebenso: Dubischar, § 15 III 2, S. 250; Willenberg, transpR 1985, 161 (168).

[69] Willenberg, ebenda.

[70] Vgl. KG, transpR 1985, 299 (301).

[71] Vgl. Einsatz und Kontrolle von Tauschpaletten, Gutachten, S. 55.

[72] Siehe oben, A II.

[73] So aber Willenberg, transpR 1985, 161 (167).

[74] Siehe unten, 4. Abschnitt B.

[75] Vgl. Haake, BB 1987, 1389.

Partei bringt deutlich zum Ausdruck, daß sie die Paletten nicht endgültig, sondern nur zum befristeten Gebrauch überlassen will. Und auch ein Rechtsverlust durch Vermengung nach §§ 948 I, 947 I BGB — Euro-Paletten weisen keine auf einen bestimmten Verwender hindeutende individuellen Merkmale auf — ist nicht zu befürchten, da der Vertragspartner selber keine Paletten vorrätig hat oder von Dritten angeliefert bekommt.

Ein Eigentumsübergang an Paletten auf den Übernehmer findet weiterhin in dem (freilich seltenen) Fall nicht statt, in dem ein Transportführer Paletten beladen entgegennimmt, aber aufgrund ausdrücklicher Vereinbarung nicht er selbst, sondern der Empfänger zur Palettenrückgewähr verpflichtet sein soll. Hier kann die Übergabe des palettierten Transportguts an den Unternehmer ebensowenig als Angebot zur Eigentumsübertragung an den Paletten aufgefaßt werden, wie dies auch für das Transportgut ausgeschlossen ist. Nach dem Parteiwillen soll der Transportführer Gut wie Paletten im Rahmen seines Auftrages lediglich in Verwahrung nehmen. Der Umstand, daß er nicht berechtigt ist, mit dem Empfänger eine eigene Vereinbarung zur Palettenrückgewähr zu schließen, zeigt, daß ihm die Dispositionsbefugnis über die Paletten nicht zusteht.

Die gleiche Rechtslage besteht bei den bisher noch nicht erwähnten individuellen Mehrweg-Paletten[76]. Diese Paletten werden von großen Unternehmen, speziell der Autoindustrie, verwendet und haben besondere, auf die Bedürfnisse der Unternehmen zugeschnittene Aufbauten. Durch den Firmenaufdruck sind sie verwechselungsfrei als Eigentum des sie verwendenden Unternehmens gekennzeichnet und meistens auch numeriert. Die individuelle Kennzeichnung schließt, wie bei dem individualisierten Leergut eines einzelnen Herstellers[77], einen Eigentumsübergang auf den nachfolgenden Transport- und Vertriebsebenen aus[78].

2. Paletteneinsatz mit Tausch

Der Paletteneinsatz mit Tausch ist die allgemein übliche Praxis in der Transportbranche. Fraglich ist, ob hierbei jedes Glied in einer Transportkette vom Versender bis zum Empfänger mit der Übernahme der palettierten Güter und des PBS auch das Eigentum an den Paletten erwirbt. Dies soll im folgenden untersucht werden anhand einer beispielhaft dargestellten Transportkette, bestehend aus Versender — Spediteur / Frachtführer — Empfänger.

---

[76] Hierzu Decker, DVZ 1986, 38, und Krenkel, Die Bundesbahn 1978, 445 (449).

[77] Siehe oben, 1. Kapitel, 1. Abschnitt, A I 1-3.

[78] Ebenso Decker, DVZ 1986, 38.

a) Ebene Versender — Spediteur / Frachtführer

Hier sind 2 Fälle voneinander zu unterscheiden:

aa) Der Versender hat eigene Paletten vorrätig

Im Regelfall verpackt der Versender das Transportgut auf eigene Paletten und übergibt diese zusammen mit dem PBS dem Spediteur zum Transport. Hierin liegt ein für die Einigung nach § 929 S. 1 BGB erforderliches Angebot auf Eigentumsübertragung. Dies ergibt sich im wesentlichen aus den Vereinbarungen in dem PBS und dessen Handhabung. Dieser knüpft, wie dargelegt, auf dem weiteren Transportweg eine Kette von Schuldverhältnissen, in der der jeweilige Übernehmer des Transportguts nur dem Übergeber zur Palettenrückgewähr verpflichtet sein soll. Dies entspricht dem Willen aller Beteiligten, denn so können am effektivsten Palettenleerläufe vermieden werden. Der Versender hat demnach, angenommen er bliebe Eigentümer der Paletten, im Normalfall gar kein Interesse daran, gegen einen anderen als seinen unmittelbaren Nachmann Ansprüche aus dem Eigentum geltend zu machen. Weiß und will der Versender aber, daß Palettenrückgewähransprüche nur mit dem jeweiligen Nachmann abgewickelt werden, so kann nicht angenommen werden, daß er Eigentümer der Paletten bleiben will. Dies gilt umso mehr, als ein Eigentumsübergang dem Versender das Haftungsrisiko für den zufälligen Untergang der Paletten auf dem Transportweg nimmt. Daß der Versender dieses Risiko nicht tragen will, erweist sich daran, daß er sich die Rückgabe von Paletten lediglich gleicher Anzahl, Art und Güte versprechen läßt. Der Spediteur, dem diese Interessenlage bekannt ist, nimmt dieses Angebot mit der Übernahme des Transportguts und des PBS an. Damit geht das Eigentum an den Paletten auf den Spediteur über[79].

Das Gutachten der Unternehmensberatung Spedition und Lagerei GmbH lehnt dagegen einen Eigentumserwerb des Spediteurs ab. Einmal wird kritisch bemerkt, daß der Eigentumserwerb eine einseitige Belastung der Spediteure und Frachtführer bedeute. Diese würden mit dem Eigentumsübergang Leistungen (Geltendmachen der Palettenforderung gegen den Empfänger, Rückführung) und Risiken (Forderungsausfall) übernehmen, die über den eigentlichen Speditionsauftrag / Frachtvertrag hinausgingen und erlösmäßig nicht abgegolten würden[80]. Dem ist entgegenzuhalten, daß die aufgeführten „zusätzlichen Leistungen und Risiken“ den Spediteur oder Frachtfüher auch dann träfen, wenn diese das Eigentum nicht erwerben würden. Denn die „Leistungen und

---

[79] So ausdrücklich nur Decker, DVZ 1986, 38 (40). Dafür aber auch die, welche die Überlassung von Paletten als Darlehn werten (siehe unten, III Fn. 15), da der Eigentumsübergang ein Wesensmerkmal des Darlehns darstellt. Im Widerspruch stehen die Aussagen des OLG Frankfurt, transpR 1986, 354 (356) zueinander, wenn es zum einen feststellt, daß Paletten „zumeist im Eigentum des Versenders verbleiben“, andererseits aber von einer „treuhänderischen Verwahrung“ der Beteiligten der Transportbranche an den Paletten ausgeht.

[80] Einsatz und Kontrolle von Tauschpaletten, Gutachten, S. 57.

Risiken" folgern schon unmittelbar aus den Vereinbarungen in den PBS und sind damit unabhängig von der Frage des Eigentumserwerbs. Danach ist nämlich der Spediteur verpflichtet, Leerpaletten an den Versender zurückzugeben, ohne sich darauf berufen zu können, ein nachfolgendes Glied in der Transportkette habe die Paletten an ihn noch nicht rückgeführt.

Zum anderen wird in dem Gutachten vorgebracht, ein Eigentumswerb durch die Spediteure scheitere zusätzlich daran, daß die Beteiligten die Eigentumsverhältnisse an Gut und Palette nicht unterschiedlich regeln wollen. Ein Indiz dafür sei, daß die beladenen Paletten, wie übergeben, an den Empfänger auszuliefern und zudem in vielen Fällen fest mit dem Gut durch Bänder oder Schrumpffolien verbunden seien[81]. Fraglich ist dann jedoch, warum die Parteien die Bestandskontrolle für die Paletten nicht mit in den Frachtbrief aufnehmen. Der Umstand, daß die Parteien dafür ein extra Papier, nämlich den PBS, verwenden und daß dieser Verpflichtungen nur zwischen dem jeweiligen Übergeber und Übernehmer des palettierten Transportguts begründet, deutet vielmehr darauf hin, daß die Parteien die Rechtsverhältnisse und damit auch die Eigentumsverhältnisse an Paletten und Transportgut durchaus nicht zwingend einheitlich regeln wollen. Hieran läßt sich allein aufgrund der beförderungstechnischen Notwendigkeit, daß Gut und Palette beim Transport eine Einheit bilden, nicht zweifeln.

Die aus dem Gutachten vorgebrachten Bedenken gegen einen Eigentumserwerb durch den Spediteur greifen somit nicht durch. Es ist daher an dem Ergebnis festzuhalten, daß der Versender das Eigentum an den Paletten rechtsgeschäftlich auf den Spediteur überträgt. Überläßt der Spediteur im Gegenzug dem Versender seinerseits Paletten im Soforttausch oder zu einem späteren Zeitraum, so geht auch an diesen Paletten das Eigentum nach dem übereinstimmenden Willen der Parteien auf den Versender über[82].

bb) Der Versender hat keine eigenen Paletten vorrätig

Abweichend von dem bisher dargelegten Regelfall kommt es vor, daß der Versender keine eigenen Paletten für den Transport vorrätig hat und der Spediteur insoweit in Vorlage tritt, d.h. dem Versender leere Paletten zur Verfügung stellt. Das Tauschverfahren wird dann so gehandhabt, daß die Verpflichtung des Versenders zur Palettenrückgewähr an den Spediteur mit der Übergabe des palettierten Guts an diesen als erfüllt angesehen wird. Der PBS, der die nachfolgenden Glieder in der Transportkette zur Palettenrückführung an den jeweiligen Vormann verpflichtet, wird in diesem Fall vom Spediteur ausgefüllt.

---

[81] Einsatz und Kontrolle von Tauschpaletten, Gutachten, S. 58.

[82] Decker, DVZ 1986, 38 (40).

Für die Wertung der Eigentumsverhältnisse an den Paletten ergeben sich hieraus keine Besonderheiten. Zunächst übereignet der Spediteur die Leerpaletten dem Versender[83]. Dafür spricht, daß er sich auf diese Weise des Haftungsrisikos für den zufälligen Untergang oder Verlust der Paletten beim Versender entledigen will. Außerdem legt er keinen gesteigerten Wert darauf, daß der Versender speziell die übergebenen Paletten für den Transport belädt und bereitstellt. Ihm kommt es lediglich darauf an, irgendwelche gebrauchsfähigen, beladenen Paletten gleicher Anzahl und Art vom Versender zurückzuerhalten. Nicht zuletzt ist der Eigentumsübergang aber auch für den Versender von Interesse. Er erlangt so die volle Dispositionsfreiheit über die Paletten und kann sie für andere Transporte oder zunächst zur Lagerung verwenden. Die für den Transport bestimmten beladenen Paletten übereignet der Versender dem Spediteur schließlich zurück. Ab dem Zeitpunkt der Übergabe soll der Spediteur nach dem Willen beider Parteien wieder allein über die Paletten verfügen können. Dies wird erkennbar daran, daß nicht der Versender, sondern der Spediteur den PBS für den weiteren Transport erstellt.

Es bleibt somit festzuhalten, daß auf der Ebene Versender — Spediteur / Frachtführer jeweils derjenige Eigentümer der Paletten ist, der sie im Gewahrsam hat.

cc) Die Vereinbarung eines Eigentumsvorbehaltes

In den PBS finden sich teilweise Formulierungen wie etwa[84]: „[...] Die Paletten bleiben unser Eigentum.“ Ein wirksamer Eigentumsvorbehalt kann hierdurch nicht vereinbart werden. Dagegen sprechen die gleichen Bedenken, die schon einen wirksamen Eigentumsvorbehalt beim nicht-individualisierten Einheitsleergut scheitern ließen[85]. Zum einen nämlich verliert der Klauselverwender das Alleineigentum an den Paletten wegen deren fehlenden individuellen Kennzeichnung bereits durch Vermengung gem. §§ 948 I, 947 I BGB, wenn sich bei einem Vertragspartner Leerpaletten verschiedener Herkunft ansammeln[86]. Und zum anderen weiß er nicht nur, daß sein Vertragspartner üblicherweise nicht die speziell überlassenen Paletten zurückführt, sondern er will dies in der Regel auch gar nicht. Denn das würde allein die kostspieligen Palettenleerläufe fördern, die alle Parteien vermeiden wollen.

Der vereinbarte Eigentumsvorbehalt steht daher nicht im Einklang mit dem wirklichen Willen beider Parteien und ist folglich unbeachtlich[87].

---

[83] So auch Einsatz und Kontrolle von Tauschpaletten, Gutachten, S. 58.

[84] Vgl. LG Offenburg, transpR 1985, 194.

[85] Siehe oben, 1. Kapitel, 1. Abschnitt C 1.

[86] So auch LG Ravensburg, transpR 1984, 259 (261).

[87] Das LG Offenburg, transpR 1985, 194, läßt diese Frage dahinstehen, wertet aber die Überlassung von Paletten als Darlehn.

b) Ebene Spediteur / Frachtführer — Empfänger

Übergibt der Spediteur / Frachtführer letztendlich das palettierte Transportgut zusammen mit dem PBS dem Empfänger, so liegt auch auf dieser Ebene ein rechtsgeschäftlicher Eigentumsübergang an den Paletten gem. § 929 S. 1 BGB vor[88]. Ein dahingehender beiderseitiger Parteiwille ergibt sich sowohl aus den Vereinbarungen in dem PBS, wie aus dem tatsächlichen Verhalten. Wenn der Empfänger lediglich zur Rückgabe von Paletten gleicher Anzahl, Art und Güte verpflichtet wird und der Spediteur regelmäßig das Abladen der Paletten nicht abwartet, um speziell diese wieder mit zurückzunehmen, so kann dies nur so verstanden werden, daß die Verfügungsbefugnis auf den Empfänger übergehen soll. Dies entspricht auch der Interessenlage der Parteien. Der Spediteur erhält gleichwertige Paletten zurück und verliert keine unnötige Zeit und der Empfänger kann das palettierte Gut zunächst lagern und dann nach Bedürfnis abladen. Ebenso erlangt der Spediteur / Frachtführer das Eigentum an den vom Empfänger im Gegenzug übergebenen Paletten. Denn nach dem Willen der Parteien soll er die Paletten für sein Unternehmen verwenden dürfen und daher voll verfügungsberechtigt sein.

c) Zusammenfassung

Soweit Paletten, beladen oder unbeladen, in Verbindung mit einem PBS übergeben werden, ist innerhalb einer Transportkette jeweils derjenige Eigentümer der Paletten, der sie gerade im Gewahrsam hat.

3. Auswirkungen im Konkurs

Fällt ein Transportunternehmer oder der Empfänger in Konkurs, so kann beim Paletteneinsatz mit Tausch weder der sich aus dem PBS ergebende Rückgabeberechtigte noch der Versender den Herausgabeanspruch aus § 985 BGB erheben. In diesem Fall gehören die Paletten zum Vermögen des Gemeinschuldners und sind damit gem. § 1 KO Bestandteil der Konkursmasse.

Anders ist es beim Paletteneinsatz ohne Tausch, bei dem der Versender Eigentümer der Paletten bleibt. Der aus dem Eigentum an sich erwachsende Aussonderungsanspruch i. S. von § 43 KO stößt aber auf Schwierigkeiten, wenn der Gemeinschuldner ausnahmsweise Paletten noch von dritter Seite angeliefert bekommt. Da Leerpaletten keine den Versender kennzeichnenden Merkmale aufweisen, wird dem Versender in diesem Fall der Beweis für sein Eigentum nahezu unmöglich sein[89]. Dieses Problem besteht dagegen bei den individuellen Mehrwegpaletten[90], die den Versender als Eigentümer verwechselungsfrei kennzeichnen, nicht.

---

[88] So ausdrücklich LG Köln, transpR 1985, 63 und Decker, DVZ 1986, 38 (40).

[89] Zu dieser Rechtslage vgl. auch oben, 1. Kapitel, 1. Abschnitt B II.

[90] Siehe oben, 1.

III. Schuldvertragstypen

Welcher Schuldvertragstypus bei der Überlassung von beladenen Paletten vorliegt, ist zunächst davon abhängig, ob der Paletteneinsatz mit oder ohne Tausch erfolgt.

1. Paletteneinsatz ohne Tausch[1]

Da hierbei das Eigentum an den Paletten auf den jeweiligen Übernehmer des palettierten Guts nicht übergeht, kommt insoweit ein Leih- oder Mietvertrag, wie auch ein Verwahrungsvertrag in Betracht. Letzterer ist dadurch gekennzeichnet, daß dem Empfänger im Unterschied zur Leihe oder Miete kein Gebrauchsrecht zustehen soll und die Überlassung primär aus Interesse an einer sicheren Aufbewahrung erfolgt[2]. Ebenso wie die bisher behandelten Verpackungsmittel werden aber auch Paletten nach dem Parteiwillen zum eigenen Gebrauch des Empfängers überlassen, denn dieser soll die Paletten zumindest als Transport- oder Lagerhilfsmittel verwenden dürfen. Ein Verwahrungsvertrag gem. § 688 BGB scheidet daher aus.

Soweit der Versender Paletten überläßt, ohne eine „Tauschgebühr“ zur Deckung der mit dem Paletteneinsatz verbundenen Kosten zu erheben, sind die Wesensmerkmale des Leihvertrages erfüllt[3]. Der Empfänger soll speziell die übergebenen Paletten zurückliefern und darf diese bis dahin unentgeltlich als Transport- oder Lagerhilfsmittel verwenden. Hingegen ist ein Mietvertrag anzunehmen, wenn der Versender eine „Tauschgebühr“ verlangt[4]. Nach der Vorstellung der Parteien stellt diese nämlich das Entgelt für die Gebrauchsüberlassung dar.

2. Paletteneinsatz mit Tausch[5]

a) Leih-, Miet- und Verwahrungsvertrag

Da beim Paletteneinsatz mit Tausch bei der Überlassung der Paletten stets auch das Eigentum an diesen übertragen wird, kann schuldrechtlich kein Leih-, Miet- oder Verwahrungsvertrag vorliegen[6].

Ein Mietverhältnis[7] entsteht aber auch nicht im Anschluß an einen Darlehns- oder unechten Verwahrungsvertrag von dem Zeitpunkt an, in dem der

---

[1] Zur Verfahrensweise und den Eigentumsverhältnissen siehe oben, II 1.

[2] Brox, SchR BT, Rz. 312.

[3] Haake, BB 1982, 1389 (1390).

[4] Haake, ebenda.

[5] Zur Verfahrensweise und den Eigentumsverhältnissen siehe oben, II 2.

[6] Ebenso OLG Frankfurt, ZIP 1982, 1331 (1332) = MDR 1982, 134 (135).

[7] So aber OLG Karlsruhe, transpR 1985, 301 (302) und AG Landau, transpR 1985, 302 (303), allerdings jeweils ohne nähere Begründung.

Übernehmer mit der Rückgabe der Paletten im Verzuge ist und laut Vereinbarung in dem PBS eine Verzögerungsgebühr pro Tag und Palette zu zahlen verpflichtet ist. Wie das LG Offenburg[8] zutreffend ausführt, widerspricht die Annahme eines Mietvertrages vor allem dem Willen des Palettenübergebers. Der Umstand nämlich, daß er sich eine Verzögerungsgebühr ausbedingt, deutet darauf hin, daß er ab diesem Zeitpunkt gerade eine Gebrauchsüberlassung an den Übernehmer gar nicht mehr will. Er ist vielmehr im Gegenteil bestrebt, die Paletten möglichst schnell zurückzuerhalten.

b) Unregelmäßiger Verwahrungsvertrag

Vereinbar mit der dinglichen Rechtslage ist dagegen die Annahme, der Palettenüberlassung liege ein unregelmäßiger Verwahrungsvertrag gem. § 700 I BGB zugrunde. Grundsätzlich[9] dient die Überlassung aber nicht primär dem Interesse des Übergebers an einer sicheren Aufbewahrung. Denn nach der Vorstellung beider Parteien soll der Übernehmer die Paletten durchaus für seine Zwecke nutzen dürfen, sei es zur Verwendung als Transport- oder Lagerhilfsmittel, sei es zur Weitergabe an Dritte, um eventuell bestehende Palettenverbindlichkeiten aus anderen Rechtsverhältnissen zu begleichen. Ein unregelmäßiger Verwahrungsvertrag kann daher nicht vorliegen.

c) Kaufvertrag mit Rückverkaufsverpflichtung

Für einen Kaufvertrag mit Rückverkaufsverpflichtung fehlt es schon am Vorliegen eines Kaufpreises. Ein solcher stellt auch die „Tauschgebühr“ nicht dar[10], die die Transportunternehmer heute vielfach zur Kostendeckung erheben.

d) Tausch- und Darlehnsvertrag

Ebenfalls ist die Annahme eines Tausch- oder Darlehnsvertrages mit der dinglichen Rechtslage im Einklang, da beide Vertragstypen auf Eigentumsübergang gerichtet sind. Anders aber als im Paletten-Pool-System, wo die Parteien den Zug-um-Zug-Austausch gar nicht vorgesehen haben[11], wird im Palettenverkehr auf der Straße dieser regelmäßig schon in dem PBS durch die Klausel[12]

[8] LG Offenburg, transpR 1985, 194f.

[9] Eine Ausnahme hält Decker, DVZ 1986, 38 (41) bei der Verwendung von Paletten in Markenartikellagern für gegeben. Hier beziehe sich der Lagervertrag in der Regel lediglich auf die Markenartikel selbst, so daß die Überlassung der Paletten durch den Einlagerer an den Lagerhalter als unechter Verwahrungsvertrag einzustufen sei.

[10] Vgl. oben, A III 2.

[11] Siehe oben, A III 3.

[12] Vgl. nur LG Offenburg, transpR 1985, 194.
Nach Einsatz und Kontrolle von Tauschpaletten, Gutachten, S. 21, ist der Zug-um-Zug-Tausch im Speditionsverkehr weit verbreitet. So tauschten die befragten Speditionsunternehmen mit dem Versender in 50% der Fälle, mit dem Empfänger gar in 65% aller Fälle Zug-um-Zug.

vereinbart: „Wir bitten um sofortigen Tausch oder um Anlieferung bis spätestens ... an eines unserer Lager.“ Überlassen sich die Parteien aufgrund dieser Abrede im Zug-um-Zug-Austausch Paletten beladen gegen leer und umgekehrt, so liegt darin der Abschluß eines Tauschvertrages[13]. Daß es sich bei den Tauschobjekten um Gattungssachen handelt, steht dieser Charakterisierung nicht entgegen[14].

Erfolgt hingegen kein Zug-um-Zug-Austausch, etwa weil der Übernehmer Leerpaletten zur Zeit nicht anbieten kann oder die Parteien die Palettenbewegungen unter wechselseitiger Verrechnung in ein laufendes Konto aufgenommen haben, so liegt der Palettenüberlassung nach nahezu einhelliger Auffassung[15] ein Darlehnsvertrag zugrunde. Im Vordergrund steht hier das Interesse des Übergebers, den Vertragspartner zur Rückerstattung von Paletten gleicher Anzahl, Art und Güte zu verpflichten. Die Einordnung der Palettenüberlassung als Darlehn wird diesem Interesse am ehesten gerecht[16].

3. Vertragsausgestaltung

Die jeweiligen Verträge sind wie folgt ausgestaltet:

a) Haftung des Palettenübergebers

Soweit beim Paletteneinsatz ohne Tausch ein Leihvertrag vorliegt, greift das Haftungsprivileg des § 599 BGB wie schon bei den bisher behandelten Verpackungsmitteln[17] nicht durch. Für Vertragsverletzungen verbleibt es insofern bei der Haftung nach §§ 276, 278 BGB, die den Palettenübergeber auch bei Vorliegen eines Miet-, Tausch- oder Darlehnsvertrages trifft.

b) Mängelgewährleistung

Der Paletteneinsatz mit Tausch kennt keine Mängelgewährleistung. Vielmehr ist es Aufgabe des Übernehmers der Paletten, diese bei der Übergabe auf ihre Gebrauchstauglichkeit hin zu untersuchen und notfalls zurückzuweisen. Zumeist ergibt sich dies schon aus dem PBS, ansonsten beruht diese Regelung auf einer stillschweigenden Abrede.

---

[13] AG Hannover, transpR 1985, 60 (61).

[14] Vgl. oben, A III 3.

[15] KG, transpR 1985, 299 (301); OLG Frankfurt, ZIP 1982, 1331 (1332); LG Hannover, transpR 1984, 254 (255); LG Bielefeld, transpR 1985, 56 (57); LG Köln, transpR 1985, 63; LG Stuttgart, transpR 1985, 67 (69); LG Offenburg, transpR 1985, 194; LG Bremen, Urt. v. 22.04.87, Aktz. 5 S 802/86; Baumbach/Duden/Hopt, HGB, § 380 HGB Anm. 2; Decker, DVZ 1986, 38 (40f.); Dubischar, § 15 III 2, S. 250; Helm, Speditionsrecht, § 2 ADSp Rz. 2; Willenberg, transpR 1985, 161 (167).

[16] KG, transpR 1985, 299 (301).

[17] Siehe oben, 1. Kapitel, 3. Abschnitt B I 4 b) und 2. Kapitel, 2. Abschnitt A, B.

Dagegen wird beim Paletteneinsatz ohne Tausch der Übernehmer — soweit nichts anderes vereinbart wurde — von seiner Rückgabepflicht auch bei Rückführung beschädigter Paletten frei, wenn die Beschädigungen schon vor Beginn der Miet- oder Leihzeit vorhanden waren oder aufgrund von natürlichen Verschleißerscheinungen während des Zeitraumes der Überlassung eingetreten sind. Für Schäden an anderen Rechtsgütern des Übernehmers aufgrund solcher Mängel kann eine Haftung des Verleihers / Vermieters aus positiver Vertragsverletzung[18] oder § 538 I BGB in Betracht kommen.

c) Gefahrtragung beim Untergang der Paletten durch zufällige Ereignisse

Liegt der Palettenüberlassung ein Leih- oder Mietvertrag zugrunde, so trägt, vorbehaltlich einer anderweitigen Regelung[19], stets der Übergeber als Eigentümer die Gefahr für zufällige Ereignisse. Dies gilt für den Hin- und Rücktransport, wie auch dann, wenn der Übernehmer selbst die Paletten in seinem Gewahrsam hat[20]. Der Umstand, daß sich bei der Leihe oder Miete von Mehrweg-Säcken eine andere Risikoverteilung ergibt[21], ist darauf zurückzuführen, daß dies auf einem Handelsbrauch oder zumindest einer Branchenüblichkeit beruht. Dahingehendes läßt sich beim Paletteneinsatz ohne Tausch jedoch nicht feststellen[22].

Beim Paletteneinsatz mit Tausch hingegen, bei dem — soweit die Parteien nicht Zug-um-Zug austauschen — der Palettenüberlassung ein Darlehnsvertrag zugrundeliegt, trägt jeweils der Eigentümer die Gefahr für den zufälligen Untergang oder die zufällige Beschädigung. Eigentümer der Paletten ist hierbei innerhalb einer Transportkette immer derjenige, der sie gerade in seinem Gewahrsam hat. Haake[23] will hiervon eine Ausnahme machen, wenn die Paletten in dem Zeitraum beim Empfänger zufällig untergehen, in dem dieser sie für die Rücklieferung zwar bereitgestellt, aber noch nicht übergeben hat. Seiner Auffassung nach stellt nämlich die Palettenrückgewährpflicht aus dem Darlehnsvertrag eine Holschuld dar. Da bei der Holschuld der Sitz der gewerblichen Niederlassung des Empfängers der Erfüllungsort sei, habe der Empfänger mit der Bereitstellung das seinerseits Erforderliche getan. Die Bereitstellung führe so zur Konkretisierung gem. § 243 II BGB und der Empfänger würde bei

---

[18] Vgl. oben, 1. Kapitel, 3. Abschnitt B I 4 b). Zu den Mängelgewährleistungsrechten beim *Ankauf* von fabrikneuen oder auch gebrauchten Paletten siehe Eyl, Kaufrechtliche Aspekte des Palettenverkehrs, transpR 1984, 237 ff.

[19] Vgl. Dürkes, BB 1948, 68 (72).

[20] Haake, BB 1982, 1389 (1390). Anders hingegen bei Eingreifen frachtvertraglicher Sondergesetze, wie bspw. § 29 KVO (Kraftverkehrsordnung). Danach haftet der Transportunternehmer nach dem Gefährdungsprinzip für alle Schäden und Verluste am Gut (Paletten gehören zum Transportgut, siehe unten, 4. Abschnitt B) in der Zeit von der Annahme des Guts zur Beförderung bis zu seiner Auslieferung.

[21] Siehe oben, 2. Kapitel, 2. Abschnitt C.

[22] Ebenso Haake, BB 1982, 1389 (1390 Fn. 11).

[23] Haake, BB 1982, 1389 (1391).

Untergang der Paletten gem. § 275 BGB von seiner Leistungspflicht befreit. Das Vorliegen einer Holschuld folgert Haake aus dem überwiegenden Eigeninteresse des Versenders an dem Einsatz der Mehrweg-Paletten, da die Vorteile hieraus — vor allem der kostengünstigere Einsatz im Vergleich zur Einweg-Palette — primär dem Versender zugute kämen. Den Interessen des Empfängers an einer rationellen Transport- und Lagerfunktion wäre auch bei Verwendung von Einweg-Paletten gedient.

Diese Erwägungen gehen aus zwei Gründen fehl. Zum einen stimmt schon nicht, daß der Einsatz von Mehrweg-Paletten aus überwiegendem Interesse des Versenders erfolgt. Vielmehr bringt die Palettenverwendung allen an einer Transportkette Beteiligten Vorteile und dient daher den Interessen aller. Den Transportunternehmern ermöglichen die Paletten eine rationellere Arbeitsweise und dem Empfänger sichern sie wegen des kostengünstigeren Transports einen möglicherweise niedrigeren Kaufpreis. Darüber hinaus erspart sich der Empfänger bei Mehrweg-Paletten die Kosten für die Abfallbeseitung[24]. Zum anderen berücksichtigt Haake nicht, daß Mehrweg-Paletten regelmäßig zusammen mit einem PBS übergeben werden. Durch die heute allgemein übliche Klausel: „Wir bitten um sofortigen Tausch oder Anlieferung an eines unserer Lager" vereinbaren die Parteien, daß sowohl Leistungs-, als auch Erfüllungsort für die Rückgabe der Paletten der Sitz der gewerblichen Niederlassung der anliefernden Partei sein soll. Die Palettenrückgewährpflicht stellt daher entgegen der Auffassung von Haake in der Regel keine Holschuld, sondern vielmehr eine Bringschuld dar[25]. Somit trägt der Empfänger die Gefahr für zufällige Ereignisse auch für den Zeitraum der Bereitstellung zur Abholung bis zur Übergabe.

Ein anderes Ergebnis ergibt sich gem. § 300 II BGB freilich dann, wenn der Vertragspartner im Rahmen des Zug-um-Zug-Austausches die bereitgestellten und angebotenen Leerpaletten nicht annimmt[26]. Mit der Annahmeverweigerung geht die Gefahr des zufälligen Unterganges dann auf ihn über.

d) Verjährungsproblematik

aa) Verjährungsfristen

Die Verjährungsfrist für die vertraglichen Rückforderungsansprüche auf Leergut, Gasflaschen, Fässer und Säcke beträgt, vorbehaltlich einer abweichenden Parteiregelung, gem. § 196 I Ziff. 1, II BGB regelmäßig vier Jahre[27]. Da Paletten ebenso als Emballage anzusehen sind, unterfällt auch der Palettenrück-

[24] Vgl. Gutachten, S. 53f., wonach Einweg-Paletten zur Zeit keine wirtschaftliche Alternative zur Tauschpalette sind.

[25] Vgl. auch Dürkes, BB 1948, 68 (70).

[26] LG Köln, transpR 1985, 63; Dubischar. § 15 III 2, S. 250.

[27] Vgl. oben, 1. Kapitel, 3. Abschnitt B I 4 i) und 2. Kapitel, 2. Abschnitt, A, B, C.

gewähranspruch als Auslagenersatzanspruch dem § 196 I Ziff. 1, II BGB oder bei Frachtfuhrleuten dem § 196 I Ziff. 3 BGB mit deren zwei- bzw. vierjährigen Verjährungsfrist[28].

Fraglich ist, ob sich im Straßengüterverkehr als dem primären Einsatzgebiet von Paletten eine Verkürzung dieser Fristen bei Rückgewähransprüchen gegen Spediteure und Frachtführer aufgrund des Eingreifens von Sonderregeln annehmen läßt. Dies ist von der Rechtsprechung mehrfach für den Geltungsbereich der ADSp[29] (Allgemeine Deutsche Spediteur-Bedingungen), der AGNB[30] (Allgemeine Beförderungsbedingungen für den gewerblichen Güternahverkehr mit Kraftfahrzeugen), der KVO[31] (Kraftverkehrsordnung für den Güterfernverkehr mit Kraftfahrzeugen) und der CMR[32] (Übereinkommen über den Beförderungsvertrag im internationalen Straßengüterverkehr) bejaht worden. Der Rückgewähranspruch auf Paletten wird dabei zu Recht den Sonderregeln mit der Begründung unterstellt, daß die Rechte und Pflichten an den übergebenen Paletten untrennbar mit dem Speditions- und Frachtgeschäft zusammenhängen. Die Palettenverwendung, unabhängig davon, ob der Transportunternehmer Paletten zur Verfügung stellt oder bereits beladene Paletten übernimmt, ist heute derart prägend für die Transportbranche, daß nach dem Parteiwillen nur ein mit dem Beförderungsvertrag zusammenhängendes Geschäft angenommen werden kann[33].

Für die vertraglichen[34] Palettenrückgewähransprüche gegenüber Spediteuren und Frachtführern, Versendern und Empfängern ergeben sich somit für die jeweiligen Frachtverträge folgende Verjährungsfristen:

---

[28] Vgl. Helm, Speditionsrecht, § 414 Rz. 17.
A. A. allerdings LG Krefeld, transpR 1985, 64 (67), daß für diesen Anspruch bei Nichteingreifen des § 64 ADSp, des § 40 I KVO oder der §§ 439, 414 HGB die normale 30-jährige Verjährungsfrist des § 195 BGB gelten lassen will.

[29] OLG Frankfurt, ZIP 1982, 1331 (1332); KG, transpR 1985, 299 (300);LG Köln, transpR 1984, 263 f.; LG Düsseldorf, transpR 1984, 263; LG Stuttgart, transpR 1985, 67 (69); AG Hannover, transpR 1985, 60 (61).

[30] OLG Frankfurt, transpR 1984, 248. Die AGNB sind abgedruckt bei Helm, Frachtrecht, Anh. V nach § 452 HGB.

[31] OLG Köln, transpR 1985, 429; AG Köln, transpR 1985, 74. Die KVO ist abgedruckt bei Baumbach / Duden / Hopt, HGB, (23).

[32] Vgl. OLG Frankfurt, transpR 1986, 354 (356). Die CMR ist abgedruckt bei Baumbach / Duden / Hopt, HGB, (24).

[33] OLG Frankfurt, ZIP 1982, 1331 (1332); KG, transpR 1985, 299 (300); LG Stuttgart, transpR 1985, 67 (69).

[34] Die folgenden Ausführungen gelten entsprechend für die beim Paletteneinsatz ohne Tausch zusätzlich in Betracht kommenden dinglichen Herausgabeansprüche. Wie bei den dinglichen Herausgabeansprüchen auf Leergut (siehe oben, 1. Kapitel, 3. Abschnitt B I 4 i)) ist auch hier aufgrund der gleichen Interessenlage davon auszugehen, daß die regelmäßige dingliche Verjährungsfrist von 30 Jahren gem. § 195 BGB durch die vertraglichen Verjährungsfristen modifiziert wird. Anders hingegen bei Vorliegen der Tatbestandsvoraussetzungen eines deliktischen Anspruchs, insbesondere der § 823 und § 831 BGB (Bsp.: Beim Paletteneinsatz ohne Tausch zerstört der Entleiher / Mieter

(1) Frachtbeförderung im innerdeutschen Güternahverkehr (§ 2 GüKG) durch gewerbliche Unternehmer

Im Geltungsbereich der ADSp[35], also gem. § 2 a ADSp bei allen[36] Verrichtungen eines Spediteurs, unterliegt der vertragliche Anspruch[37] auf Palettenrückgewähr der achtmonatigen Verjährung nach § 64 ADSp[38]. Hierbei ist allerdings zu beachten, daß § 64 ADSp nur auf die Ansprüche gegen den beauftragten Spediteur Anwendung findet[39]. Ist ein Spediteur selbst Auftraggeber eines anderen Spediteurs und schuldet er diesem die Rückgabe von Paletten, so kann er sich auf die achtmonatige Verjährungsfrist nicht berufen[40]. In diesem Fall, wie überhaupt beim Anspruch des Spediteurs gegenüber dem Versender auf Palettenrückgewähr, verbleibt es bei den allgemeinen Verjährungsfristen des § 196 I Ziff. 1 oder Ziff. 3 BGB[41]. Ebenso gilt dies für die Ansprüche des Spediteurs gegen den Empfänger, wie umgekehrt[42]. Ist die Geltung der ADSp nicht vereinbart[43], so findet auf den Anspruch auf Palettenrückgewähr gegen-

fahrlässig eine Palette). Der BGH lehnt in ständiger Rechtsprechung (Übersicht bei Helm, Frachtrecht, § 429 HGB Anm. 89) die Anwendung frachtvertraglicher Sonderregeln über die Verjährung auf Deliktsansprüche ab und läßt diese statt dessen gem. § 852 BGB erst in 3 Jahren verjähren (kritisch hierzu Helm, Frachtrecht, § 429 HGB Anm. 91). Eine Ausnahme läßt der BGH lediglich für den Fall zu, in dem die vertragliche Regelung sonst praktisch bedeutungslos würde.

35 Die ADSp können auch im Güterfernverkehr (§ 3 I GüKG) greifen, es sei denn, die Beförderung des Guts erfolgt durch den Spediteur mit eigenem Kfz aufgrund Selbsteintritts (§§ 412, 413 HGB) oder Frachtvertrags, § 2 c) S. 2 ADSp i. V. m. § 1 V KVO.

36 Baumbach / Duden / Hopt, HGB, § 2 ADSp Anm. 1.

37 Das gilt unabhängig davon, ob sich der Anspruch beim Paletteneinsatz ohne Tausch aus einem Miet- bzw. Leihvertrag oder beim Paletteneinsatz mit Tausch aus einem Darlehnsvertrag ergibt.

38 Siehe die Rechtsprechungshinweise unter Fn. 29. Zustimmend: Baumbach / Duden / Hopt, HGB, § 64 ADSp Anm. 1; Helm, Speditionsrecht, § 414 Rz. 19; Willenberg, transpR 1985, 161 (169).

39 OLG Frankfurt, ZIP 1982, 1331 (1332); KG, transpR 1985, 299 (300); Helm, Speditionsrecht, § 414 Rz. 20.

40 Helm, Speditionsrecht, § 414 Rz. 20.

41 Vgl. Helm, Speditionsrecht, § 414 Rz. 20.

42 Der Anspruch des Empfängers gegen den Spediteur kann ausnahmsweise unter § 64 ADSp fallen. Voraussetzung dafür ist, daß die beiden Parteien, die normalerweise in keinem Vertragsverhältnis zueinander stehen (Helm, Speditionsrecht, § 34 ADSp Rz. 2), die Geltung der ADSp vereinbart haben. Hierfür muß ein besonderer Unterwerfungsvertrag zwischen Empfänger und Spediteur geschlossen werden. Keinesfalls kommt ein solcher Vertrag schon allein durch die Annahme des Speditionsguts zustande (OLG Düsseldorf, VersR 1981, 556).

43 Als Allgemeine Geschäftsbedingungen unterliegen die ADSp dem AGBG, d. h. sie müssen nach § 2 AGBG in den Vertrag einbezogen werden. Bei Kaufleuten (auch Minderkaufleuten, so Helm, Speditionsrecht, § 2 ADSp Rz. 6) ist eine Unterwerfung unter die ADSp aufgrund deren Branchenüblichkeit regelmäßig anzunehmen (K. Schmidt, Handelsrecht, § 32 I, S. 870 m. w. Rspr.-Hinweisen). Seit der Neufassung des § 2 a ADSp können die ADSp zwischen einem Spediteur und einem Nichtkaufmann keine Geltung mehr erlangen.

über dem Spediteur § 414 I HGB mit seiner einjährigen Verjährungsfrist Anwendung[44].

Liegt hingegen keine Speditionsrollfuhr (vgl. § 1 Ziff. 4 b AGNB) vor, so greift für die Verjährung des Anspruchs auf Rückgabe von Leerpaletten gegenüber dem Nahverkehrsunternehmer § 26 I AGNB ein[45], soweit die AGNB Vertragsbestandteil geworden sind[46]. Hiernach beträgt die Verjährungsfrist nur 6 Monate.

(2) Frachtbeförderung im innerdeutschen Güterfernverkehr (§ 3 I GüKG) durch gewerbliche Unternehmer

Soweit die ADSp Anwendung finden[47], gilt gegenüber dem beauftragten Spediteur wieder die achtmonatige Verjährungsfrist des § 64 ADSp. Für den Rückgewähranspruch des Spediteurs gegen den Versender greift aber hier im Unterschied zur Beförderung im Güternahverkehr nicht § 196 I Ziff. 1 oder Ziff. 3 BGB ein. Die Verjährungsfrist richtet sich jetzt nach der zwingenden Regelung des § 40 I KVO und beträgt somit ein Jahr[48]. § 40 I KVO gilt nämlich nicht nur für die Ansprüche gegenüber dem Transportunternehmer, sondern ist vielmehr anwendbar auf alle Ansprüche aus dem KVO-Beförderungsvertrag[49]. Außerhalb des Geltungsbereiches der ADSp kommt die einjährige Verjährungsfrist des § 40 I KVO dann auch für den Palettenrückführungsanspruch des Versenders gegen den Transportunternehmer zur Anwendung[50].

Entgegen der Überschrift des § 40 KVO „Verjährung der Ansprüche aus dem Beförderungsvertrag" und dem Wortlaut des Absatzes I erfaßt § 40 I KVO darüber hinaus ebenfalls die Ansprüche des Transportunternehmers gegen den Empfänger, wie die des Empfängers gegen den Unternehmer auf Rückgewähr

---

[44] Vgl. Baumbach / Duden / Hopt, HGB, § 64 ADSp Anm. 1.
§ 414 I HGB gilt nur für speditionsvertragliche Ansprüche, die sich gegen den Spediteur richten (Helm, Speditionsrecht, § 414 Rz. 1). Für die Rückgewähransprüche des Spediteurs gegen den Versender, wie gegen den Empfänger und umgekehrt verbleibt es bei der Verjährung nach § 196 I Ziff. 1 oder Ziff. 3 BGB.

[45] OLG Frankfurt, transpR 1984, 248; Willenberg, transpR 1985, 161 (170).

[46] Die AGNB sind wie die ADSp Allgemeine Geschäftsbedingungen. Gegenüber Nichtkaufleuten werden sie daher nur unter den Voraussetzungen des § 2 AGBG Vertragsbestandteil. Im kaufmännischen Bereich ist hingegen eine stillschweigende Vereinbarung, insbesondere aufgrund laufender Geschäftsbeziehungen möglich (Helm, Frachtrecht, § 452 HGB Anhang V, § 1 AGNB Anm. 3).

[47] Siehe oben, Fn. 35.

[48] Vgl. OLG Düsseldorf, VersR 1983, 274 f.; Helm, Speditionsrecht, § 414 HGB Rz. 20 und §§ 412, 413 HGB Rz. 27.

[49] Baumbach / Duden / Hopt, HGB, § 40 KVO Anm. 1; Helm, Frachtrecht, § 452 HGB Anhang II, § 40 KVO Anm. 1; Willenberg, KVO, § 40 Rz. 5.

[50] So ausdrücklich OLG Köln, transpR 1985, 429; AG Köln, transpR 1985, 74; Willenberg, transpR 1985, 161 (170).

von Leerpaletten, obwohl der Empfänger selber am Beförderungsvertrag nicht beteiligt ist[51].

(3) Frachtbeförderung im grenzüberschreitenden Kraftverkehr

Beim grenzüberschreitenden Verkehr kann das Übereinkommen über den Beförderungsvertrag im internationalen Straßengüterverkehr (CMR) zur Anwendung gelangen, soweit die Voraussetzungen des Art. 1 CMR vorliegen. In diesem Fall richtet sich die Verjährung für die vertraglichen Ansprüche auf Herausgabe von Leerpaletten nach Art. 32 CMR[52]. Die hiernach bestehende einjährige Verjährungsfrist gilt aber nicht nur für die Ansprüche des Versenders gegen den Frachtführer und umgekehrt, sondern auch für die gegenseitigen Ansprüche zwischen Empfänger und Frachtführer. Dies läßt sich aus dem Wortlaut des Art. 32 I CMR folgern, der alle Ansprüche „aus der Beförderung“ erfaßt und nicht nur, wie der Wortlaut des § 40 I KVO, alle Ansprüche „aus dem Beförderungsvertrag“[53]. Fehlt es an einer der Anwendungsvoraussetzungen des Art. 1 CMR, dann gilt nationales Recht, also entweder innerdeutsches und/oder ausländisches Recht[54].

bb) Verjährungsbeginn

Bei den vorab behandelten Verpackungsmitteln ergaben sich für die vertraglichen Rückforderungsansprüche hinsichtlich des Verjährungsbeginns keine Probleme. Da für die Rückgabe der Emballagen die kurze Verjährungsfrist des § 196 I Ziff. 1, II BGB greift, beginnt die Verjährung gem. §§ 201, 198 BGB mit dem Schlusse des Jahres nach der Gebrauchmachung[55].

Problematisch ist hingegen der Verjährungsbeginn bezüglich des Palettenrückerstattungsanspruchs. Die Probleme ergeben sich hier im wesentlichen aus dem Eingreifen der besonderen Verjährungsvorschriften des Transportrechts, die zugleich den Beginn der Verjährung festlegen[56]. Streitig ist, ob die dort genannten Zeitpunkte für den Anspruch auf die Rückgabe von Paletten Geltung erfahren sollen. Aufgekommen ist der Streit bei § 64 ADSp, der als den spätesten Zeitpunkt des Verjährungsbeginns den der Ablieferung des Guts bestimmt. Das OLG Frankfurt[57] ist der Auffassung, daß der in § 64 ADSp genannte Zeitpunkt

---

[51] Vgl. Willenberg, KVO, § 40 Rz. 2 m. w. N. und überzeugender Begründung.

[52] Vgl. OLG Frankfurt, transpR 1986, 354 (356).

[53] Vgl. Baumbach/Duden/Hopt, HGB, § 32 CMR Anm. 1; Glöckner, Leitfaden zur CMR, Art. 32 Rz. 2.

[54] Helm, Frachtrecht, § 425 Anm. 10.

[55] Siehe oben, 1. Kapitel, 3. Abschnitt B I 4 i).

[56] Vgl. § 64 S. 2 ADSp, § 26 II AGNB, § 40 II KVO, § 32 I S. 2 CMR und § 414 II HGB.

[57] OLG Frankfurt, ZIP 1983, 1331 (1332f.). Zustimmend: Baumbach/Duden/Hopt, HGB, § 64 ADSp Anm. 1; Helm, Speditionsrecht, § 414 Rz 26; Willenberg, transpR 1985, 161 (169).

für den Palettenrückgewähranspruch keine Gültigkeit haben könne, weil die Übergabe der Paletten allein noch nicht die Fälligkeit des Anspruchs auslöse. Dieser sei, soweit in der Palettenhingabe ein Darlehn liege und keine besondere Regelung über die Fälligkeit getroffen sei, erst fällig, wenn der Anspruch erhoben werde, denn darin liege konkludent die Kündigung gem. § 609 I BGB. Eine andere Ansicht vertreten das KG[58], das LG Köln[59], das AG Köln[60] und das AG Hannover[61]. Danach soll der Anspruch auf Rückgewähr von Paletten aus einem Darlehnsvertrag nicht erst durch Kündigung nach § 609 I BGB fällig sein. Der Parteiwille gehe vielmehr dahin, daß der Palettenübergeber grundsätzlich jederzeit Paletten gleicher Art und Menge zurückverlangen könne. Somit werde auch der Rückgabeanspruch grundsätzlich nach § 64 S. 2 ADSp sofort bei Ablieferung fällig[62].

Zu diesem Meinungsstreit läßt sich folgendes feststellen: Unabhängig davon, ob der Paletteneinsatz mit oder ohne Tausch erfolgt, ob also ein Leih-/Mietvertrag oder ein Darlehnsvertrag vorliegt, wird der Zeitpunkt der Fälligkeit des Palettenrückerstattungsanspruchs heute in den allermeisten Fällen ausdrücklich in den Begleitpapieren, speziell dem PBS, bestimmt. Der Verjährungsbeginn für die unterschiedlichen Verjährungsfristen ergibt sich daher in erster Linie nicht aus den Sondervorschriften des Transportrechts, sondern aus der jeweiligen Fälligkeitsvereinbarung. Soweit der Palettenüberlassung ein Leih- oder Mietverhältnis zugrunde liegt, erfolgt die Hingabe befristet. Die Fälligkeit des Rückerstattungsanspruchs tritt dann mit Fristablauf ein[63].

Beim Paletteneinsatz mit Tausch hingegen ist wegen der regelmäßig vereinbarten Klausel „Wir bitten um sofortigen Tausch oder um Anlieferung bis spätestens [...] an eines unserer Lager“ davon auszugehen, daß der Übergeber Tauschpaletten sofort bei Ablieferung herausfordern darf und der Palettenübernehmer diese Leistung auch sofort zu erbringen hat. Dafür, daß die Fälligkeit des Rückgewähranspruchs mit der Ablieferung der beladenen Paletten eintreten soll, sprechen neben dem Wortlaut der Klausel auch die Interessen des Übergebers. Durch den Soforttausch erspart er sich nicht nur Organisationskosten, sondern auch Vorhaltekosten für Leerpaletten. Die Tatsache, daß er dem Übernehmer zubilligt, Leerpaletten auch bis zu einem späteren Zeitpunkt zurückzugeben, hat hierbei keinen Einfluß auf die Fälligkeit des Anspruchs. Diese Abrede regelt lediglich den Zeitpunkt, ab wann sich der Übernehmer im Verzug mit der Rückgabe befindet[64].

---

58 KG, transpR 1985, 299 (300f.).

59 LG Köln, transpR 1984, 263.

60 AG Köln, transpR 1985, 74, allerdings für die Verjährung nach § 40 KVO.

61 AG Hannover, transpR 1985, 60 (61).

62 So ausdrücklich KG, transpR 1985, 299 (301).

63 Das räumt auch das OLG Frankfurt, ZIP 1982, 1331 (1333), ein.

64 Vgl. KG, transpR 1985, 299 (301).

Nur in Ausnahmefällen treffen die Parteien über die Palettenrückgabe keine besonderen Vereinbarungen. Soweit dann ein Leih- oder Mietvertrag vorliegt, ist der Rückgabeanspruch nach Gebrauchmachung fällig, d. h. nach Benutzung der Paletten als Transport- oder vorübergehendes Lagerhilfsmittel oder nach Ablauf eines angemessenen Zeitraumes, in dem der Gebrauch hätte ausgeübt werden können. Ist dagegen ein Darlehnsvertrag vereinbart, so ist auch ohne eine besondere Fälligkeitsabrede mit dem KG anzunehmen, daß der Rückgewähranspruch sofort bei Ablieferung fällig sein soll. Denn die Interessenlage des Übergebers ändert sich bei Fehlen einer solchen Abrede nicht. Wollte man in diesem Fall der Auffassung des OLG Frankfurt folgen, würde hier die Verjährungsfrist erst dann beginnen, wenn der Übergeber die Rückgabe forderte. Unterließe er dies für Jahre, könnte die Verjährung nicht eintreten. Hierin sieht das KG zu Recht den Zweck der Verjährung, nämlich eine beschleunigte Abwicklung von Rechtsverhältnissen im Interesse der Rechtssicherheit und des Rechtsfriedens zu erreichen, gefährdet. Gerade im Transportgewerbe ist eine baldige Klärung der Ansprüche auf Palettenrückerstattung geboten, da nach einer gewissen Zeit die Palettenbewegungen kaum noch ermittelt werden können[65]. Die Auffassung des OLG Frankfurt ist daher für den Fall des Fehlens einer Fälligkeitsabrede abzulehnen.

cc) Kontokorrent

Ebenso wie die Parteien auf den Verjährungsbeginn für den Palettenrückerstattungsanspruch durch die Fälligkeitsabrede in den PBS einwirken, können sie auch den Gesamtablauf der Verjährungsfrist beeinflussen, wenn sie die gegenseitigen Palettenansprüche in ein Kontokorrent stellen[66].

Voraussetzung für ein Kontokorrentverhältnis ist neben einer auf Dauer angelegten Geschäftsverbindung[67] insbesondere das Vorliegen einer Kontokorrentabrede, also einer Vereinbarung über Inrechnungstellung, Verrechnung und Saldofeststellung, § 355 I HGB. Die von § 355 I HGB weiter geforderte Kaufmannseigenschaft mindestens einer Partei[68] wird dagegen bei Beteiligung von Frachtführern und Spediteuren gem. § 1 II Nr. 5, 6 HGB stets gegeben sein. Zweifel bestehen auch nicht an der Kontokorrentfähigkeit von Palettenforderungen. Die Beschränkung der Kontokorrentfähigkeit auf Geldforderungen und -leistungen[69] folgt weder aus dem Gesetz noch aus der Natur der Sache.

[65] KG, transpR 1985, 299 (301).

[66] Vgl. OLG Frankfurt, ZIP 1982, 1331 (1333); OLG Frankfurt, transpR 1986, 354 (356); LG Köln, transpR 1984, 263; Helm, Speditionsrecht, § 414 Rz. 27; Willenberg, transpR 1985, 161 (169).

[67] Zu diesem Begriff siehe Baumbach/Duden/Hopt, HGB, Einl. vor § 343 Anm. 2.

[68] Die §§ 355 ff. HGB finden aber auch entsprechend Anwendung auf das Kontokorrentverhältnis zwischen Nichtkaufleuten (siehe K. Schmidt, Handelsrecht, § 20 II 2, S. 549).

[69] So aber RG, JW 1933, 2826 (2827). Vgl. auch die weiteren Literaturhinweise bei Staub-*Canaris*, § 355, Anm. 38.

Vielmehr gebietet es der Grundsatz der Privatautonomie, daß auch Forderungen und Leistungen auf andere vertretbare Sachen als Geld in ein Kontokorrent gestellt werden können, soweit sie nur im Zeitpunkt der Verrechnung der Bewertung eines einheitlichen Maßstabes unterliegen[70]. Für Paletten jedenfalls besteht ein solcher einheitlicher Maßstab, da sie nach Zahl, Art (Flach-Palette oder Gitter-Box) und Gebrauchsfähigkeit bestimmt werden.

Soweit ein wirksames[71] Kontokorrentverhältnis vorliegt, ist die Verjährung des Palettenrückgewähranspruchs — gleichgültig, ob die Forderung tatsächlich in das Kontokorrent aufgenommen ist oder nicht[72] — zunächst bis zum Schluß der Rechnungsperiode analog § 202 BGB gehemmt[73]. Dies gilt für die Verjährungsfristen der § 64 ADSp und § 26 AGNB, wie für § 414 I HGB[74] und die zwingenden Normen der § 40 I KVO und Art. 32 I CMR[75]. Für letztere ist die Hemmung nach den allgemeinen Vorschriften in § 40 III S. 1 KVO und Art. 32 III S. 1 CMR ausdrücklich vorgesehen[76].

Mit dem Abschluß der von den Parteien vereinbarten Rechnungsperiode, werden die bis dahin in das Kontokorrent eingestellten Einzelforderungen verrechnet. Beim Palettenkontokorrent geschieht dies regelmäßig automatisch, aufgrund einer im voraus in der Kontokorrentabrede getroffenen Verrechnungsvereinbarung[77]. In der Höhe, in der sich die gegenseitigen Palettenforderungen decken, kommen sie zum Erlöschen[78]. Den Rechnungsauszug mit dem Saldo übersendet der Kontoführende an die Vertragspartei. Hierin liegt ein Angebot zum Abschluß eines Anerkenntnisvertrages. Nimmt die Partei das Angebot an, kommt ein Vertrag zustande, der als konstitutives Schuldanerkenntnis i. S. von § 781 BGB zu qualifizieren ist[79]. Das Anerkenntnis hat zur Konsequenz, daß in Höhe des Saldos eine selbständige Forderung entsteht, die nach § 195 BGB in 30 Jahren verjährt[80]. Wird der Saldoanspruch dagegen nicht

---

[70] Schlegelberger-*Hefermehl*, § 355 Rz. 19; Staub-*Canaris*, § 355 Anm. 38.

[71] Liegen die Voraussetzungen für ein Kontokorrentverhältnis nicht vor und besteht insoweit nur ein einfaches Palettenkonto, bleiben die Verjährungsfristen hiervon unbeeinflußt (LG Köln, transpR 1984, 263; Helm, Speditionsrecht, § 414 Rz. 27).

[72] BGHZ 51, 346 (347); Baumbach / Duden / Hopt, HGB, § 355 HGB Anm. 36; Palandt-*Heinrichs*, § 202 Anm. 2 b) bb).

[73] Vgl. BGHZ 49, 24 (27); 51, 346 (347); Baumbach / Duden / Hopt, HGB, § 355 HGB Anm. 36. Ausdrücklich für die Forderung auf Leerpaletten: OLG Frankfurt, ZIP 1982, 1331 (1333); Helm, Speditionsrecht, § 414 Rz. 26; Willenberg, transpR 1985, 161 (169).

[74] Vgl. Helm, Speditionsrecht, § 414 Rz. 8.

[75] Vgl. OLG Frankfurt, transpR 1986, 354 (356).

[76] Helm, Frachtrecht, § 40 KVO Anm. 18 und Art. 32 CMR Anm. 9.

[77] Vgl. Baumbach / Duden / Hopt, HGB, § 355 HGB Anm. 3 B; Schlegelberger-*Hefermehl*, § 355 Rz. 50.

[78] Vgl. Brox, HandelsR und WertpapierR, Rz. 345.

[79] So die ganz herrschende Auffassung: BGHZ 49, 24 (27); BGH, WM 1972, 283 (285); Brox, HandelsR und WertpapierR, Rz. 346; Baumbach / Duden / Hopt, HGB, § 355 HGB Anm. 3 D; K. Schmidt, Handelsrecht, § 20 V 1 a).

anerkannt, muß der Gläubiger entweder das Recht auf Rückerstattung von Leerpaletten oder auf Saldoanerkennung innerhalb der Verjährungsfrist für die einzelnen streitigen Forderungen geltend machen[81]. Dies gilt auch für den Fall, in dem eine Palettenforderung bei der Verrechnung und anschließendem Saldoanerkenntnis versehentlich nicht berücksichtigt wurde.

e) Zurückbehaltungsrecht

Fraglich ist, ob derjenige, der zur Rücklieferung von Leerpaletten verpflichtet ist, an den Paletten ein Zurückbehaltungsrecht gegenüber dem Rückgabeberechtigten wegen einer ihm zustehenden fälligen Forderung geltend machen kann. In Betracht kommt dabei für die Transportbranche neben dem allgemeinen Zurückbehaltungsrecht nach § 273 I BGB oder eines solchen aus § 320 BGB abgeleiteten, insbesondere das kaufmännische Zurückbehaltungsrecht des § 369 I S. 1 HGB. Voraussetzung für dessen Ausübung ist unter anderem, daß die Leerpaletten, die eine Partei zurückbehalten will, im Eigentum des Vertragspartners stehen[82]. Dies ist beim Paletteneinsatz ohne Tausch, nicht jedoch beim Paletteneinsatz mit Tausch der Fall, da hierbei das Eigentum an den Paletten übergeht. Allerdings läßt § 369 I S. 2 HGB das kaufmännische Zurückbehaltungsrecht auch an eigenen Sachen des Kaufmanns gelten[83]. Dem Zurückbehaltungsrecht aus § 369 I HGB, wie denen aus §§ 273, 320 BGB, könnte jedoch ein anderer gemeinsamer Hinderungsgrund entgegenstehen. Gem. § 369 III HGB ist das Zurückbehaltungsrecht nämlich ausgeschlossen, wenn die Zurückbehaltung des Gegenstandes der von dem Schuldner vor oder bei der Übergabe erteilten Anweisung oder der von dem Gläubiger übernommenen Verpflichtung, in einer bestimmten Weise mit dem Gegenstand zu verfahren, widerstreitet[84]. Dabei

---

[80] BGHZ 49, 24 (27); 51, 346 (349); BGH, WM 1973, 1014 (1015); WM 1982, 291 (294); Staub-*Canaris*, § 355 Anm. 98; Baumbach/Duden/Hopt, HGB, § 355 HGB Anm. 3 E. Ausdrücklich für den Palettenrückerstattungsanspruch: OLG Frankfurt, ZIP 1982, 1331 (1333).

[81] Vgl. BGHZ 49, 24 (26); 51, 346 (349); WM 1970, 548; 1973, 1014 (1015); 1976, 505 (506); Baumbach/Duden/Hopt, HGB, § 355 HGB Anm. 36. Ausdrücklich für den Palettenrückerstattungsanspruch: OLG Frankfurt, ZIP 1982, 1331 (1333).

[82] Baumbach/Duden/Hopt, HGB, § 369 HGB Anm. 3 B; K. Schmidt, Handelsrecht, § 21 IV d.

[83] Dabei ist es nicht erforderlich, daß es sich nach dem Wortlaut des § 369 I S. 2 HGB um solche eigenen Gegenstände handelt, deren Eigentum er an den Vertragspartner zurückzuübertragen verpflichtet ist, nachdem er das Eigentum von diesem auch erhalten hat. Von der überwiegenden Auffassung wird § 369 I S. 2 HGB nämlich dahingehend erweitert, daß jede im Eigentum des Kaufmanns stehende Sache Gegenstand eines Zurückbehaltungsrechtes sein kann (Baumbach/Duden/Hopt, HGB, § 369 HGB Anm. 3 D; K. Schmidt, Handelsrecht, § 21 IV e; Staub-*Canaris*, §§ 369-372 Anm. 26).

[84] Bei § 369 III HGB handelt es sich um eine gesetzliche Konkretisierung von § 242 BGB (K. Schmidt, Handelsrecht, § 21 IV g; Staub-*Canaris*, §§ 369-372 Anm. 37), dem auch § 273 BGB (siehe nur Müko-*Keller*, § 273 Rz. 58) und § 320 BGB (Palandt-*Heinrichs*, § 320 Anm. 2 e) unterliegen.

können die Weisungen oder die Pflichtübernahme auch konkludent erfolgen und sich insbesondere aus dem Zweck oder der besonderen Art des Rechtsgeschäfts ergeben[85]. Speziell letzteres sieht das OLG Frankfurt[86] richtigerweise bei Paletten als gegeben an. Das Gericht begründet das mit der besonderen Bedeutung der Paletten für den modernen Warenumschlag. Dieser ist ohne den Einsatz von Paletten und Boxen heute nicht mehr denkbar. Der gesamte Warenumschlag würde auf das empfindlichste gestört, wenn nicht sogar teilweise unmöglich gemacht, könnte das Zurückbehaltungsrecht an Paletten ausgeübt werden. Vielmehr müssen die Beteiligten diese jederzeit zur Wiederverwendung bereithalten und alsbald in den Transportkreislauf zurückgeben. Unter Berücksichtigung dieser Umstände verstößt die Geltendmachung des Zurückbehaltungsrechts gegen Treu und Glauben und ist daher unzulässig.

Die Auffassung des OLG Frankfurt läßt sich aber noch mit einem weiteren Argument stützen: Die Palettenverwendung bietet, da sie eine zügige und damit kostensenkende Transportweise ermöglicht, Vorteile für alle Beteiligten. Für den Versender verbilligt sich die Fracht und er bleibt mit seinen Preisen konkurrenzfähig. Die Transportunternehmer können wegen des Zeitvorteils mehr Transporte in der gleichen Zeit durchführen und für den Empfänger ergibt sich aufgrund geringerer Frachtkosten ein niedrigerer Kaufpreis. Allerdings bereitet der Einsatz von Paletten den Beteiligten auch nicht unerhebliche Kosten[87]. Erklärtes Ziel ist es daher, die Palettenkosten unterhalb der Summe zu halten, die sich an Einsparung für jeden Beteiligten aus der Verwendung ergibt. Da aber gerade die Vorhaltekosten, also insbesondere die Kosten für die Neuanschaffung von Paletten, einen gewichtigen Kostenfaktor darstellen[88], entspricht es dem Willen aller Parteien, daß Paletten alsbald zurückgegeben werden. Zudem geht es nicht an, daß sich eine Partei die Vorteile der Palettenverwendung zunutze macht, indem sie palettierte Ware übernimmt, und anschließend die Paletten zurückbehält und auf diese Weise die Vorhaltekosten ihres Vertragspartners und möglicherweise auch die sämtlicher Vormänner über Gebühr ansteigen läßt. Auch hierin ist ein Verstoß gegen Treu und Glauben zu sehen.

Die Besonderheit des Schuldverhältnisses, insbesondere die Eigenart des Gegenstandes, läßt daher eine stillschweigende Parteivereinbarung dahingehend annehmen, daß an Leerpaletten ein Zurückbehaltungsrecht nicht ausgeübt werden kann.

---

[85] Schlegeberger — *Hefermehl*, § 369 Rz. 46; Staub-*Canaris*, §§ 369-372 Anm. 37.

[86] OLG Frankfurt, transpR 1986, 354 (356); zustimmend: Palandt-*Heinrichs*, § 273 Anm. 5 d aa. Dagegen hält das LG Hechingen (transpR 1984, 262) ein Zurückbehaltungsrecht nach § 369 I HGB an Paletten — allerdings ohne nähere Begründung — für möglich.

[87] Vgl. Einsatz und Kontrolle von Tauschpaletten, Gutachten, S. 22ff.

[88] Für die Spediteure betragen die Investitionskosten ca. 1/6, für die DB gar die Hälfte der Palettengesamtkosten pro Transport (Gutachten, S. 28f.).

4. Zusammenfassung

Beim Paletteneinsatz ohne Tausch liegt der Palettenüberlassung ein Leih- oder Mietvertrag, beim Paletteneinsatz mit Tausch dagegen regelmäßig ein Darlehnsvertrag zugrunde. Die Gefahr für den zufälligen Untergang der Paletten trägt der jeweilige Eigentümer. Die Verjährungsfristen für die Palettenrückgewähransprüche unterfallen den Verjährungsvorschriften der frachtrechtlichen Sondergesetze. Der Verjährungsbeginn ergibt sich dabei regelmäßig aus der Fälligkeitsvereinbarung in den PBS. Nehmen die Parteien die Palettenansprüche in ein Kontokorrent auf, so ist die Verjährung des einzelnen Rückerstattungsanspruchs analog § 202 BGB gehemmt, solange die Bindung an das Kontokorrent besteht. Der anerkannte Saldoanspruch verjährt als selbständige Forderung gem. § 195 BGB in 30 Jahren. Ein Zurückbehaltungsrecht kann an Paletten nicht ausgeübt werden.

3. Abschnitt

Die Problematik der verspäteten Rücklieferung und der Nichtrücklieferung von Leerpaletten

A. Die verspätete Rücklieferung

Der Zeitpunkt, bis zu dem Leerpaletten spätestens zurückgegeben werden müssen, ergibt sich regelmäßig aus den PBS, in denen es heißt[1]: „Wir bitten um sofortigen Tausch oder um Anlieferung bis spätestens [...] an eines unserer Lager“. Die den Palettenübernehmern in den PBS eingeräumten Rückgabefristen betragen zwei bis sieben Tage[2]. Tatsächlich werden diese Rückgabefristen aber sehr häufig überschritten[3]. Den Rücknahmeberechtigten entstehen dadurch zusätzliche Vorhaltekosten. Um den Vertragspartner zur Rücklieferung innerhalb der Rückgabefrist anzuhalten und / oder um einen Ausgleich für die erhöhten Vorhaltekosten zu schaffen, ist üblicherweise zusätzlich in den PBS geregelt, daß bei Überschreitung der Frist eine Verzögerungsgebühr pro Tag und Palette zu entrichten ist. Die Höhe der Verzögerungsgebühren orientiert sich zumeist an den Sätzen, die die DB von ihren Kunden im Rahmen des Paletten-Pools bei nicht fristgemäßer Rücklieferung von Paletten erhebt[4]. Diese Sätze betragen je Palette und je angefangene 24 Stunden 1,50 DM für die „Euro-Pool-Palette“ und 3,00 DM für die „Euro-Pool-Gitterbox“[5].

I. Anspruchsgrundlagen für die Verzögerungsgebühren

In fast allen neuen PBS[6] findet sich eine Klausel über Verzögerungsgebühren für den Fall der Fristüberschreitung. Durch Gegenzeichnung der PBS wird diese Klausel zum wirksamen Vertragsbestandteil. In diesen Fällen ergibt sich die

[1] Vgl. LG Offenburg, transpR 1985, 194; AG Offenburg, transpR 1985, 59.

[2] Einsatz und Kontrolle von Tauschpaletten, Gutachten, S. 37.

[3] Nach Einsatz und Kontrolle von Tauschpaletten, Gutachten, S. 37, vergehen im Durchschnitt 18 Tage, bis Speditionen von ihren Vertragsparteien Leerpaletten zurückbekommen.

[4] Einsatz und Kontrolle von Tauschpaletten, Gutachten, S. 38.

[5] Vgl. VI. der „Vereinbarung über Tausch von Pool-Paletten ...“, DB-Formular 750 06.

[6] Vgl. nur LG Hechingen, transpR 1984, 262. Der PBS beinhaltete dort die Klausel: „Nach einer Standzeit von 5 Tagen werden Verzögerungsgebühren entsprechend den Sätzen der DB berechnet.“ Vgl. ebenso LG Wuppertal, transpR 1985, 74; LG Offenburg, transpR 1985, 194; AG Offenburg, transpR 1985, 59; Willenberg, transpR 1985, 161 (169). Auch der vom Bundesverband Spedition und Lagerei e.V. empfohlene PBS sieht Verzögerungegebühren vor (siehe Anlage 16 und 17 des Gutachtens).

Anspruchsgrundlage aus dieser Klausel i. V. m. §§ 284, 285 BGB[7]. Mit Ablauf der sich aus dem PBS ergebenden Rückgabefrist[8] kommt der Palettenschuldner automatisch in Verzug, da gem. § 284 II S. 1 BGB eine Mahnung in diesen Fällen entbehrlich ist[9]. Die gegenteilige Auffassung des LG Hechingen[10] und des AG Braunschweig[11], die dieser Abrede in dem PBS keine rechtliche Wirkung zukommen lassen will, ist dagegen abzulehnen[12].

In den seltenen Fällen, in denen PBS nicht übergeben werden oder keine Regelung über Verzögerungsgebühren enthalten und auch keine sonstige Vereinbarung über Verzugsfolgen vorliegt, kann sich für den Rückgabeberechtigten ein Anspruch auf Ersatz des Verzugsschadens bei verzögerter Rücklieferung aus §§ 284, 286 I BGB ergeben[13]. Nur trifft ihn hier die Behauptungs- und Beweislast dafür, daß ihm ein Schaden überhaupt entstanden ist. Ein Schaden besteht einmal, wenn er infolge des Verzuges des Schuldners genötigt war, Paletten neu zu erwerben oder vorübergehend von dritter Seite anzumieten[14]. Auch kann er vorbringen, daß er wegen der Nichtrückgabe seinerseits Palettenschulden bei Vormännern nicht rechtzeitig begleichen konnte und daher an diese Verzögerungsgebühren zu entrichten hatte. Die Schwierigkeiten bei der Geltendmachung dieses Anspruchs resultieren aber nicht allein aus der Darlegungslast für den entstandenen Schaden. Darüber hinaus muß der Gläubiger auch darlegen und beweisen, inwiefern zwischen der nicht rechtzeitigen Rückgabe der Paletten und seinem Schaden dem Grunde und der Höhe nach ein ursächlicher Zusammenhang besteht[15]. Aufgrund der schwierigen Beweislage wird sich daher ein Anspruch auf Ersatz des Verzugsschadens aus §§ 284, 286 I BGB oft nur schwerlich durchsetzen lassen.

Keine Entschädigung für verspätet zurückgelieferte Paletten ergibt sich dagegen aus den §§ 29 ff. KVO, Art. 17 ff. CMR oder den §§ 429 ff., 413 HGB, soweit besondere vertragliche Absprachen über Verzögerungsgebühren fehlen. Selbst wenn man die übrigen Voraussetzungen dieser Normen für gegeben hält[16], scheitern Entschädigungsansprüche hieraus an der weiteren Voraussetzung, daß die Schäden oder der Verlust vor Annahme der Sendung durch den Empfänger eingetreten sein müssen[17].

---

[7] Vgl. OLG Karlsruhe, transpR 1985, 301 (302).

[8] Siehe auch oben, 2. Abschnitt, B III 3 d) bb).

[9] Willenberg, transpR 1985, 161 (169).

[10] LG Hechingen, transpR 1985, 262.

[11] AG Braunschweig, transpR 1985, 57 (58).

[12] Siehe oben, 2. Abschnitt, B I 2 e) bb).

[13] Vgl. LG Hechingen, transpR 1984, 262; LG Bielefeld, transpR 1985, 56 (57).

[14] Vgl. LG Bielefeld, transpR 1985, 56 (57); LG Krefeld, transpR 1985, 64 (67).

[15] LG Hechingen, transpR 1984, 262. Vgl. auch Palandt-*Heinrichs*, § 286 Anm. 2 a.

[16] Zu der Frage, ob Paletten als Güter i. S. dieser Vorschriften anzusehen sind, siehe unten, 4. Abschnitt B.

[17] Vgl. OLG Düsseldorf, transpR 1984, 251 (253); LG Krefeld, transpR 1985, 64 (66).

Ebenso kommen regelmäßig Ansprüche auf Nutzungsentschädigung aus § 987 BGB oder §§ 812 I S. 1 1. Alt., 818 I BGB nicht in Betracht. Der Anspruch aus § 987 BGB scheitert bereits am Vorliegen eines Eigentümer-Besitzerverhältnisses, da beim Paletteneinsatz mit Tausch das Eigentum an den Paletten übertragen wird[18]. Und der Anspruch aus §§ 812 I S. 1 1. Alt, 818 I BGB geht zumeist gem. § 818 III BGB aufgrund der Entreicherung des Rückgewährpflichtigen fehl, da die beladenen Paletten längst weitergegeben worden sind[19].

Nach der zutreffenden Ansicht der Rechtsprechung[20] ergibt sich auch aus Handelsbrauch kein Anspruch auf Verzögerungsgebühren. Denn ein Handelsbrauch kann allein nie eine Anspruchsgrundlage begründen, sondern immer nur zur Auslegung von Verhalten oder Normen mitherangezogen werden. Verzögerungsgebühren können aber nur auf Grund vertraglicher Vereinbarungen eingefordert werden[21].

Nach der Auffassung des LG Bielefeld[22] kann der kaufmännische Palettengläubiger richtigerweise auch ohne Vereinbarung einer Verzögerungsgebühr ein Entgelt im Verzugsfalle nach der Vorschrift des § 354 II HGB berechnen. Hiernach steht ihm nicht nur ein Entgelt für den Zeitraum zu, in dem der Schuldner mit der Rückgabe im Verzuge ist, sondern bereits vom Tage der Überlassung der Paletten an. Vorausgesetzt, so das Gericht, die Palettenhingabe stellt sich — und dies ist regelmäßig der Fall — als ein Darlehn dar, dann kann auch die Überlassung von Paletten zinsfähig sein. Zinsen sind nämlich die Vergütung für den Gebrauch eines auf Zeit überlassenen Kapitals. Wenn es sich dabei auch primär um Geldmittel handelt, so können doch ebenso sonstige vertretbare Sachen, eingeschlossen Paletten, als Kapital in diesem Sinne in Betracht kommen[23]. Demzufolge sprach das Gericht dem Palettengläubiger gem. §§ 354 II, 352 I HGB einen Anspruch zu auf 5% Zinsen vom Kapitalwert[24]

[18] Dagegen können Entschädigungsansprüche für den Gebrauchsvorteil (§ 100 BGB) an den Paletten aus § 987 BGB ab Rechtshängigkeit erwachsen, soweit der Rückgewährberechtigte beim Paletteneinsatz ohne Tausch Eigentümer der überlassenen Paletten bleibt.

[19] Vgl. LG Krefeld, transpR 1985, 64 (67).

[20] LG Hechingen, transpR 1984, 262; LG Krefeld, transpR 1985, 64 (67). Offengelassen wird diese Frage vom LG Offenburg, transpR 1985, 194. Das OLG Karlsruhe (transpR 1985, 301, 302) prüft sogar das Vorbringen einer Partei, wonach die Erhebung von Verzögerungsgebühren branchenwidrig sein soll. Das Gericht läßt diesen Punkt aber offen, da Verzögerungsgebühren ausdrücklich vereinbart waren und solche Absprachen Vorrang vor branchenüblichen Gepflogenheiten genießen.

[21] AG Offenburg, transpR 1985, 59 (60); AG Landau, transpR 1985, 302 (303). Mit derselben Begründung verneint das AG Offenburg einen Anspruch auf Verzögerungsgebühren aus § 362 I HGB in dem Fall, in dem diese zwar auf dem PBS vermerkt sind, der PBS jedoch nicht wirksam gegengezeichnet worden ist.

[22] LG Bielefeld, transpR 1985, 56 (57); zustimmend Dubischar, § 15 III 2, S. 250.

[23] LG Bielefeld, S. 57. Vgl. auch Palandt-*Heinrichs*, § 246 Anm. 1 a.

[24] Zum Kapitalwert von Paletten, der dem Neuanschaffungswert entspricht, siehe unten B II 2 a).

der überlassenen Paletten vom Tage der Leistung an. In der Transportbranche spielt diese Norm jedoch keine große Rolle. Denn zum einen ergeben 5% vom Kapitalwert einer „Euro-Pool-Palette“ nicht einmal 1 DM pro Jahr oder weniger als 7 DM bei der „Euro-Pool-Gitterbox“ und stehen damit in keinem Verhältnis zu den durch die Nichtrückführung entstandenen Vorhaltekosten. Und zum anderen ist § 354 II HGB darüber hinaus gar nicht anwendbar, wenn die Parteien eine andere Vereinbarung über die Vergütung getroffen haben[25]. Hierzu ist aber die heute allgemein übliche „Tauschgebühr“[26] zu zählen. Diese stellt dann zumindest bis zum Ende der Rückgabefrist nach dem Parteiwillen die Vergütung für die Überlassung dar, was den Anspruch aus § 354 HGB ausschließt.

II. Gesetzliche Beschränkungen für die Verzögerungsgebühren

Die zumeist auf der Rückseite der PBS abgedruckten Tauschbedingungen sind formularmäßig gestaltet und unterliegen daher als Allgemeine Geschäftsbedingungen (§ 1 AGBG) der Inhaltskontrolle des AGBG[27]. Zwar findet § 11 AGBG wegen § 24 S. 1 Nr. 1 AGBG im kaufmännischen Verkehr keine Anwendung; eine Prüfung des § 11 AGBG ist aber wegen der Indizwirkung[28] für das Vorliegen eines Verstoßes gegen § 9 AGBG geboten.

1. Verstoß gegen § 11 Nr. 6 AGBG

Die Bestimmung, daß der Rückgewährpflichtige bei nicht rechtzeitiger Rückgabe der Paletten Verzögerungsgebühren zu entrichten hat, könnte gegen § 11 Nr. 6 AGBG verstoßen, wenn hierin eine Vertragsstrafe gem. § 339 BGB liegen würde.

Gem. § 341 III BGB kann der Gläubiger die Vertragsstrafe aber nur verlangen, wenn er sich bei Annahme der Erfüllung das Recht auf die Erhebung ausdrücklich vorbehalten hat. Da die Übernahme und Übergabe der Paletten nahezu ausschließlich zwischen Fahrern und Lagerangestellten abgewickelt wird, die zumeist von der Verspätung der Rückgabe keine Kenntnis haben, können Verzögerungsgebühren gem. § 341 III BGB wegen des dann fehlenden Vorbehaltes nur in Ausnahmefällen erhoben werden. Dem Zweck einer Vertragsstrafe, nämlich den Schuldner zur ordnungsgemäßen Erfüllung anzuhalten, werden die Beteiligten ihrem tatsächlichen Verhalten nach daher vielfach gar nicht gerecht. Letztendlich spricht auch die Tatsache, daß sich der Vorbehalt i. S. des § 341 III BGB üblicherweise nicht in den Tauschbedingungen der PBS

---

[25] Baumbach/Duden/Hopt, HGB, § 354 HGB Anm. 2 C.

[26] Vgl. Einsatz und Kontrolle von Tauschpaletten, Gutachten, S. 40f.

[27] Obwohl die Voraussetzungen des § 2 I AGBG ebenfalls vorliegen, kommt es hierauf gem. § 24 S. 1 ABGB im Palettenverkehr nicht an, da regelmäßig nur (Minder-)Kaufleute beteiligt sind.

[28] Siehe oben, 1. Kapitel, 4. Abschnitt, A II 2.

wiederfindet[29], gegen die Annahme, die Parteien hätten eine Vertragsstrafe vereinbaren wollen[30].

2. Verstoß gegen § 11 Nr. 5 AGBG

Vielmehr ist davon auszugehen, daß in der Vereinbarung von Verzögerungsgebühren eine pauschalierte Verzugsschadensregelung liegt[31]. Dafür spricht vor allem, daß der Gläubiger sich so der vollen Darlegungs- und Beweislast für einen Verzugsschaden nach § 286 I BGB entledigen kann.

Zu prüfen ist somit, ob die Pauschale den in den geregelten Fällen nach dem gewöhnlichen Lauf der Dinge zu erwartenden Schaden übersteigt, § 11 Nr. 5 a AGBG. Diese Frage war Gegenstand einer Entscheidung des LG Offenburg[32]. Die Besonderheit des Falles lag darin, daß der Herausgabeberechtigte die Verzögerungsgebühren — 1,50 DM pro Palette und Tag — für einen Zeitraum von mehr als 4 Monaten forderte. Da das Gericht einen Neupreis der Paletten von ca. 20 DM annahm[33], ergab sich auf diese Weise ein Verzögerungsschaden, der in etwa um das Zehnfache höher war als der Neuwert[34]. Zu Recht wertete das LG Offenburg dies als eine Pauschale, die den gewöhnlichen Schaden bei weitem übersteigt[35] und nahm folglich einen Verstoß gegen § 11 Nr. 5 a AGBG an[36].

3. Verstoß gegen § 9 II Nr. 1 AGBG

Eine Schadenspauschalierung, die zu einer Bereicherung führt, weil sie sich nicht am gewöhnlichen Lauf der Dinge orientiert, widerspricht in wesentlichen Bezügen der gesetzlichen Regelung des § 9 II Nr. 1 AGBG und ist deshalb grundsätzlich unwirksam[37].

---

[29] Nach BGH, NJW 1987, 380f. genügt auch eine formularmäßige Erklärung.

[30] Vgl. LG Offenburg, transpR 1985, 194 (195); Willenberg, transpR 1985, 161 (168).

[31] So LG Offenburg, transpR 1985, 194 (195) und Willenberg, transpR 1985, 161 (168); vgl. auch LG Hechingen, transpR 1984, 262.

[32] LG Offenburg, ebenda.

[33] Dies entspricht auch dem vom Gutachten der USL GmbH (S. 39) ermittelten durchschnittlichen Verkaufspreis für die Euro-Pool-Palette in Höhe von 19,30 DM.

[34] Vgl. auch LG Krefeld, transpR 1985, 64 (65), wo der Gläubiger mehr als das Doppelte des Anschaffungspreises forderte. Das Gericht sah in dem Verlangen nach Zahlung einer den Anschaffungspreis übersteigenden Nutzungsentschädigung einen Verstoß gegen Treu und Glauben. (Hinweis: Das Urteil wurde am 17.11.1970, also vor Inkrafttreten des AGBG gefällt).

[35] Nach der Rechtsprechung (Übersicht bei Palandt-*Heinrichs*, AGBG, § 11 Anm. 5 b bb) läßt sich zwar hierfür ein fester prozentualer Wert nicht bestimmen, jedoch dürfte dies bei einer Pauschale von 1000% über dem Anschaffungspreis zweifelsfrei der Fall sein.

[36] Zustimmend Willenberg, transpR 1985, 161 (169).

[37] BGH NJW 1984, 2941 (2942).

Besondere kaufmännische Gesichtspunkte können allerdings ausnahmsweise ein anderes Ergebnis rechtfertigen[38]. Zwar ließe sich vorbringen, der auf Verzögerungsgebühren Inanspruchgenommene könne seinerseits ebenfalls von seinen Nachmännern Verzögerungsgebühren erheben und sei daher gar nicht übermäßig belastet. Nur bliebe hierbei unberücksichtigt, daß nicht jede verspätete Palettenrückgabe darauf beruht, daß irgendwelche Nachmänner ihrerseits Paletten nicht zurückgeben. Es kann auch sein, daß der Schuldner die Paletten selbst als Lager- oder Transporthilfsmittel benötigt und daher nicht rechtzeitig zurückliefern kann. Hinzutritt, daß auch besondere kaufmännische Gesichtspunkte in den Hintergrund zu treten haben, wenn eine „übermäßige Einseitigkeit“[39] zugunsten des Klauselverwenders vorliegt. Daß eine solche „übermäßige Einseitigkeit“ bei der Erhebung einer Entschädigung anzunehmen ist, die den Anschaffungspreis um 1000% übersteigt[40], dürfte nicht zweifelhaft sein. Zudem liegt in den Fällen, in denen der Herausgabeberechtigte die Zeit der Aufsummierung weiterer Tagesätze in die Zukunft hinein nicht begrenzt, ein Verstoß gegen seine Schadensminderungspflicht aus § 254 II BGB vor[41].

Als angemessen erscheint in diesem Zusammenhang die Regelung der DB[42]. Diese erhebt Verzögerungsgebühren lediglich für einen Zeitraum von maximal 30 Tagen[43]. Gibt der Vertragspartner die Palette nicht innerhalb dieser Frist zurück, wird Verlust vermutet und zusätzlich der volle Wiederbeschaffungswert eingefordert. Die nicht zurückgelieferte Palette darf der Vertragspartner dann allerdings behalten. Zwar können sich auch hier bei einer Forderung von 1,50 DM Tagessatz Verzögerungsgebühren addieren, die den Neuwert um mehr als 100% übersteigen. Der anfallende Verwaltungsaufwand[44] und die erhöhten Vorhaltekosten lassen diesen Umstand aber als noch gerechtfertigt erscheinen.

Es läßt sich somit festhalten, daß ein Verstoß gegen § 9 II Nr. 1 AGBG dann nicht anzunehmen ist, wenn der Klauselverwender für die „Euro-Pool-Palette“ die Erhebung von Verzögerungsgebühren von 1,50 DM pro Tag und Palette auf 30 Tage begrenzt[45]. Bei der „Euro-Pool-Gitterbox“, bei der regelmäßig ein Tagessatz von 3 DM gefordert wird, dürfte eine Fristbegrenzung bis maximal vier Monate zulässig sein[46].

---

[38] Vgl. oben, 1. Kapitel, 4. Abschnitt, A II 4 a.

[39] Vgl. *Brandner* in Ulmer / Brandner / Hensen, AGBG, § 24 Rz. 19.

[40] So in dem vom LG Offenburg (transpR 1985, 194) entschiedenen Fall.

[41] LG Offenburg, transpR 1985, 194 (195).

[42] So auch LG Wuppertal, transpR 1985, 74 (75); LG Offenburg, transpR 1985, 194 (195); Willenberg, transpR 1985, 161 (169).

[43] Siehe „Vereinbarung über die Überlassung von Pool-Paletten für den Stückgutversand“, DB-Formular 750 07.

[44] Willenberg, transpR 1985, 161 (169); vgl. auch LG Wuppertal, transpR 1985, 74 (75).

[45] So ausdrücklich LG Offenburg, transpR 1985, 194 (195) und Willenberg, transpR 1985, 161 (169). Sollten ausnahmsweise gegenüber einem Nichtkaufmann Verzögerungsgebühren erhoben werden und § 11 Nr. 5 a AGBG unmittelbar Anwendung finden, dürfte die Regelung auch der Inhaltskontrolle nach dieser Norm standhalten.

Sehen die Tauschbedingungen hingegen eine Fristsetzung nicht vor, verstößt die Klausel gegen § 9 II Nr. 1 AGBG. Dies hat zur Folge, daß die Klausel, die die Erhebung von Verzögerungsgebühren bestimmt, unwirksam ist. Eine Reduzierung der Klausel auf das hier für zulässig gehaltene Maß von 30 Tagen für die Flach-Palette oder vier Monaten für die Gitterbox ist dann nicht mehr möglich[47].

4. Verstoß gegen § 138 II BGB

Gelangt das AGBG nicht zur Anwendung, so liegt auch kein Verstoß gegen § 138 II BGB vor, soweit der Palettengläubiger das Einfordern von Verzögerungsgebühren bei einem Tagessatz von 1,50 DM für die „Euro-Pool-Palette" auf 30 Tage begrenzt. Der Umstand, daß der Neuwert einer Palette nur 20 DM beträgt, indes aber allein maximal 45 DM Verzögerungsgebühren verlangt werden können, führt nach Auffassung des LG Wuppertal[48] richtigerweise allein noch nicht zu einem „auffälligen Mißverhältnis" von Leistung und Gegenleistung i.S. des § 138 II BGB. Denn es ist durchaus möglich und sogar naheliegend, daß der Palettengläubiger den Verlustbetrag pro nicht zurückgegebener Palette auf 20 DM begrenzt hat. Die darüber hinausgehende Forderung von bis zu maximal 25 DM dient damit lediglich wieder der Kostendeckung für die Verzugsfolgen.

5. Verstoß gegen §§ 5, 22 II S. 1 und 2 GüKG

Mit Urteil vom 15.01.1987[49] hat der BGH zu Recht den Personenkreis, dem gegenüber Verzögerungsgebühren vorbehaltlos in Rechnung gestellt werden kann, beschränkt. Der BGH hat nämlich bezüglich der Erhebung von Verzögerungsgebühren gegenüber einem Transportunternehmer entschieden, daß Vereinbarungen, die diesem Zahlungspflichten für den Fall der nicht fristgerechten Rückgabe von Leerpaletten auferlegen, ohne daß der Unternehmer für deren Vorhaltung eine angemessene Vergütung erhält, mit dem Tarifzwang des GüKG unvereinbar und daher nichtig sind (§§ 5, 22 II S. 1 und 2 GüKG).

Zur Begründung führt das Gericht an, daß die Vereinbarung von Verzögerungsgebühren auf eine nach dem Tarif unzulässige Ermäßigung der Fracht

---

[46] Willenberg (ebenda) will hier eine Frist von acht Monaten gelten lassen, wobei er allerdings von einem Tagessatz von nur 1,50 DM für die Gitterbox ausgeht.

[47] LG Offenburg, transpR 1985, 194 (195). Zur Unzulässigkeit einer geltungserhaltenden Reduktion vgl. auch BGHZ 94, 109 (115f.); 86, 284 (297); 96, 18 (25); speziell für den kaufmännischen Verkehr siehe BGHZ, 92, 312 (315).

[48] LG Wuppertal, transpR 1985, 74 (75); zustimmend Willenberg, transpR 1985, 161 (169).
Wegen Fehlens eines auffälligen Mißverhältnisses zwischen Leistung und Gegenleistung ist somit auch kein Sittenwidrigkeitsverstoß nach § 138 I BGB gegeben (vgl. Palandt-*Heinrichs*, § 138 Anm. 2 b).

[49] BGH, NJW 1987, 1641ff.

hinausläuft. Denn um der Bezahlung von Verzögerungsgebühren entgehen zu können, ist der Unternehmer selber zur Anschaffung und Bereitstellung von Paletten gezwungen. Es ist nämlich durchaus möglich, daß der Empfänger keine Leerpaletten vorrätig hat oder nicht zur sofortigen Abladung bereit ist. Der Transportunternehmer ist daher, will er nicht auf Verzögerungsgebühren in Anspruch genommen werden, darauf angewiesen, eine ausreichend große Zahl von Paletten auf eigene Kosten vorzuhalten.

III. Zusammenfassung

Die Anspruchsgrundlage für die Erhebung von Verzögerungsgebühren ergibt sich regelmäßig aus der in dem PBS getroffenen Vereinbarung i. V. m. §§ 284, 285 BGB. Wird ein PBS nicht erstellt oder sind darin keine Regelungen über Verzugsfolgen enthalten, so kommt als Anspruchsgrundlage neben den hier beweisrechtlich schwierigen §§ 284, 286 I BGB vor allem § 354 II HGB in Betracht. Danach kann der Palettengläubiger 5% Zinsen vom Kapitalwert der überlassenen Paletten vom Tage der Leistung an berechnen.

Die als pauschalierter Verzugsschaden i. S. von § 11 Nr. 5 a AGBG zu charakterisierende Vereinbarung über Verzögerungsgebühren verstößt nur dann nicht gegen § 9 II Nr. 1 AGBG, wenn der Rückgabeberechtigte die Erhebung von 1,50 DM pro „Euro-Pool-Palette" (bzw. 3 DM pro „Euro-Pool-Gitterbox") auf 30 Tage (bzw. 4 Monate) begrenzt. Gegenüber Transportunternehmern ist eine dahingehende Vereinbarung allerdings gemäß §§ 5, 22 S. 1 und 2 GüKG mit dem Tarifzwang unvereinbar, wenn nicht der Unternehmer für die Palettenvorhaltung eine angemessene Vergütung bekommt.

B. Die Nichtrücklieferung

Die Nichtrücklieferung von Leerpaletten beruht primär auf deren Verlust. Nach Angaben der von der USL GmbH befragten Speditionsunternehmen betrug die Verlustquote im Jahre 1980 immerhin 37% des Gesamtbestandes der Unternehmen an „Euro-Pool-Paletten"[50]. Etwa 1/3 dieser Verlustquote ist dabei laut Gutachten auf den Palettendiebstahl zurückzuführen. Um ihren Verpflichtungen auf Rückgewähr von Leerpaletten gegenüber den Vertragspartnern nachzukommen, müssen die Unternehmen entweder in den eigenen Palettenbestand ständig investieren oder anderenfalls Schadensersatz leisten.

I. Anspruchsgrundlagen für Schadensersatz

Häufig beinhalten die PBS neben der Erhebung von Verzögerungsgebühren zusätzlich die Klausel, daß bei Verlust der Paletten Ersatzkosten in der Höhe des Wiederbeschaffungswertes zu zahlen sind. Neuere PBS richten sich dabei an der

[50] Einsatz und Kontrolle von Tauschpaletten, Gutachten, S. 15.

Regelung der DB aus. Hiernach wird der Verlust der Paletten vermutet und damit die Ersatzpflicht begründet, wenn der Termin der Rückgabe um mehr als 30 Tage überschritten ist[51].

Die Anspruchsgrundlage für das Einfordern von Schadensersatz im Fall der Nichtrücklieferung ergibt sich hierbei aus der Klausel in dem gegengezeichneten PBS[52]. Fehlt es an einer solchen Klausel, dann stellt § 326 I BGB die Anspruchsgrundlage dar[53]. Die Rückgewährpflicht ist nämlich, unabhängig davon, ob man die Palettenüberlassung schuldrechtlich als Leihe, Miete oder Darlehn charakterisiert, stets eine Hauptpflicht aus einem gegenseitigen Vertrag[54]. Befindet sich der Palettenschuldner zudem mit der Rückgewähr im Verzug[55], bedarf es als Voraussetzung eines Schadensersatzanspruches nach § 326 I BGB weiterhin einer Fristsetzung des Gläubigers mit Ablehnungsandrohung[56]. Auf letztere kann aber ausnahmsweise verzichtet werden, wenn der Palettenschuldner „seine Rückführungspflicht ernsthaft und endgültig verneint“[57].

Keinen Schadensersatzanspruch kann dagegen der Gläubiger wegen des Verlustes von Leerpaletten beim Rücktransport aus positiver Vertragsverletzung des Frachtvertrages herleiten[58].

Ebensowenig können regelmäßig §§ 989, 990 I BGB oder §§ 823 I, 831 BGB als Anspruchsgrundlagen herangezogen werden[59], da beim Paletteneinsatz mit Tausch das Eigentum an den Paletten auf den Rückgewährpflichtigen übergeht. Und sollte dies — wie beim Paletteneinsatz ohne Tausch[60] — ausnahmsweise nicht der Fall sein, bleibt für den Herausgabeberechtigten die Schwierigkeit bestehen, die Voraussetzungen des deliktischen Anspruchs oder des Anspruchs aus §§ 989, 990 BGB darzulegen und zu beweisen, also etwa, daß der Verlust der

---

[51] Vgl. LG Wuppertal, transpR 1985, 74 (75); LG Offenburg, transpR 1985, 194.

[52] Auf die Erfordernisse des § 326 I BGB (vorherige Fristsetzung mit Ablehnungsandrohung) kann verzichtet werden, wenn die Parteien die Rechtsfolgen der Nichtrücklieferung vertraglich geregelt haben und besondere Umstände für eine gewollte Einbeziehung der Erfordernisse, wie in diesem Fall, nicht vorliegen (vgl. BGH, NJW 1982, 1036; Palandt-*Heinrichs*, § 326 Anm. 1 d).

[53] OLG Frankfurt, transpR 1986, 354 (356); OLG Celle, transpR 1984, 253; LG Hannover, transpR 1984, 254 f.; LG Duisburg, transpR 1985, 73; AG Calw, transpR 1985, 59; Helm, Speditionsrecht, §§ 407-409 Rz. 107; Willenberg, transpR 1985, 161 (169).

[54] Vgl. OLG Celle, transpR 1984, 253 (254); LG Hannover, transpR 1984, 254 (255).

[55] Im Verzug befindet sich der Palettenschuldner mit Ablauf der sich aus dem PBS ergebenden Rückgabefrist (siehe oben, A I).

[56] Ausdrücklich: OLG Celle, transpR 1984, 253 (254); LG Hannover, transpR 1984, 254 (256); Helm, Speditionsrecht, §§ 407-409 Rz. 107; Willenberg, transpR 1985, 161 (169).

[57] LG Duisburg, transpR 1985, 73 (74); zustimmend Willenberg, ebenda.

[58] LG Ravensburg, transpR 1984, 259 (260 f.); siehe auch oben, 2. Abschnitt B I 2 a).

[59] So LG Ravensburg, transpR 1984, 259 (261).

[60] Siehe oben, 2. Abschnitt B II 1.

Paletten erst nach Rechtshängigkeit eingetreten (§ 989 BGB) oder die Gegenpartei beim Besitzerwerb der Paletten nicht im guten Glauben gewesen ist (§ 990 I BGB)[61].

II. „Wiederbeschaffungspreis-Klausel" und AGBG

Die in den PBS zumeist anzutreffende Klausel, wonach der Rückgewährpflichtige bei Verlust der Paletten Ersatzkosten in Höhe des vollen Wiederbeschaffungswertes (sog. „Wiederbeschaffungspreis-Klausel") zu entrichten hat, unterliegt der Inhaltskontrolle der §§ 9ff. AGBG[62]. Probleme treten hier insbesondere dann auf, wenn die Klausel den Wiederbeschaffungswert der Höhe nach auf den Wert fabrikneuer Leerpaletten festsetzt.

1. Verstoß gegen § 11 Nr. 6 AGBG

Willenberg[63] sieht die „Wiederbeschaffungspreis-Klausel" im Fall der Nichtrücklieferung als Vertragsstrafebestimmung an. Sie dient seiner Auffassung nach primär dazu, einen möglichst wirkungsvollen Druck auf den Rückgewährpflichtigen auszuüben und die Erfüllung des Rückgewähranspruches zu sichern.

Zwar mag die Klausel geeignet sein, den Palettenschuldner zur rechtzeitigen Rücklieferung zu bewegen. Jedoch liegt darin nicht ihr primärer Zweck. Dieser Zweck wird nämlich schon durch die Erhebung der Verzögerungsgebühren erfüllt. Der Umstand, daß der wahre Wert der nicht zurückgelieferten Paletten ähnlich wie bei Leergut nur schwer bestimmbar ist, deutet dagegen vielmehr darauf hin, daß die Parteien mit der Klausel eine vereinfachte Abwicklung von Schadensersatzansprüchen in Form einer Berechnungserleichterung anstreben. Nicht eine Vertragsstrafebestimmung, sondern eine Schadenspauschale ist folglich in der Klausel zu sehen.

2. Verstoß gegen § 11 Nr. 5 AGBG

a) Prüfungsmaßstab § 11 Nr. 5 a AGBG

Ein Verstoß gegen § 11 Nr. 5 a AGBG liegt vor, wenn die vereinbarte Pauschale höher ist, als der nach dem gewöhnlichen Lauf der Dinge zu erwartende Schaden. Dies ließe sich dann annehmen, wenn man die von Schäfer/Schäfer[64] für die „Wiederbeschaffungspreis-Klausel" im Getränke-

[61] LG Ravensburg, transpR 1985, 259 (261). Vgl. aber dagegen die Begründung des BGH (BGH, LM Nr. 2 zu § 989 BGB) zur *analogen* Anwendung der §§ 989, 990 BGB, 1. Kapitel, 4. Abschnitt, Fn. 11.

[62] Siehe oben, A II. Wegen der Indizwirkung für das Vorliegen eines Verstoßes gegen § 9 AGBG, erfolgt zunächst eine Inhaltskontrolle nach § 11 AGBG.

[63] Willenberg, transpR 1985, 161 (169), unter Berufung auf Trinkner, BB 1984, 1455.

[64] Schäfer/Schäfer, ZIP 1983, 656 (662). Jetzt auch OLG Köln, NJW RR 1988, 373 (376).

handel dargelegte Auffassung bezüglich eines Verstosses gegen § 11 Nr. 5 a AGBG auf den Palettenverkehr erstrecken und wie folgt argumentieren würde: Da das Alter der angelieferten Paletten im statistischen Durchschnitt ein Halb der Zeit ihrer Gebrauchsfähigkeit beträgt, beläuft sich auch der durchschnittliche Wert der Paletten in etwa nur auf 50% des Neuwertes. Der durchschnittliche tatsächliche Schaden ist daher um 50% niedriger als die veranschlagte Pauschale.

Diese Argumentation geht bei der Nichtrücklieferung von Leergut insofern fehl, als sowohl eine Ersatzbeschaffung von gleichwertigem gebrauchten Leergut gem. § 249 S. 1 BGB wie eine Ersatzpflicht in Höhe des Verkehrswertes gem. § 251 I BGB an dem Umstand scheitern, daß kein Gebrauchtleergutmarkt existiert und folglich auch ein Marktpreis für gebrauchtes Leergut gar nicht zu ermitteln ist. Die rein statistische Berechnung des Wertes der angelieferten Verpackungsmittel steht daher im Widerspruch zu den tatsächlichen Gegebenheiten im Getränkehandel. Entsprechendes gilt bei Anwendung der von Schäfer / Schäfer vorgebrachten Ansicht auf den Palettenverkehr. Denn auch hier besteht kein Markt für gebrauchte Paletten und somit auch kein für diese bestimmbarer Wert[65]. Auch läßt sich ein solcher — ebensowenig wie für Leergut[66] — durch lineare oder degressive Abschreibung aus dem Neupreis entwickeln.

Für den Palettenverkehr nicht so unproblematisch von der Hand weisen läßt sich dagegen die Auffassung von Wolf[67], die „Wiederbeschaffungspreis-Klausel" im Getränkehandel richte sich nicht am Durchschnittsschaden aus und verstoße deswegen gegen § 11 Nr. 5 a AGBG, weil sie den Abzug „neu für alt" unberücksichtigt lasse. Für Leergut kann dieser Auffassung nicht gefolgt werden, weil sich eine Bereicherung der Getränkehersteller durch den Ersatz zum Wiederbeschaffungspreis nicht feststellen läßt. Dies beruht in erster Linie darauf, daß nicht zu ermitteln ist, ob Leergut überhaupt und wenn in welcher Größenordnung durch (sachgemäßen) Gebrauch abgenutzt wird. Denn nur wenn dies nachzuweisen wäre, ließe sich dem Argument der Hersteller,

---

[65] So ausdrücklich LG Duisburg, transpR 1985, 73 (74), das dem Kläger 19,80 DM zuzüglich Mehrwertsteuer pro nicht zurückgelieferter „Euro-Pool-Palette" als Geldersatz zusprach. (Dies entspricht annähernd exakt dem von der USL in dem Gutachten für das Jahr 1981 ermittelten Neupreis für die „Euro-Pool-Palette" in Höhe von 19,30 DM). Bestätigt wird dies auch durch das Gutachten der USL. Zwar wird darauf hingewiesen, daß Paletten gebraucht wie neu erworben werden können. Wegen der hohen Diebstahlsquote bei Paletten und aufgrund der Tatsache, daß Paletten keine individuellen Kennzeichen tragen, wird es jedoch für durchaus möglich gehalten, „daß ein Spediteur, der bei einem Palettenhändler gebrauchte Paletten erwirbt, seine eigenen Paletten erhält, die ihm zuvor gestohlen worden sind" (Gutachten, S. 39). Unter diesen Umständen kann daher von einem ordnungsgemäß funktionierenden Gebrauchtmarkt nicht die Rede sein.

[66] Vgl. oben, 1. Kapitel, 4. Abschnitt A II 3a) bb).

[67] *Wolf* in Wolf / Horn / Lindacher, AGB-Gesetz, § 11 Nr. 5 Rz. 17, 25; ebenso Schäfer / Schäfer, ZIP 1983, 656 (662). Jetzt auch OLG Karlsruhe, NJW-RR 1988, 370 (372).

entscheidend sei allein die Gebrauchstauglichkeit und neues wie altes Leergut sei nun einmal zum Abfüllen von Getränken gleich tauglich, wirksam entgegentreten. Dann nämlich käme man an der Tatsache nicht vorbei, daß die Gebrauchstauglichkeit endlich ist und daß eine häufiger gebrauchte Sache auch früher ersetzt werden muß. Und diese wäre dann wertmäßig anders zu beurteilen als eine neue Sache. Aber selbst wenn man die Aussonderungsquoten für beschädigtes Leergut sämtlich auf eine Abnutzung durch sachgemäßen Gebrauch zurückführen würde, so wären diese Quoten mit 2-3% pro Abfüllung oder Lieferung[68] derart gering, daß es geboten erscheint, den beim Hersteller durch die Nichtrücklieferung entstandenen Schaden der Höhe nach dem Anschaffungspreis für neues Leergut gleichzusetzen[69].

Zum gleichen Ergebnis gelangt man bei der „Wiederbeschaffungspreis-Klausel" im Palettenverkehr. Denn auch hier läßt sich nicht exakt feststellen, welche Größenordnung der Abnutzung durch sachgemäßen Gebrauch zukommt. In ihrem Gutachten kalkuliert die USL die Lebensdauer für die „Euro-Pool-Palette" mit einem Jahr. In diesem Jahr können mit der Palette 20 Volltransporte durchgeführt werden[70]. Bei einem Palettenjahresanfangsbestand von bspw. 100 Paletten, die dann sämtlich am Jahresende verlorengegangen oder auszumustern wären, könnten demnach 2000 Volltransporte durchgeführt werden. Die Aussonderungsquote beträgt demnach 5% der beladen transportierten Paletten. Berücksichtigt man zusätzlich die hohe Verlust- und Diebstahlquote[71] und den normalen Schwund, so läßt sich die Verschleißquote, also die Abnutzung durch sachgemäßen Gebrauch, allenfalls auf 3% der in einem Jahr beladen transportierten Paletten schätzen. Dieser verhältnismäßig geringe Abnutzungsgrad führt daher wie bei Leergut[72] zu dem Ergebnis, daß bei der Berechnung der Schadenshöhe ein Abzug „neu für alt" auch im Palettenverkehr nicht vorzunehmen ist. Ein Verstoß der „Wiederbeschaffungspreis-Klausel" gegen § 11 Nr. 5 a AGBG läßt sich somit nicht feststellen.

b) Prüfungsmaßstab § 11 Nr. 5 b AGBG

Ebenso wie bei Leergut[73] kann auch kein Verstoß gegen § 11 Nr. 5 b AGBG angenommen werden. Denn zum einen erweckt der Gesamtzusammenhang der Pauschale, insbesondere die Formulierung „... ist zum Wiederbeschaffungspreis zu ersetzen", beim angesprochenen Verkehrskreis — hier regelmäßig Kaufleuten — nicht die Vorstellung, ihnen stehe die Möglichkeit des Gegenbeweises

[68] Vgl. oben, 1. Kapitel, 4. Abschnitt, Fn. 59 und 91.

[69] Vgl. OLG Hamm, Der Mineralbrunnen 1977, 32 (34).

[70] Einsatz und Kontrolle von Tauschpaletten, Gutachten, S. 23. Die Lebensdauer der „Euro-Pool-Gitterbox" wird dagegen mit 3 Jahren kalkuliert, in denen 60 Volltransporte durchgeführt werden können.

[71] Gutachten, S. 15.

[72] Vgl. oben, 1. Kapitel, 4. Abschnitt, A II 3 a) aa).

[73] Vgl. oben, 1. Kapitel, 4. Abschnitt, A II 3 b).

nicht zu. Und zum anderen wäre ein solcher Gegenbeweis überhaupt gar nicht möglich. Es müßte nämlich der Nachweis erbracht werden, daß die angelieferten Paletten schon so häufig verwendet wurden, daß die Grenze ihrer Lebensdauer erreicht ist und beim Verwender hierdurch ein wesentlich geringerer Schaden vorliegt. Nicht nur, daß ungewiß ist, ob überhaupt die Umlaufhäufigkeit einen Rückschluß auf den Wert der Paletten zuläßt. Auch dürfte ein solcher Beweis dadurch unmöglich sein, daß die Anzahl der Umläufe oder ein Ende der Lebensdauer einer Palette dieser in nicht zuverlässigem Maße anzusehen ist.

3. Verstoß gegen § 9 II Nr. 1 AGBG

Selbst wenn man entgegen der hier vertretenen Ansicht einen Verstoß der Klausel gegen § 11 Nr. 5 AGBG für gegeben hält, bleibt noch zu prüfen, ob hierin ein Indiz für einen Verstoß gegen § 9 II Nr. 1 AGBG liegen kann. Denn wegen der regelmäßig vorhandenen Kaufmannseigenschaft der am Palettenverkehr Beteiligten ist gem. § 24 S. 1 AGBG die unmittelbare Anwendung des § 11 Nr. 5 AGBG ausgeschlossen.

Ob ein Verstoß gegen § 11 Nr. 5 AGBG Indizwirkung für einen Verstoß gegen § 9 II Nr. 1 AGBG haben kann, ist von der Frage abhängig, ob die verbotene Klausel Kaufleute im Geschäftsverkehr ebenso trifft wie Nichtkaufleute[74]. Beruht die Nichtrücklieferung der Paletten darauf, daß die Nachmänner des AGB-Kunden in der Lieferkette ihrerseits Paletten nicht zurückgeben, so ist zu berücksichtigen, daß der AGB-Kunde diesem Umstand entgegentreten kann. Er kann nämlich — wie dies in der Transportbranche nahezu ausnahmslos gehandhabt wird — die Palettenbewegungen durch das Führen von Palettenkonten genau registrieren und die „Wiederbeschaffungspreis-Klausel" an seine Nachmänner weitergeben. Die Klausel trifft folglich die am Palettenverkehr Beteiligten, welche ausnahmslos Kaufleute sind, erheblich geringer als vergleichbare Nichtkaufleute.

Von einer „unangemessenen Benachteiligung" des AGB-Kunden i. S. von § 9 II AGBG kann aber auch dann nicht gesprochen werden, wenn die Nichtrücklieferung darauf beruht, daß der AGB-Kunde die Paletten über die Rückgabefrist hinaus als Lagerhilfsmittel einsetzt. Da nämlich ein Gebrauchtmarkt für Paletten nicht existiert, ist der Verwender, will er seinen Palettenbestand erhalten, gezwungen, Paletten neu hinzuzukaufen. Wer jedoch bei seinem Vertragspartner durch eigenes, nicht vertragsgemäßes Verhalten erhöhte Kosten verursacht, wird nicht unangemessen benachteiligt, wenn dieser ihm die Kosten dafür in Rechnung stellt. Somit kann selbst ein unterstellter Verstoß gegen § 11 Nr. 5 AGBG keine Indizwirkung für einen Verstoß gegen § 9 II Nr. 1 AGBG haben.

---

[74] BGH, NJW 1984, 1750 (1751).

III. Zusammenfassung

Die Anspruchsgrundlage für das Einfordern von Schadensersatz im Fall der Nichtrücklieferung ergibt sich aus der Vertragsabrede in dem PBS, anderenfalls aus § 326 I BGB. Die häufig anzutreffende Klausel, wonach der Rückgewährpflichtige bei Verlust der Paletten Ersatzkosten in Höhe des vollen Wiederbeschaffungswertes (sog. „Wiederbeschaffungspreis-Klausel") zu entrichten hat, stellt nicht eine Vertragsstrafebestimmung, sondern eine Schadenspauschale dar. Diese hält einer Inhaltskontrolle nach den §§ 9 II Nr. 1, 11 Nr. 5 AGBG stand.

4. Abschnitt

Schadensfälle

Bei der Verwendung von Paletten können Schäden am verladenen Transportgut, wie auch an den Paletten selber auftreten. Probleme bei der Schadensabwicklung ergeben sich insbesondere dann, wenn sich die Schadensfälle während des Transports vom Versender / Absender zum Empfänger ereignen. Denn die in diesen Fällen jeweils zur Anwendung gelangenden frachtrechtlichen Sonderregeln (EVO, CIM, ADSp, AGNB, KVO, CMR) kommen hierbei zu teilweise unterschiedlichen Ergebnissen.

A. Schäden am Transportgut

In Bezug auf das Transportgut stehen drei Schadensfaktoren im Vordergrund[1]. Dabei handelt es sich einmal um die nicht genügende Verpackung des Guts auf der Palette selber, die nicht ordnungsgemäße Verstauung der Palette bei der Beförderung und schließlich um ein Abweichen der Stückzahl der Palettenladung von den Angaben im Frachtbrief.

I. Nicht genügende Verpackung des Guts auf der Palette

Gehen Schäden am Transportgut durch dessen Verrutschen oder Herabstürzen auf oder von der Palette trotz verkehrsüblicher sorgfältiger Beförderung darauf zurück, daß das Gut entweder gar nicht oder nicht hinreichend auf der Palette befestigt gewesen ist, so handelt es sich um ein Problem der Verpackung[2]. Auf welche Weise das Gut auf der Palette gesichert sein muß, um normalen Transporterschütterungen standzuhalten, läßt sich generell nicht beantworten. Denn dies ist nicht nur abhängig von der Beschaffenheit des Transportguts[3] — größere Packstücke werden üblicherweise mit Stahlbändern, kleinere dagegen zumeist durch die sog. „Schrumpffolie" gesichert —, sondern auch von der Beförderungsart.

---

[1] Nach Willenberg, transpR 1985, 161 (162ff.).

[2] Willenberg, transpR 1985, 161 (162). Gleiches gilt, wenn zum Transport schadhafte Paletten (z. B. angebrochene Bodenbretter, hervorstehende Nägel) verwendet werden, die dann zu Schäden am Transportgut führen.

[3] Vgl. Willenberg, KVO, § 18 Rz. 7.

1. Nicht genügende Verpackung im Eisenbahnverkehr

Gemäß § 62 I EVO obliegt es dem Absender, das Gut auf der Palette beförderungssicher[4] zu verpacken. Kommt der Absender dieser Pflicht nicht nach und erleidet das Transportgut dadurch bei verkehrsüblicher sorgfältiger Beförderung Schäden, braucht die Bahn dafür gemäß § 83 I b EVO nicht einzustehen. Für solche Schäden, wie auch für Schäden, die durch die mangelhafte Verpackung Dritten oder der Bahn selbst[5] entstehen, haftet gem. § 62 III S. 1 und 2 EVO vielmehr der Absender. Dabei hat der Absender nach dem eindeutigen Wortlaut der §§ 62 III, 83 I b EVO die Schadensfolgen am Frachtgut auch ohne Verschulden zu tragen[6]. Trotz nicht genügender Verpackung greift die Haftungsbefreiung nach § 83 I b EVO allerdings dann nicht ein, wenn der Schaden durch Verschulden der Bahn entstanden ist (§ 83 III EVO)[7].

Entsprechend ist die Rechtslage für die Güterbeförderung mit Eisenbahnen im grenzüberschreitenden Verkehr. Hier ergibt sich die Haftungsbefreiung für die befördernde Bahn aus Art. 27 § 3 b CIM (Internationale Übereinkommen über den Eisenbahnfrachtverkehr[8]), soweit der Absender seiner Pflicht zur beförderungssicheren Verpackung nach Art. 12 § 2 CIM nicht nachgekommen ist.

2. Nicht genügende Verpackung im Güterkraftverkehr

Hier ist wieder nach den einzelnen Sparten des Landfrachtrechts zu unterscheiden:

a) Frachtbeförderung im innerdeutschen Güternahverkehr (§ 2 GüKG)

Im Geltungsbereich der AGNB (§ 1 AGNB) hat der Auftraggeber (§ 2 I AGNB) dem Unternehmer gem. § 5 I AGNB das Transportgut in beförderungsfähigem Zustand zu übergeben. Für den Transport palettierter Güter folgt daraus, daß — nicht anders als im Eisenbahnverkehr — die Güter auf den Paletten gegen normale Transporteinflüsse zu sichern sind[9]. Erfolgt dies nicht und entstehen deswegen Schäden am Transportgut, wird der Unternehmer von seiner Ersatzpflicht (§ 14 AGNB) nach § 15 I c AGNB befreit[10].

---

[4] Hierbei ist vom Absender zu beachten, daß die Verpackung Schutz zu gewähren hat vor den Folgen von Rangierstößen in der Größenordnung von ca. 8 - 12 km/h (vgl. Helm, Frachtrecht, § 62 EVO Anm. 3).

[5] Nach RGZ 105, 343 (346) setzt die Haftung des Absenders gegenüber der Bahn gem. § 62 III S. 2 EVO kein Verschulden voraus.

[6] Vgl. im Gegensatz hierzu die Regelung der Haftungsbefreiung nach § 34 c KVO.

[7] Eine Schadensteilung nach § 254 BGB kommt in diesem Fall nur in Betracht, soweit auch den Absender ein Verschulden trifft (Helm, Frachtrecht, § 83 EVO Anm. 27).

[8] Die CIM ist abgedruckt bei Helm, Frachtgeschäft, § 460 HGB Anhang II.

[9] Vgl. Helm, Frachtrecht, § 5 AGNB Anm. 1; Willenberg, transpR 1985, 161 (163).

Auch außerhalb des Geltungsbereiches der AGNB obliegt es dem Absender, vorbehaltlich einer abweichenden Vereinbarung, das Gut sicher auf den Paletten zu verpacken. Allerdings trifft den Nahverkehrsunternehmer aus dem Beförderungsvertrag die Pflicht, eine nicht genügende Verpackung entweder selbst zu verbessern oder Sorge dafür zu tragen, daß der Absender sie verbessert[11]. Unterläßt der Unternehmer dies schuldhaft und kommt es infolge der mangelhaften Verpackung zu einem Schaden am Transportgut, so hat er dafür nach § 429 I HGB oder nach §§ 407 II, 390 I HGB einzustehen[12].

Im Anwendungsbereich der ADSp ist die Pflicht für den Spediteur zur Verbesserung der Verpackung in § 16 a ADSp ausdrücklich bestimmt. Kommt er dem schuldhaft nicht nach, haftet er für einen dadurch eingetretenen Schaden nach Maßgabe des § 51 ADSp[13].

b) Frachtbeförderung im innerdeutschen Güterfernverkehr (§ 3 I GüKG)

Soweit die ADSp auch für den Beförderungsvertrag im innerdeutschen Güterfernverkehr greifen[14], ergibt sich eine Haftung des Spediteurs für Schäden am Transportgut im Rahmen der §§ 16 a, 51 ADSp[15].

Auf alle anderen Frachtverträge im Güterfernverkehr finden hingegen die Haftungsvorschriften der KVO Anwendung. Danach hat der Absender, wie bei § 62 I EVO, Art. 12 § 2 CIM und § 5 I AGNB, das Transportgut gem. § 18 I KVO auf den Paletten beförderungssicher, d.h. geschützt gegen normale Beförderungsrisiken und normale, durch den Straßenverkehr bedingte Erschütterungen[16], zu verpacken. Entsteht auf dem Transport aufgrund der nicht genügenden Verpackung ein Schaden am Gut, wird der Transportunternehmer gem. § 34 S. 1 c KVO von der Haftung befreit.

---

10 Zu der Voraussetzung des „Verschuldens des Auftraggebers" bei § 15 I c AGNB, siehe unten, c).

11 Helm, Speditionsrecht, §§ 407-409 Rz. 106.

12 Da den Transportunternehmer eine allgemeine Rechtspflicht zur Sicherung des Guts trifft, greift daneben noch die deliktische Haftung aus § 823 I BGB ein (vgl. Baumbach/Duden/Hopt, HGB, § 429 HGB Anm. 1 B und § 408 HGB Anm. 1 D mit Rechtsprechungshinweisen).

13 Praktisch kommt § 51 ADSp jedoch keine große Bedeutung zu, da die Haftung des Spediteurs durch die Bestimmungen der ADSp entweder ganz ausgeschlossen (§ 41 a ADSp) oder zumindest stark beschränkt wird. Allein wenn der Schaden durch Vorsatz oder grobe Fahrlässigkeit des Spediteurs oder seiner leitenden Angestellten verursacht worden ist (§ 51 b ADSp), haftet der Spediteur voll.

14 Siehe oben, 2. Abschnitt B III Fn. 35.

15 Siehe oben, a).

16 Vgl. Helm, Frachtrecht, § 18 KVO Anm. 4 und Willenberg, KVO, § 18 Rz. 8. Dagegen ist es grundsätzlich nicht die Pflicht des Absenders, das Gut gegen Regen, Schnee, Hagel und Sturm zu sichern. Die Abwehr dieser Gefahren trifft vielmehr den Transportunternehmer, § 30 a KVO.

Anders als bei § 83 I b EVO und Art. 27 § 3 b CIM setzt die Haftungsbefreiung gem. § 34 S. 1 c KVO dem Wortlaut nach aber ein „Verschulden des Verfügungsberechtigten" voraus. Der BGH[17] setzt sich über den Wortlaut der Norm hinweg, indem er aus § 34 S. 1 c KVO bei Verpackungsmängeln einen verschuldensunabhängigen Haftungsbefreiungsgrund ableitet. Dieser Annahme hätte es jedoch wegen der Regelung in § 18 III S. 1 KVO, wonach der Absender für alle Folgen des Fehlens oder des mangelhaften Zustandes der Verpackung unabhängig vom Verschulden haftet[18], gar nicht bedurft. Die hierin liegende Gefährdungshaftung[19] des Absenders stellt demnach einen quasi über § 34 S. 1 c KVO hinausgehenden eigenen Haftungsausschließungsgrund dar[20]. Das Merkmal des „Verschuldens des Verfügungsberechtigten" in § 34 S. 1 c KVO ist folglich stets dann erfüllt, wenn das Gut nicht beförderungssicher auf der Palette befestigt worden ist[21]. Ist der Absender hingegen seiner Pflicht zur ordnungsgemäßen Verpackung nachgekommen, greift § 34 S. 1 c KVO nicht ein. Für Schäden am Transportgut haftet in diesen Fällen der Unternehmer nach Maßgabe der §§ 29 ff. KVO.

Zu einer Schadensteilung nach § 254 BGB gelangt man, wenn bei nicht beförderungssicherer Befestigung des Guts auf der Palette der Schaden daneben auch auf einem Verschulden des Unternehmers oder seiner Leute beruht[22].

c) Frachtbeförderung im grenzüberschreitenden Güterkraftverkehr

Gemäß Art. 17 I CMR haftet der Frachtführer verschuldensunabhängig[23] für alle Schäden am Transportgut, sofern die Beschädigung zwischen dem Zeitpunkt der Übernahme des Guts und dem seiner Ablieferung eintritt. Nach Art. 17 IV b CMR ist die Haftung des Frachtführers allerdings ausgeschlossen, wenn die Beschädigung des Guts auf das Fehlen oder Mängel der Verpackung zurückzuführen ist[24]. Insofern entspricht die Rechtslage derjenigen nach der

---

[17] BGHZ 31, 183 (185).

[18] Dies gilt auch für Schäden, die aufgrund der mangelhaften Verpackung bei Dritten oder dem Transportunternehmer selbst entstanden sind. Hat der Unternehmer dem Dritten gem. §§ 29, 30 c KVO Ersatz für Schäden an beigeladenen Gütern zu leisten, so kann er dies dem Absender als eigenen Schaden in Rechnung stellen (Helm, Frachtrecht, § 18 KVO Anm. 6).

[19] BGHZ 31, 183 (185); Willenberg, KVO, § 18 Rz. 23 m. w. N.

[20] OLG Hamburg, VersR 1974, 581; OLG Hamm, VersR 1957, 125 (126); Helm, Frachtrecht, § 34 KVO Anm. 12; Willenberg, KVO, § 18 Rz. 24.

[21] Willenberg, transpR 1985, 161 (162); derselbe, KVO, § 34 Rz. 21. Die Beweispflicht hierfür obliegt dem Transportunternehmer (Helm, Frachtrecht, § 34 KVO Anm. 3).

[22] Vgl. BGHZ 32, 194 (199); BGH, NJW 1962, 1059; BGH, VersR 1970, 459 (460); OLG Frankfurt, BB 1979, 634; Baumbach/Duden/Hopt, HGB, § 34 KVO Anm. 1; Helm, Frachtrecht, § 34 KVO Anm. 11; Willenberg, KVO, § 34 Rz. 25.

[23] Siehe nur Baumbach/Duden/Hopt, HGB, Art. 17 CMR Anm. 1.

[24] Art. 17 IV i.V.m. Art. 18 II CMR stellt einen sog. „bevorrechtigten" Haftungsausschluß dar. Die Besonderheit liegt darin, daß, wenn der Frachtführer den Nachweis einer

KVO[25]. Dies gilt auch für den Fall, in dem der Schaden am Transportgut durch den Verpackungsmangel und noch aufgrund eines weiteren Umstandes entsteht. Hier kommt es wieder zu einer Schadensteilung nach § 254 BGB[26], die in Art. 17 V CMR ausdrücklich vorgesehen ist.

Auf den Haftungsausschluß nach Art. 17 IV b CMR kann sich der Frachtführer gemäß Art. 29 CMR nicht berufen, wenn der Schaden von ihm oder seinen Gehilfen durch Vorsatz oder grobe Fahrlässigkeit[27] herbeigeführt wurde. Es verbleibt dann bei der Haftung des Frachtführers nach Art. 17 I CMR.

II. Nicht ordnungsgemäße Verstauung der Palette bei der Beförderung

Selbst wenn das Transportgut auf der Palette ordnungsgemäß verpackt worden ist, kann es noch dadurch zu Schäden kommen, daß die beladene Palette nicht beförderungssicher im Waggon oder auf dem Fahrzeug verstaut wird. Wen die Pflicht zur ordnungsgemäßen Verstauung trifft und wer bei auftretenden Schäden haftet, ist in den frachtrechtlichen Sonderregeln ebenfalls nicht einheitlich geregelt.

1. Nicht ordnungsgemäße Verstauung im Eisenbahnverkehr

Die EVO läßt die Frage der Ladepflicht offen. Gem. § 59 I EVO kann sich diese Pflicht aus besonderen Vorschriften (vgl. §§ 48 VIII, 63 IX EVO), aus dem Tarifrecht oder aus einer besonderen Vereinbarung zwischen dem Absender und der Bahn im Frachtbrief ergeben. Trifft hiernach die Pflicht, die Paletten beförderungssicher zu verladen, den Absender, wird die Bahn wie in den Fällen mangelhafter Verpackung (§ 82 I b EVO) gem § 83 I c EVO von der Haftung befreit[28]. Dagegen hat die Bahn für Schäden am Gut gem. § 82 I EVO einzustehen, soweit sie die Paletten zu verladen hatte[29].

Keine andere Regelung ergibt sich für den grenzüberschreitenden Eisenbahnverkehr. Bezüglich der Ladepflicht verweist Art. 14 § 2 I CIM auf die für den Versandbahnhof geltenden Vorschriften[30] oder stellt auf eine besondere Verein-

---

mangelhaften Verpackung erbringt, die Vermutung besteht, daß der Schaden aus dieser Ursache entstanden ist (Alff, Fracht-, Lager- und Speditionsrecht, Art. 17 CMR Rz. 7; Helm, Frachtrecht, Art. 17 CMR Anm. 13).

[25] Willenberg, transpR 1985, 161 (163).

[26] BGH, LM Nr. 26 zur CMR; Helm, Frachtrecht, Art. 17 CMR Anm. 21.

[27] Dem „Vorsatz gleichstehendes Verschulden" i. S. von Art. 29 I CMR ist nach deutschem Recht die grobe Fahrlässigkeit gleichzusetzen (BGHZ 88, 157, 164f.; Baumbach/Duden/Hopt, HGB, Art. 29 CMR Anm. 1; Alff, Art. 29 CMR Rz. 1).

[28] Vgl. oben I 1.

[29] Vgl. Helm, Frachtrecht, § 59 EVO Anm. 8.

[30] In der Bundesrepublik bezieht sich diese Verweisung auf § 59 EVO (Helm, Frachtrecht, Art. 14 CIM Anm. 3).

barung zwischen dem Absender und der Eisenbahn im Frachtbrief ab. Obliegt die Ladepflicht dem Absender, so haftet dieser gem. Art. 14 § 2 II CIM für alle Folgen der mangelhaften Verladung. Zugunsten der Eisenbahn greift in diesem Fall der Haftungsausschluß nach Art. 27 § 3 c CIM ein. Dies gilt freilich nicht, wenn die Bahn die Paletten zu verladen hatte. Für Schäden am Transportgut aufgrund unsachgemäßer Verstauung haftet die Bahn dann nach Art. 27 § 1 CIM[31].

2. Nicht ordnungsgemäße Verstauung im Güterkraftverkehr

Für den Güternahverkehr bestimmt § 6 III AGNB, daß die betriebssichere Verstauung der beladenen Paletten auf dem Fahrzeug dem Transportunternehmer obliegt[32]. Kommt es bei Nichtbeachtung dieser Pflicht zu einem Schaden, haftet der Nahverkehrsunternehmer dafür nach § 14 AGNB.

Außerhalb des Geltungsbereichs der AGNB finden sich für den Güternahverkehr keine die Verstauung regelnden besonderen Vorschriften, so daß primär die Parteivereinbarung gilt[33]. Trifft die Ladepflicht nach der Vereinbarung den Unternehmer, haftet er für Schäden am Gut nach Maßgabe des § 429 HGB, bei Eingreifen der ADSp nach Maßgabe der §§ 51 i. V. m. 41 ADSp.

Für den Güterfernverkehr (§ 3 I GüKG) regelt § 17 I KVO die Verteilung der Ladepflichten. Danach ist Ladungsgut — nach Willenberg[34] werden beladene Paletten regelmäßig als Ladungsgut i.S. von § 4 b KVO transportiert — grundsätzlich vom Absender zu verladen. Diese Pflicht umfaßt nicht nur das Verbringen und Absetzen der Paletten auf der Ladefläche, sondern auch deren beförderungssichere[35] Stapelung, Verstauung und Befestigung[36]. Dagegen hat der Transportunternehmer (entgegen dem Wortlaut des § 17 I S. 3 KVO) lediglich dafür Sorge zu tragen, daß die Betriebssicherheit, d.h. die Verkehrssicherheit i.S. des Straßenverkehrsrechts des beladenen Fahrzeugs unbeeinträchtigt bleibt[37]. Treten Schäden am Transportgut aufgrund nicht ordnungsge-

---

[31] Helm, Frachtrecht, Art. 14 CIM Anm. 4.

[32] Vgl. Willenberg, transpR 1985, 161 (164). Da die AGNB Allgemeine Geschäftsbedingungen darstellen, ist gem. § 4 AGBG eine von § 6 III AGNB abweichende Individualvereinbarung möglich. Unter Umständen kann eine solche Vereinbarung auch stillschweigend oder kraft Ortsüblichkeit zustandekommen (BGH, VersR 1977, 662, 663; Helm, Frachtrecht, § 6 AGNB Anm. 2).

[33] Alff, Fracht-, Lager- und Speditionsrecht, § 429 HGB Rz. 32.

[34] Willenberg, transpR 1985, 161 (164).
Eine feste Abgrenzung zwischen Stückgut und Ladungsgut läßt sich nicht treffen, jedoch gibt die Art der Frachtberechnung hierfür ein entscheidendes Kriterium (Willenberg, KVO, § 4 Rz. 4). Grundsätzlich steht dem Absender ein Wahlrecht zu, ob das Gut als Stück- oder Ladungsgut befördert werden soll.

[35] Beförderungssicher bedeutet, daß die Paletten unter Berücksichtigung normaler Transporteinwirkungen gegen Verrutschen, Umfallen oder Herabfallen zu schützen sind.

[36] Vgl. Willenberg, KVO, § 17 Rz. 3.

mäßer Verstauung auf, bleibt der Unternehmer nach § 34 S. 1 c KVO haftungsfrei. Dies gilt nicht, wenn der Unternehmer auf Antrag des Absenders die Ladepflicht übernommen hat, §§ 17 I S. 2, 11 II f KVO. In diesem Fall haftet er bei Verletzung der Ladepflicht für Schäden nach § 33 b KVO[38].

Soweit beim grenzüberschreitenden Güterkraftverkehr die CMR Anwendung findet (vgl. Art. 1 CMR), ergibt sich im Vergleich zur KVO keine andere Rechtslage[39]. Nach Art. 17 IV c CMR ist der Frachtführer von der Haftung für Schäden am Gut befreit, wenn die Schadensursache auf einer nicht beförderungssicheren Verstauung des Guts durch den Absender beruht. Die Haftungsbefreiung greift dagegen nicht, wenn der Frachtführer vertraglich das Stauen und Befestigen der beladenen Paletten übernommen hat. Nach Art. 17 I CMR hat er vielmehr selbst für Schäden am Transportgut einzustehen, die auf einen Verstoß gegen seine Ladepflicht zurückzuführen sind[40].

III. Abweichen der Stückzahl der Palettenladung von den Angaben im Frachtbrief

Beim Beladen der Paletten insbesondere mit kleineren Packstücken kann es vorkommen, daß sog. Hohlräume in der Ladung entstehen. Dies hat zur Folge, daß die vorher berechnete und festgelegte Maximalstückzahl der auf einer Palette zu verladenen Packstücke, die auch Grundlage für die mengenmäßige Angabe im Frachtbrief ist, unterschritten wird[41]. Der Transportunternehmer hat in diesen Fällen praktisch keine Möglichkeit, den mengenmäßigen Fehlbestand festzustellen. Denn zum einen ist der Fehlbestand äußerlich beim Verladen nicht erkennbar und zum anderen sind die Packstücke auf den Paletten mit Stahlbändern oder Schrumpffolien befestigt und daher einer genauen Kontrolle ohne Entfernung dieser Transportsicherungen schon gar nicht zugänglich. Aus diesem Umstand kann dem Transportunternehmer aber ein Nachteil erwachsen.

---

[37] BGHZ 32, 194 (196f.) = NJW 1960, 1201; OLG Frankfurt, BB 1979, 634; Baumbach/Duden/Hopt, HGB, § 17 KVO Anm. 1; Helm, Frachtrecht, § 17 KVO, Anm. 7; Willenberg, § 17 Rz. 25.
Soweit die Stabilität und damit die Betriebssicherheit des Fahrzeugs durch die Lage des Guts und dessen Halt auf der Ladefläche beeinflußt werden kann, können sich die Pflichten von Transportunternehmer und Absender überschneiden. Denn in diesen Fällen trifft auch den Unternehmer die Pflicht zur beförderungssicheren Befestigung (BGH, VersR 1970, 459, 460; BGH, BB 1981, 999). In Betracht kommen kann dann eine Schadensteilung nach § 254 BGB.

[38] Willenberg, transpR 1985, 161 (164).

[39] Wer im Geltungsbereich der CMR das Gut zu verladen hat, ist aufgrund der Parteivereinbarung zu ermitteln, da eine dem § 17 I KVO entsprechende Norm in der CMR fehlt.

[40] Willenberg, transpR 1985, 161 (164).

[41] Dieser Schadensmöglichkeit steht es gleich, wenn zwar die Anzahl der Packstücke — zumeist Kartons — mit der mengenmäßigen Angabe im Frachtbrief übereinstimmt, jedoch der Inhalt der Kartons nicht vollständig oder gar leer ist (vgl. Roesch, TD 1976 Nr. 22, S. 19).

Solange er nämlich nicht nachweisen kann, daß der Fehlbestand schon bei Übernahme der Paletten vorhanden gewesen ist, hat der Transportunternehmer für Verluste[42] des Transportguts nach den Normen des HGB (407 II, 390, 429 I, 454 HGB) wie nach den frachtrechtlichen Sonderregeln (§ 82 I EVO, Art. 27 § 1 CIM, § 29 KVO, Art. 17 I CMR, § 14 a AGNB) einzustehen[43].

Wegen der dargelegten Unmöglichkeit für den Unternehmer, diesen Beweis zu führen, gilt es im Geltungsbereich der KVO als mittlerweile anerkannt, daß dann, wenn der Unternehmer eine Quittung[44] über die Anzahl der übernommenen Paletten ausstellt, dieser Quittung eine Beweiskraft nur hinsichtlich der Stückzahl der verladenen Paletten, nicht aber auch hinsichtlich der Stückzahl der darauf befindlichen Packstücke zukommt[45]. Dies hat selbst in dem Fall zu gelten, in dem der Absender den Antrag auf stückzahlmäßige Prüfung nach § 16 IV KVO stellt und den Unternehmer hierdurch zur Vornahme der Prüfung verpflichtet. Daß eine von dem Unternehmer auch über die Anzahl der einzelnen Packstücke erteilte Quittung nach § 16 VII KVO keinen Beweis für eine vollständige Verladung der einzelnen Paletten durch den Absender erbringen kann, ergibt sich schon aus dem Wortlaut des § 16 IV S. 1 KVO. Eine solche Prüfungspflicht besteht nämlich dann nicht, wenn die Beschaffenheit des Guts die stückzahlmäßige Feststellung nicht gestattet. Da dies aber gerade bei mit Packstücken beladenen Paletten regelmäßig der Fall ist, entfällt für die Quittung nach § 16 VII KVO die Beweiswirkung für eine vollständige Verladung. Auch hier bezieht sich somit die Beweiswirkung nur auf die Stückzahl der verladenen Paletten[46].

---

[42] Verlust ist nicht nur der Totalverlust, sondern kann auch als sog. Teilverlust in einer mengenmäßigen Minderung der Ladung bestehen (vgl. nur Helm, Frachtrecht, § 429 HGB Anm. 5).

[43] Willenberg, transpR 1985, 161 (163).

[44] Die Quittungserteilung erfolgt dadurch, daß die zu transportierenden Güter in den Frachtbrief eingetragen werden — der Frachtbrief wird üblicherweise vom Frachtführer auf Antrag des Absenders und mit dessen Angaben bezüglich Gewicht und Menge des Guts erstellt —, von dem eine Ausfertigung dem Absender ausgehändigt wird. Diese Ausfertigung wirkt zugunsten des Absenders als Empfangsbestätigung für das Gut (Dubischar, § 1 IV 1, S. 17).
Daneben kennt das Frachtrecht Bestimmungen (§§ 16 VII KVO, § 58 VII EVO), nach welchen der Beförderer das von ihm auf Antrag des Absenders festgestellte Gewicht und die von ihm festgestellte Stückzahl im Frachtbrief zu bescheinigen hat. Eine solche Bescheinigung stellt eine Quittung im Sinne des § 368 BGB dar (Willenberg, KVO, § 16 Rz. 50). Diese wird vielfach auch dann schon erteilt, wenn gar kein Antrag des Absenders gestellt wurde (vgl. §§ 16 IV KVO, 58 IV EVO) und somit eine Nachprüfpflicht für den Beförderer gar nicht bestand (Muth/Lehmann, KVO, S. 148).

[45] Roesch, TD 1976 Nr. 22, S. 19; Willenberg, KVO, § 16 Rz. 52 a; derselbe, transpR 1985, 161 (163).

[46] Ebenso Roesch, TD 1976 Nr. 22, S. 19 (20); Dubischar, § 1 IV 1, S. 19; vgl. auch Muth/Lehmann, KVO, S. 151.
Nicht anders ist insoweit die Rechtslage beim innerdeutschen Eisenbahnverkehr zu beurteilen, da sich mit § 58 EVO hier eine dem § 16 KVO weitgehend entsprechende Bestimmung findet. Die in § 61 III EVO ausdrücklich geregelte Beweislastverteilung

Entsprechendes gilt für die im grenzüberschreitenden Güterkraftverkehr zur Anwendung gelangende CMR. Wenn Art. 9 II CMR eine (widerlegbare) Vermutung für die Richtigkeit der Angaben im Frachtbrief über die Zahl der übernommenen Frachtstücke bestimmt, so kann dies wieder nur Bedeutung für die Anzahl der Paletten haben, nicht aber für die Anzahl der darauf verladenen Packstücke. Denn wegen der Unmöglichkeit, die Anzahl der einzelnen Packstücke auf den Paletten zu kontrollieren, beschränkt sich für den Frachtführer die Prüfungspflicht des Art. 8 I a CMR auf die einzelne Palette[47].

Ebenso ist die Rechtslage im Güternahverkehr, denn nach § 7 I S. 2 AGNB entfällt die Prüfungspflicht des Nahverkehrsunternehmers für das Gut bezüglich Zahl, Art, Inhalt und Gewicht (§ 7 I S. 1 AGNB) bei dessen Beförderung in geschlossenen Behältnissen oder Verpackungen. Eine vom Unternehmer erteilte Quittung kann demzufolge Beweis nur für die Anzahl der übernommenen Paletten erbringen[48]. Im Geltungsbereich der ADSp läßt sich gleiches aus der Regelung des § 7 c ADSp entnehmen.

Zusammenfassend ist festzustellen, daß beim Transport beladener Paletten mit der Bahn oder auf der Straße der Übernahmequittung des Beförderers eine Beweiskraft allenfalls — vorbehaltlich einer abweichenden Parteivereinbarung — hinsichtlich der Anzahl der verladenen Paletten, nicht aber hinsichtlich der Anzahl der Packstücke zukommt. Um trotzdem auftretenden Streitigkeiten vorzubeugen, empfehlen Muth / Lehmann[49] dem Beförderer, im Frachtbrief den Vermerk „Paletten ungezählt übernommen" einzutragen.

IV. Haftungshöchstgrenzen

Wird nur ein einzelnes von einer Vielzahl von Packstücken, mit denen die Palette beladen wurde, beim Transport beschädigt, so fragt sich, ob die Haftungshöchstgrenzen der frachtrechtlichen Gesetze sich auf das beschädigte oder verlorene Packstück oder auf die gesamte Palettenladung beziehen.

Weitgehend keine Probleme ergeben sich, wenn das Gesetz die Höchsthaftung des Beförderers auf eine bestimmte Summe je Kilogramm des in Verlust geratenen oder beschädigten Rohgewichts[50] beschränkt (§ 85 I EVO: 100 DM;

---

bezieht sich folglich hinsichtlich der „Stückzahl" nur auf die Anzahl der verladenen Paletten (Hinweis: § 61 III EVO ist bei von der Bahn verladenen Gütern entsprechend anzuwenden). Gleiches hat zu gelten, soweit die Bahn beim grenzüberschreitenden Eisenbahnverkehr den Frachtbriefvermerk über die „Stückzahl" nach Art. 8 § 4 S. 1 CIM vornimmt.

[47] Roesch, TD 1976 Nr. 22, S. 19 (20); Willenberg, transpR 1985, 161 (163).

[48] Willenberg, ebenda.

[49] Muth / Lehmann, KVO, S. 149. Ebenso: Willenberg, KVO, § 16 Rz. 52 a; derselbe, transpR 1985, 161 (163); o. Verf., Streit um Stückzahl auf Paletten, DVZ 1977, Nr. 104 S. 2; o. Verf., Paletten „ungezählt übernommen", DVZ 1973, Nr. 76 S. 2.

[50] Rohgewicht ist das Bruttogewicht (Nettogewicht plus Tara) der Sendung, Helm, Frachtrecht, § 35 KVO Anm. 18. — Zu der Frage, ob die frachtvertraglichen Haftungsbe-

Art. 31 § 1 CIM: 43 DM; § 35 IV KVO: 80 DM; Art. 23 III CMR: ca. 25 DM). Für § 35 IV KVO hat der BGH[51] mit Urteil vom 7.5.1969 ausdrücklich festgestellt, daß der Haftungshöchstbetrag keinesfalls nach dem Rohgewicht der ganzen Verpackungseinheit berechnet werden darf, sondern nur nach dem Rohgewicht der tatsächlich verlorengegangenen oder wirklich beschädigten Gegenstände. In seiner Begründung stützt sich das Gericht auf den insoweit eindeutigen Wortlaut der Norm[52] und den Sinnzusammenhang mit § 35 III KVO, wo nur auf den tatsächlich entstandenen Schaden abgestellt wird[53]. Hieraus folgt für beschädigte Packstücke auf Paletten, daß sich die Haftungshöchstsumme nach § 35 IV KVO lediglich nach den tatsächlich beschädigten Stücken, nicht aber nach der gesamten Palettenladung bestimmt[54].

Schwierigkeiten treten dagegen auf, wenn § 54 a Nr. 1 ADSp die Haftungshöchstgrenze pro Kilogramm Bruttogewicht jedes betroffenen Kollos bemißt. Die Frage nämlich, ob als Kollo i.S. des § 54 a Nr. 1 ADSp die einzelnen beschädigten oder verlorenen Packstücke oder die beladene Palette als Ganzes anzusehen ist, wird nicht einheitlich beantwortet. Das LG Hechingen[55] vertritt die Auffassung, daß die beladene Palette grundsätzlich kein Kollo darstellt. Kolli seien dadurch gekennzeichnet, daß sie besonderen Schutz- und vor allem auch Verwahrcharakter für die zu verfrachtenden Einzelgegenstände hätten. Paletten hingegen seien lediglich Verladehilfsmittel ohne spezifische Schutz- und Verwahrungsfunktion, wobei es das Gericht offenläßt, ob eine andere Entscheidung hätte ergehen müssen, wenn die Packstücke mit Schrumpffolie auf der Palette gestaut gewesen wären.

Überzeugender ist hingegen die Auffassung von Helm[56], der anders als das LG Hechingen nicht die einzelnen Packstücke, sondern die gesamte Palette als Kollo ansieht. Zwar ist seine Begründung — es wird ein Vergleich von § 54 a Nr. 1 ADSp mit § 660 HGB a. F. gezogen[57] — mittlerweile als überholt

---

schränkungen auch für außervertragliche Ansprüche, insbesondere die deliktischen, gelten, siehe unten, 4. Kapitel, 3. Abschnitt, B IV.

[51] BGH, VRS 37, 100 (mit ablehnender Anm. von Goltermann) = BB 1969, 1241. Zustimmend: OLG Frankfurt, MDR 1980, 58; Baumbach/Duden/Hopt, HGB, § 35 KVO Anm. 1; Willenberg, KVO, § 35 Rz. 58. Ablehnend allerdings Roesch, VersR 1978, 300 (304).

[52] BGH, VRS 37, 100 (101 ff.).

[53] BGH, VRS 37, 100 (104).

[54] Entsprechendes gilt bei Anwendung der § 85 I EVO, Art. 31 § 1 CIM und Art. 23 III CMR.

[55] LG Hechingen, transpR 1986, 299 (300). Die Ausführungen des Gerichts beziehen sich nur auf die „Euro-Pool-Palette", nicht auf die „Euro-Pool-Gitterbox".

[56] Helm, Speditionsrecht, § 54 ADSp Rz. 17, 19.

[57] Helm setzt die Begriffe „Kollo" und „Packung" in § 660 I HGB a. F. gleich (der Begriff „Packung" ist jetzt durch den Begriff „Stück" ersetzt worden). Nach der vom BGH (VersR 1979, 29) zum Begriff „Packung" ergangenen Rechtsprechung kommt es nicht auf die Schutz- und Verwahrfunktion an. Entscheidend ist allein, ob „das Gut in eine für die

anzusehen, jedoch läßt sich die Auffassung von Helm auch mit der Neuregelung des § 660 HGB stützen. Nach § 660 II HGB n.F. bezieht sich die Höchsthaftung (gem. Abs. 1 derzeit ca. 1547 DM) zukünftig nämlich nur in dem Fall auf die einzelnen Packstücke, wenn diese im Konnossement nach Art und Zahl angegeben sind. Fehlt es im Konnossement hingegen an diesen Angaben — auch in den Frachtbriefen ist regelmäßig nur die Anzahl der beladenen Paletten wiedergegeben — so gilt die gesamte Palettenladung als „Stück“ oder „Einheit“ i.S. von § 660 I HGB. Nur eine solche Auslegung des Begriffs „Kollo“ in § 54a Nr. 1 ADSp ist auch am ehesten mit der Unklarheitenregel des § 5 AGBG zu vereinbaren.[58]

Konsequenterweise sieht Helm[59] die Palette aber nicht nur in dem Fall als Kollo an, wenn die Packstücke mit Stahlbändern oder Schrumpffolie gesichert vom Versender übergeben werden, sondern darüber hinaus auch dann, wenn einzeln übernommene Packstücke selbst vom Spediteur zu einem Paletten-Kollo zusammengefaßt werden.

B. Schäden an Paletten

Bereits bei der Problematik der Verjährung des Palettenrückgewähranspruchs hat sich gezeigt, daß dieser Anspruch den frachtrechtlichen Sonderregeln über die Verjährung unterliegt[60]. Entsprechendes hat zu gelten für Schäden an Paletten. Als Packmittel gehört die Palette zum Beförderungsgut[61], so daß sich die Frage nach Schäden (oder Verlust) an Paletten nach den jeweiligen frachtvertraglichen Sonderregeln über Beschädigungen oder Verlust des Transportguts richtet. Soweit demzufolge Schäden an Paletten auf ungenügende Verpackung des Transportguts oder nicht ordnungsgemäße Verstauung der beladenen Paletten im Waggon oder auf dem Fahrzeug zurückgehen, gilt im einzelnen:

Traf die Verpackungs- und / oder Ladepflicht den Versender / Absender, bleibt der Transportführer für Palettenschäden haftungsfrei[62]. Für den Fall, daß der Beförderer beim Paletteneinsatz mit Tausch das Eigentum an den übernomme-

---

Verwendung bestimmte, besondere Form gebracht werde“ (BGH, VersR 1979, 29, 30). Den Vergleich von § 54 a Nr. 1 ADSp mit § 660 I HGB a. F. rechtfertigt Helm damit, daß „hierdurch eine sichere Rechtsgrundlage gefunden werden kann und weil diese Auslegung am ehesten mit § 5 AGBG zu vereinbaren ist“.

[58] Helm, Speditionsrecht, § 54 ADSp Rz. 17.

[59] Helm, Speditionsrecht, § 54 ADSp Rz. 19; ablehnend dagegen Dubischar, § 12 IV 4, S. 194.

[60] Siehe oben, 2. Abschnitt B III 3 d) aa).

[61] OLG Frankfurt, ZIP 1982, 1331 (1332). Vgl. auch OLG Nürnberg, transpR 1985, 70 (72); OLG Köln, transpR 1985, 429; Muth / Lehmann, KVO, § 15 Anm. 4, S. 144; Willenberg, KVO, § 15 Rz. 31; derselbe, transpR 1985, 161 m. w. N.

[62] Vgl. § 83 I b, c EVO, Art. 27 § 3 b, c CIM, § 15 I c AGNB, § 34 S. 1 c KVO, Art. 17 IV b, c CMR.

nen Paletten erwirbt[63], kann er darüber hinaus vom Versender Ersatz für den Palettenschaden fordern[64]. War hingegen der Beförderer zur ordnungsgemäßen Verpackung und Verstauung verpflichtet oder tritt ein Palettenschaden aufgrund einer sonstigen Handlung des Beförderers oder seiner Gehilfen ein, so hat er für diesen Schaden wie für einen Schaden am Transportgut, also unabhängig vom Verschulden einzustehen[65]. Demnach hat der Beförderer beim Paletteneinsatz ohne Tausch dem Versender als Eigentümer der Paletten Schadensersatz zu leisten. Ist der Beförderer dagegen Eigentümer der Palette geworden, so kann der Versender zwar keinen Schadensersatzanspruch für den Palettenschaden erheben. Jedoch bleibt der Beförderer zur Rückgabe einer gebrauchsfähigen Leerpalette verpflichtet.

Palettenschäden während des Transportes können aber auch auf normalen Verschleißerscheinungen beruhen. Dies gilt insbesondere für die „Euro-Pool-Palette", die schon nach durchschnittlich jeweils 10 Volltransporten reparaturbedürftig ist[66]. Wird die Reparaturbedürftigkeit vom Versender nicht erkannt — und war sie auch für den Beförderer nicht zu erkennen, so daß er die Palette als gebrauchsfähig akzeptiert hat — und zerbricht die Palette daraufhin beim Transport, so handelt es sich um einen Mangel des Packmittels, für den der Versender, nicht jedoch der Beförderer einzustehen hat[67]. Für den Eisenbahnverkehr ergibt sich das aus § 62 III S. 1, 2 EVO, Art. 27 § 3 b CIM, für den Güterkraftverkehr aus § 15 I c AGNB, § 18 III S. 1, 2 KVO und Art. 17 IV b CMR.

C. Zusammenfassung

Die Sicherung des Transportguts auf der Palette ist ein Problem der Verpackung. Nach den frachtrechtlichen Sonderregeln im Eisenbahn- und Straßentransport obliegt die Pflicht zur beförderungssicheren Verpackung grundsätzlich dem Absender. Erfolgt die Sicherung ungenügend und erleidet das Transportgut deswegen einen Schaden, kann sich der Transportunternehmer von seiner Haftung wegen eines Mangels der Verpackung befreien. Haftungsfrei bleibt der Unternehmer weiterhin auch dann, wenn die beladene Palette auf dem Fahrzeug nicht ordnungsgemäß verstaut gewesen ist und die Ladepflicht den Absender traf. Erteilt der Unternehmer über die Anzahl der übernommenen Paletten eine Quittung, so kommt dieser Beweiskraft nur hinsichtlich der Stückzahl der verladenen Paletten, nicht hingegen auch hinsichtlich der Stückzahl der darauf sich befindlichen Packstücke zu.

---

[63] Siehe oben, 2. Abschnitt B II 2.

[64] Im Geltungsbereich der KVO und der EVO ergibt sich dies bei Verpackungsmängeln direkt aus § 18 III S. 2 KVO bzw. § 62 III S. 2 EVO.

[65] Vgl. § 82 I EVO, Art. 27 § 1 CIM, § 14 AGNB, § 29 KVO, Art. 17 I CMR.

[66] Einsatz und Kontrolle von Tauschpaletten, Gutachten, S. 24.

[67] Vgl. Willenberg, transpR 1985, 161 (164), der zudem darauf hinweist, daß die Beweispflicht dafür, daß der Palettenschaden aufgrund normaler Abnutzung eingetreten ist, dem Beförderer obliegt.

Für Schäden an Paletten haftet der Beförderer wie für Transportgutschäden nach den frachtrechtlichen Sonderregeln, also verschuldensunabhängig. Etwas anderes gilt nur dann, wenn der Schaden aufgrund ungenügender Sicherung des Transportguts auf der Palette oder nicht ordnungsgemäßer Stauung eintritt und die Verpackungs- und / oder Ladepflicht dem Absender oblag.

4. Kapitel

Container

1. Abschnitt

Definition, Arten, Funktion und Vorkommen

A. Definition und Arten

Wie schon für den Begriff der „Palette“ gibt es auch für den des „Containers“ keine allgemeinverbindliche gesetzliche Definition. Zurückgegriffen sei daher auf eine Begriffsbestimmung der International Standardization Organisation (ISO), New York, wonach ein Container „ein Beförderungsgerät ist, das von dauerhafter Beschaffenheit und daher genügend widerstandsfähig ist, um die Beförderung von Gütern durch ein oder mehrere Verkehrsmittel ohne Umpacken der Ladung zu erleichtern, mit Einrichtungen versehen ist, die seine leichte Handhabung ermöglichen, insbesondere bei Umladung von einem Beförderungsmittel auf ein anderes, so gebaut ist, daß es leicht be- und entladen werden kann, und einen Rauminhalt von mindestens 1 m^3 hat“[1].

Am häufigsten anzutreffen sind die 20-ft., insbesondere aber die 40-ft.-Container. Für beide Arten sind die Hauptabmessungen[2] und die Befestigungsmöglichkeiten (Eckbeschläge) für die Transportsicherung durch die ISO international genormt. Daneben gibt es noch Spezialausführungen, bspw. Kühl-Container oder Tank-Container, und die weniger verbreiteten Binnen-Container, die auf das europäische Palettenmaß von 800 mm x 1200 mm abgestimmt sind und eine etwas einfachere und leichtere Bauart als die ISO-Container aufweisen.

B. Funktion und Vorkommen

Noch effektiver als Paletten tragen Container dazu bei, die Umschlagsgeschwindigkeit bei der Beförderung zu erhöhen. Dies liegt nicht nur an ihrem beträchtlichen Fassungsvermögen, sondern auch daran, daß sich seit der Einführung der genormten ISO-Container die für den Containertransport bestimmten Verkehrs- und Verladehilfsmittel international ebenfalls an diesen

---

[1] Vgl. Capelle, FS für Felgentraeger, S. 261 Fn. 1. Zu weiteren, im wesentlichen allerdings sich gleichenden Begriffsbestimmungen, Radisch, Verfrachterhaftung, S. 28f.

[2] Der 40-ft.-Container ist 12,190 m lang, 2,435 m breit und 2,435 m hoch.

Normmaßen ausgerichtet haben. Insbesondere das Be- und Entladen eines Containerschiffes und ein damit verbundener Wechsel des Transportmittels geht heute in jedem Großhafen zügig und problemlos vonstatten. Darüber hinaus ist das Transportgut vor Einflüssen von außen bestens geschützt und der Versender reduziert seinen Verpackungsaufwand und die im Zusammenhang damit anfallenden Kosten erheblich.

Aufgrund ihrer starken Verbreitung — weltweit sind derzeit etwa 4 Millionen Container im Einsatz[3] — werden Container in jeder Sparte des Transportgewerbes eingesetzt, also in der Luftfahrt, im Verkehr auf der Straße und der Schiene und in der Schiffahrt. Gerade bei letzterer haben sich Container im besonderen Maße durchgesetzt, so daß schon nahezu die Hälfte des Stück- und Sackgutaufkommens in der Weltschiffahrt mittels Container transportiert wird[4].

[3] Lau, Container als Kreditsicherheit?, WM 1986, 561.

[4] Lau, WM 1986, 561.

2. Abschnitt

Eigentumsverhältnisse und Schuldvertragstypen

A. Eigentumsverhältnisse

Container unterscheiden sich von Paletten unter anderem darin, daß sie für den Eigentümer oder den Dauernutzer gekennzeichnet sind. Dies geschieht durch den sog. „BIC-Code"[1], der von der ISO festgelegt ist. BIC-Code heißt der Code, weil er vom Bureau International des Containers (BIC), Paris, dateimäßig erfaßt ist. Der BIC-Code setzt sich zusammen aus 4 Buchstaben und 7 Ziffern. Die Buchstaben lassen den Eigentümer oder Dauernutzer erkennen, die Ziffern geben die Größe des Containers, seinen Hersteller und die laufende Nummer des Containers des Eigentümers oder des Dauernutzers an. Eigentümer etwa der Hälfte aller derzeit im Einsatz befindlichen Container sind Leasing-Gesellschaften, die oftmals von mehreren Transportunternehmen gemeinsam aus Interesse an einer unternehmensübergreifenden Nutzung der Container gegründet werden. Die übrige Hälfte gehört zu zwei Dritteln Reedereien und zu einem Drittel sonstigen Eigentümern[2].

Geben Beförderer ihre eigenen oder geleasten Container innerhalb einer Transportkette weiter, so erwirbt der Übernehmer nicht das Eigentum am Container. Eindeutig gegen eine auf Eigentumsübergang gerichtete Einigung der Parteien i. S. von § 929 S. 1 BGB spricht dabei nicht nur die schuldrechtliche Abrede, wonach der Container lediglich zur Nutzung überlassen wird und nach Ablauf der Nutzungszeit zurückzugewähren ist[3]. Dagegen spricht ebenso der hohe Wert der Container[4] und die Tatsache, daß sie durch den BIC-Code klar erkennbar für den Eigentümer oder Dauernutzer gekennzeichnet sind. Letzterer Umstand läßt schließlich auch einen gutgläubigen Erwerb nach §§ 929 S. 1, 932 BGB auf dem weiteren Transportweg scheitern.

---

[1] Dazu Lau, WM 1986, 561 (562) und Nauck, transpR 1986, 139 (141).

[2] Vgl. Dubischar, § 15 III 2, S. 249; Lau, WM 1986, 561 (562); Scheer, BB 1969, 117.

[3] Als Beispiel seien die Allgemeinen Geschäftsbedingungen der Transfracht GmbH angeführt, in denen es in § 17 heißt: „Der Versender hat dafür zu sorgen, daß der von Transfracht gestellte Container nach Entladung in einwandfreiem Zustand und mit ordnungsgemäß verschlossenen Türen unverzüglich am Auslieferungsort zurückgegeben wird." (Hinweis: Die Transfracht GmbH, eine Tochtergesellschaft der DB, ist im Bereich der DB zuständig für den Großcontainerverkehr. Die Transfracht GmbH wird als Landfrachtführer tätig und beschäftigt die DB als Unterfrachtführer).

[4] Die am häufigsten anzutreffenden 40-ft.-Container kosten in der Normalausführung ca. 8.000 DM, in Spezialausführungen bis zu 40.000 DM.

Es bleibt somit festzuhalten, daß den Leasing-Gesellschaften oder den Beförderern das Eigentum an den Containern bei der Weitergabe innerhalb einer Transportkette verbleibt.

B. Schuldvertragstypus

Die Transportunternehmer vereinbaren mit ihren Auftraggebern, daß die konkret von ihnen gestellten eigenen oder geleasten Container nach Ablauf der Nutzungszeit zurückzugeben sind. Da für die Überlassung an den Auftraggeber eine Gebühr erhoben wird, ist insoweit ein Mietvertrag[5] anzunehmen, der regelmäßig durch die dem Vertrag zugrunde gelegten Allgemeinen Geschäftsbedingungen ausgestaltet ist. Diese regeln unter anderem die Pflicht des Auftraggebers, für die Rückgabe der Container Sorge zu tragen, die Verladepflicht und die Haftung des Transportunternehmers[6].

---

[5] Ebenso Dubischar, § 15 III 2, S. 250.

[6] Vgl. die Allgemeinen Geschäftsbedingungen der Transfracht-GmbH. Darin heißt es in § 16 zur Haftung:
„(1) Transfracht haftet aus Beförderungsverträgen von der Annahme bis zur Ablieferung der Container und der darin verladenen Güter im Rahmen und nach entsprechender Maßgabe der Bestimmungen der Eisenbahn-Verkehrsordnung (EVO) in der jeweils gültigen Fassung. ...
(2) Im übrigen haftet Transfracht nur bei Vorsatz und grober Fahrlässigkeit. ...".

3. Abschnitt

Schadensfälle

Von praxisrelevanter Bedeutung sind beim Transport beladener Container Schäden am Transportgut wie am Container selbst. Die Schwierigkeiten bei der Regelung von Schadensfällen resultieren aber nicht nur daraus, daß die frachtrechtlichen Sondernormen bei Transportschäden zu teilweise unterschiedlichen Ergebnissen gelangen. Bei der Beförderung von Containern ist zudem wegen der regelmäßig vorhandenen Vielzahl der an der Beförderung beteiligten Transportunternehmer und aufgrund der Tatsache, daß sich Schäden am Gut zumeist erst bei Öffnung des Containers am Bestimmungsort offenbaren, oftmals unklar, wer von den Unternehmern haftet und welche Normen eingreifen.

A. Anwendbares Recht

Die Frage danach, wer haftet und wonach, entscheidet sich beim Container-Transport nach der Art der Beförderung:

I. Der einfache Frachtvertrag

Unter einem einfachen Frachtvertrag versteht man die Beförderung mit ein und demselben Transportmittel innerhalb des Bereiches einer Rechtsordnung[1]. Hierbei ergeben sich bei der Frage nach dem Haftungssystem noch keine Probleme. Haftungssubjekt ist der die Beförderung durchführende Unternehmer, und die Haftungsnormen ergeben sich aus den Bestimmungen des für die Ausführung geltenden Frachtrechts.

II. Der sukzessive Durchfrachtverkehr

Schon komplizierter wird die Rechtslage beim sukzessiven Durchfrachtverkehr. Hiervon spricht man, wenn das Gut über mehrere sich aneinander anschließende gleichartige Strecken mit gleichartigen Transportmitteln befördert wird[2]. Prinzipiell ist die Rechtslage nicht anders als beim einfachen Frachtvertrag. Es existieren insoweit lediglich zwei Frachtverträge, wobei jeder

---

[1] Vgl. Capelle, FS für Felgentraeger, S. 261 (262).

[2] Capelle, ebenda, nennt als Beispiel die Beförderung von Gütern zur See von New York nach Stockholm mit Umladung in Hamburg in ein anderes Schiff.

der beteiligten Beförderer Vertragspflichten nur für seine Teilstrecke übernimmt und auch nur für diese Teilstrecke dem Versender haftet[3].

Allerdings hat der Versender ein verständliches Interesse daran, bei dieser Beförderungsart nicht zwei oder mehr Frachtverträge mit unterschiedlichen Partnern abzuschließen. Vielmehr will er — auch wenn mehrere Beförderer beteiligt sind — nur einen Frachtvertrag schließen und im Schadensfall sich an den einen Vertragspartner richten können. Diesem Interesse des Versenders tragen zahlreiche Vorschriften in den frachtvertraglichen Sonderregeln für den sukzessiven Durchfrachtverkehr Rechnung. Dies sind für den Eisenbahnverkehr der § 96 I EVO und Art 26 § 1 CIM, für den Güterkraftverkehr § 432 HGB, § 6 KVO und Art. 34 CMR und für den internationalen Luftverkehr Art 1 III i. V. m. Art. 30 III WA[4]. Im Seefrachtrecht kennt man diesbezüglich die Figur des „Hauptverfrachters“[5]. Dieser erstellt ein sog. „Durchkonnossement“ (engl.: „through bill of lading“ oder auch „Combined Transport Bill of Lading“). Bezeichnend für das Durchkonnossement ist die Übernahme der Verpflichtung zur Ablieferung im Endhafen. Wird das Durchkonnossement erstellt, kann sich der Hauptverfrachter nicht von der Haftung für die von ihm nicht durchgeführten Transportabschnitte freizeichnen, da § 662 HGB[6] für den Gesamttransport gilt[7].

III. Der kombinierte Verkehr

Die umfangreichste Problematik wirft indes der kombinierte Verkehr auf. Unter kombiniertem Verkehr oder Transport (neuerdings verwendet man hierfür auch den Ausdruck gemischter oder „multimodaler“ Transport[8])

---

[3] Man spricht bei dieser Beförderungsart auch vom „gebrochenen Verkehr“. (Vgl. dazu auch unten, III 1).

[4] WA = Abkommen zur Vereinheitlichung von Regeln über die Beförderung im internationalen Luftverkehr (Warschauer Abkommen) von 1929 mit Haager Protokoll von 1955. Abgedruckt bei Helm, Frachtrecht, Anhang VII/2 nach § 452 HGB.

[5] Capelle, FS für Felgentraeger, S. 261 (263).

[6] § 662 I HGB n. F. lautet: „Ist ein Konnossement ausgestellt, so können die Verpflichtungen des Verfrachters aus:
§ 559 (See- und Ladungstüchtigkeit)
§ 563 II und §§ 606 bis 608 (Schadensersatzpflicht)
§§ 611 und 612 (Schadensermittlung)
§ 656 (Beweisvermutung des Konossements)
§§ 658 und 659 (Wertersatz bei Verlust oder Beschädigung der Güter) und § 660 (Haftungssumme)
durch Rechtsgeschäft im voraus nicht ausgeschlossen oder beschränkt werden“.

[7] Prüßmann/Rabe, Seehandelsrecht, Anh. § 656 B 1 b).

[8] Freise, transpR 1986, 317f., hält die Begriffe „kombinierter Transport“ und „multimodaler Transport“ — zumindest aus der Sicht der DB — für zwei verschiedene Dinge. „Kombinierter Transport“ sei ein verkehrstechnischer Begriff und besage, daß mehrere Beförderungsmittel hintereinandergeschaltet seien, ohne daß für die Beförderung das Transportgefäß gewechselt werde. Dagegen sei „multimodaler Transport“ ein verkehrsrechtlicher Begriff. Auch dieser beziehe sich zwar auf die Beförderung mit

versteht man die Beförderung mit „mindestens zwei verschiedenartigen Transportmitteln, die einem insgesamt einheitlichen Beförderungszweck dienen“[9]. Speziell diese Beförderungsart tritt im Zusammenhang mit dem Containertransport ganz besonders häufig auf, da Container zumeist lange Strecken reisen und es dabei zwangsläufig, vor allem beim Transport in andere Erdteile, zum Einsatz unterschiedlicher Beförderungsmittel kommt.

Vorausgeschickt sei, daß es weder im innerdeutschen Bereich noch international ein verkehrsmittelunabhängiges allgemeines Frachtrecht gibt[10]. Das bedeutet, daß grundsätzlich für jede Teilstrecke die jeweils geltende Frachtrechtsordnung zur Anwendung gelangt. Da es aber genau wie beim sukzessiven Durchfrachtverkehr das Bestreben des Versenders ist, nur mit einem Vertragspartner einen für alle Teilstrecken geltenden einheitlichen Frachtvertrag zu schließen, fragt sich, ob nicht auch ein einheitlicher Haftungsmaßstab — und wenn, nach welcher Frachtrechtsordnung — vereinbart werden kann oder kraft gesetzlicher Bestimmung eingreift.

Die Beantwortung dieser Frage richtet sich nach den Vertragskonstellationen beim kombinierten Verkehr:

1. Der gebrochene Verkehr

Gebrochener Verkehr ist ein kombinierter Verkehr, bei dem jeder einzelne Beförderer vertragliche Pflichten nur für seinen Beförderungsabschnitt übernimmt[11]. Rechtlich liegen demnach mindestens zwei Verträge mit mindestens zwei verschiedenen Vertragspartnern vor, wobei für jeden Beförderungsabschnitt die speziellen frachtvertraglichen Sondernormen gelten. Will der Versender, was hier unterstellt wird, nicht mit jedem Beförderer selbst den Beförderungsvertrag schließen, so kann er sich dazu eines oder mehrerer Spediteure bedienen. Er kann auch mit dem ersten Beförderer selbst abschließen, der dann die nachfolgenden Beförderungen im eigenen Namen für den Versender besorgt (Spediteurfunktion)[12]. Dieser Erstbeförderer haftet dann für den von ihm

---

mehreren unterschiedlichen Beförderungsmitteln, hinzutrete jedoch, daß hier ein einheitlicher Beförderungsvertrag vorliege. Die wohl ganz überwiegende Auffassung (Capelle, FS für Felgentraeger, S. 261, 264; Dubischar, § 10 I, S. 156; Helm, Frachtrecht, § 425 HGB Anm. 17; Weipert, Münchener Vertragshandbuch, Bd. 2, 591, 611) geht indes davon aus, daß beide Begriffe deckungsgleich sind (so ausdrücklich Helm, Frachtrecht, vor § 453 HGB Anm. 46).

[9] Helm, Frachtrecht, § 425 HGB Anm. 17. Die Definition des Begriffs ist nicht ganz einheitlich. So versteht Dubischar (§ 10 I, S. 156) darüber hinausgehend den „kombinierten Transport“ als einen solchen auf der Grundlage eines einheitlichen Frachtvertrages. Wenn dies auch zumeist der Fall sein wird, so dürfte die Begriffsbestimmung von Helm zumindest als der „kleinste gemeinsame Nenner“ aller Definitionsversuche heranzuziehen sein.

[10] Helm, FS für Wolfgang Hefermehl, 1976, S. 57 (60).

[11] Helm, Frachtrecht, § 425 HGB Anm. 18.

[12] Vgl. Capelle, FS für Felgentraeger, S. 261 (263).

durchgeführten Beförderungsabschnitt als Frachtführer nach der für den Abschnitt maßgeblichen Haftungsordnung, und für die weiteren Beförderungsabschnitte als Spediteur[13].

2. Sonderregelungen für den kombinierten Verkehr

Teilweise tragen auch gesetzliche Regelungen den Bedürfnissen des kombinierten Verkehrs und den Interessen der Versender an der Geltung eines einheitlichen Rechts für alle Teilstrecken Rechnung.

Für den Containertransport ist dabei im innerdeutschen Bereich besonders der „Huckepackverkehr" i.S. von § 3 II GüKG hervorzuheben[14]. Hiernach kann mit einem KVO-Unternehmer ein Vertrag über die gesamte zu befördernde Strecke abgeschlossen werden, auch wenn nur ein Teil der Strecke mit einem Kraftfahrzeug, ein anderer dagegen mit der Eisenbahn (oder einem Binnenschiff) befördert wird. Der KVO-Unternehmer, für den die Eisenbahn als Unterfrachtführer tätig wird, haftet für alle Beförderungsabschnitte dem Versender nach der KVO (vgl. §§ 6, 33 c KVO)[15].

Im internationalen Bereich kommt Art. 2 CIM den Bedürfnissen des kombinierten Verkehrs am nächsten. Nach Art. 2 § 1 - 3 CIM können Kraftwagen- und Schiffahrtslinien das Eisenbahnnetz ergänzen, soweit sie vom Eisenbahnzentralamt mit Sitz in Bern in die Streckenliste (Art. 59 CIM) aufgenommen wurden. Für den Gesamttransport einschließlich der Kraftwagen- oder Seestrecken gelangt dann die CIM, also Eisenbahnhaftungsrecht zur Anwendung[16]. Es ist aber auch entgegengesetzt unter den Voraussetzungen des Art. 2 § 4 CIM möglich, eine Eisenbahnstrecke z. B. dem Luftfracht- oder Seefrachtrecht zu unterstellen[17].

Speziell für den Containertransport bestimmt die Internationale Ordnung für die Beförderung von Behältern (Containern) „Rico"[18] (Anlage V zur CIM) die einheitliche Geltung der CIM für die Abholungs- und Zuführtransporte mit anderen Verkehrsmitteln, wenn die Container vorab von der Eisenbahn transportiert wurden oder anschließend übernommen werden. Dabei bedienen sich die europäischen Bahnen für den grenzüberschreitenden Verkehr der

---

[13] So Helm, Frachtrecht, § 425 HGB Anm. 18.

[14] Vgl. Dubischar, § 10 II, S. 158.
Beachte: Der Huckepackverkehr ist in Art. 2 CMR auch international geregelt. Allerdings findet Art. 2 CMR für die Container- und Palettenbeförderung keine Anwendung (Helm, Frachtrecht, § 425 HGB Anm. 21).

[15] Hingegen haftet die Eisenbahn im Verhältnis zum KVO-Unternehmer nach den Normen der EVO. (Hinweis: Für die DB wird für diesen Bereich deren Tochtergesellschaft „Kombiverkehr" eingeschaltet, mit der der KVO-Unternehmer direkt abschließt).

[16] Vgl. Capelle, FS für Felgentraeger, S. 261 (268) und eingehender Freise, transpR 1986, 317 (319 f.).

[17] Helm, Frachtrecht, § 425 HGB Anm. 20.

[18] BGBl. 1974 II, S. 476 ff.

„Internationalen Gesellschaft für den Transport in Transcontainern“ (kurz: Intercontainer). Der Versender schließt mit Intercontainer den Beförderungsvertrag für die gesamte Strecke, wobei Intercontainer die Stellung eines Frachtführers zukommt, der die betreffenden Bahnen und die anderen Beförderungsunternehmer als Unterfrachtführer einschaltet[19]. Gemäß Art. 3 Rico gilt Eisenbahnfracht für die gesamte Beförderungsstrecke[20].

Im innerdeutschen Bereich gibt es keine der Rico entsprechende Regelung. Trotzdem ist die Situation mit der auf internationaler Ebene vergleichbar. Vertragspartner des Container-Versenders ist hier die Transfracht GmbH, eine Tochtergesellschaft der DB, die die DB, wie die übrigen Beförderungsunternehmen wieder als Unterfrachtführer einsetzt. Nach § 16 der Allgemeinen Geschäftsbedingungen der Transfracht GmbH haftet diese aus dem Beförderungsvertrag „von der Annahme bis zur Ablieferung der Container und der darin verladenen Güter im Rahmen und nach entsprechender Maßgabe der Bestimmungen der Eisenbahn-Verkehrsordnung (EVO) in der jeweils gültigen Fassung“. Eine einheitliche Geltung der EVO gegenüber dem Versender auch für die Abhol- und Zuführstrecken folgt demnach hier aus der vertraglichen Vereinbarung[21]. Dagegen haften die von der Transfracht GmbH eingeschalteten Unterfrachtführer dieser gegenüber nur nach der jeweils geltenden Frachtrechtsordnung.

3. Der Durchfrachtvertrag

Der Durchfrachtvertrag taucht in der Transportbranche in zwei verschiedenen Formen auf: Als echter und als unechter Durchfrachtvertrag[22]. Beim unechten Durchfrachtvertrag befördert der Unternehmer, der mit dem Absender den Beförderungsvertrag abschließt (zumeist der Erstbeförderer), das Gut auf einer Teilstrecke und verpflichtet sich darüber hinaus, für den Weitertransport durch andere Transportunternehmen zu sorgen (Spediteurfunktion).

Überwiegende Bedeutung für den kombinierten Verkehr beim Containertransport kommt indes dem echten Durchfrachtvertrag zu. Hierbei übernimmt der Unternehmer die Beförderung der Güter für sämtliche Teilstrecken[23] als

---

[19] Die Stellung der Intercontainer als Frachtführer ist nicht unumstritten (vgl. Dubischar, § 10 II, S. 159), zumal sich die Gesellschaft nach ihren Allgemeinen Geschäftsbedingungen als Spediteur ansieht. Aufgrund der „zahlreichen Einwirkungsmöglichkeiten auf die Transportabwicklung“ (Freise, transpR 1986, 317 (322)) wird aber allgemein von der Frachtführereigenschaft ausgegangen (Goltermann-Konow, EVO, vor § 53 Rz. 5, Helm, Frachtrecht, § 425 HGB Anm. 25).

[20] Nach den Allgemeinen Geschäftsbedingungen der Intercontainer haftet diese selbst nicht, sondern tritt dem Versender ihre Ansprüche gegen den jeweiligen Beförderer ab.

[21] Vgl. Dubischar, § 10 II, S. 159 und Helm, Frachtrecht, § 425 HGB Anm. 20 und 25.

[22] Vgl. Dubischar, § 10 I, S. 157.

[23] Die Teilstrecken und damit die Beförderungsart werden häufig vertraglich gar nicht fest bestimmt, sondern unterliegen der Disposition des Unternehmers.

eigene Verpflichtung und führt die Beförderung entweder ganz oder teilweise selbst aus oder schaltet für einzelne Teilstrecken Unterfrachtführer ein. Die diese umfassende Verpflichtung übernehmenden Transportunternehmer bezeichnet man als Transport-Operator[24]. Daneben werden auch die Begriffe „Combined Transport-Operator“ (CTO)[25] oder „Multimodal Transport-Operator“ (MTO)[26] verwendet.

a) Haftungssystem

Für den Vertrag mit einem Transport-Operator gibt es bisher keine gesetzliche Regelung[27]. Das heißt aber nicht, daß im Verhältnis Versender — Operator reine Vertragsfreiheit in bezug auf das Haftungssystem herrscht. Wenn es auch häufig dem Wunsch von Versendern und Operator entspricht, für die Gesamtstrecke einen einheitlichen Haftungsmaßstab zu vereinbaren, so findet eine solche Vereinbarung ihre Grenzen in den überwiegend zwingenden frachtrechtlichen Bestimmungen für die jeweiligen Teilstrecken.

Um nicht den von den Parteien als Einheit gewollten Vertrag doch wieder in die einzelnen Teilabschnitte zu zersplittern, haben deutsche Obergerichte vereinzelt die sog. „Schwerpunktlehre“ auf kombinierte Transporte angewendet[28]. Nach dieser Lehre gilt für die Gesamtstrecke die Haftungsordnung des überwiegenden Beförderungsabschnitts. Eine nähere Betrachtung dieser Verfahrensweise deckt jedoch gravierende Schwächen auf. So ist zum einen schon nicht klar, unter welchen Voraussetzungen ein Beförderungsabschnitt im Verhältnis zu den anderen „überwiegend“ sein soll, da es hierfür an exakten Kriterien fehlt[29]. Zum anderen besteht die Gefahr, daß der Versender durch die Schwerpunktlehre unangemessen benachteiligt wird. Kommt das Gericht bei einem kombinierten Transport mittels Bahn, Kraftfahrzeug und Schiff zu der Überzeugung, daß die Seestrecke überwiegt, so käme das Seefrachtrecht mit seiner im Vergleich zum Eisenbahn- oder Straßentransportrecht weitaus

---

[24] Weipert, Münchner Vertragshandbuch, Bd. 2, 591 (612). Dieser Begriff wird auch im folgenden verwendet.

[25] Helm, Frachtrecht, § 425 HGB Anm. 19. Daher stammt auch der Begriff CTO-Vertrag oder CT-Vertrag.

[26] Dubischar, § 10 I, S. 157.

[27] Zwar hat am 24.05.1980 eine von der Welthandelskonferenz (UNCTAD) einberufene diplomatische Konferenz in Genf eine UN-Konvention über den internationalen multimodalen Gütertransport (sog. Multimodalkonvention) beschlossen, jedoch ist diese Konvention bis heute noch nicht innerstaatliches Recht in der Bundesrepublik Deutschland geworden. Dies ist davon abhängig, daß die Konvention von mindestens 30 Staaten ratifiziert wird. Ob dies geschehen wird, halten Prüßmann / Rabe, Seehandelsrecht, Anh. § 656 Anm. D 4, für äußerst fraglich.

[28] Eine Übersicht über die Rechtsprechung gibt Helm, Speditionsrecht, §§ 412, 413 Rz. 51. Die zitierten Entscheidungen haben als Grundlage allerdings zumeist die unechten Durchfrachtverträge, bei denen der Erstbeförderer für die Reststrecke nicht Frachtführer, sondern Spediteur ist.

[29] Helm, Speditionsrecht, §§ 412, 413 HGB Rz. 55.

geringeren Haftung selbst in dem Fall zur Anwendung, in dem feststünde, daß der Schaden sich während des Eisenbahn- oder Straßentransports ereignet hat. Aus diesen Gründen heraus hat sich die Anwendung der Schwerpunktlehre auf kombinierte Transporte auch in der Rechtsprechung noch nicht durchsetzen können. In der Literatur ist sie nahezu ausnahmslos auf Widerspruch gestoßen[30].

Läßt man die Schwerpunktlehre wegen ihrer Schwächen unberücksichtigt, ergibt sich hinsichtlich der von den Parteien gewünschten „Einheitshaftung" des Transport-Operators derzeit auch international folgende Rechtslage:

Ist bekannt, auf welcher Teilstrecke der Schaden eingetreten ist, so haftet der Transport-Operator nach der für die Teilstrecke maßgeblichen Haftungsordnung[31]. Insoweit begrenzen die zwingenden Normen für die einzelnen Beförderungsabschnitte eine eventuell vereinbarte Einheitshaftung[32]. Das Recht der Teilstrecke gilt im Verhältnis Versender — Operator[33] aber nicht nur dann, wenn der Operator die Beförderung selbst ausführt, sondern auch bei Einschaltung von Unterfrachtführern[34]. Die in dem Vertrag mit dem Transport-Operator vereinbarte (Einheits-)Haftung greift dagegen lediglich in den Fällen, in denen der Ort des Schadensereignisses nicht festgestellt werden kann[35]. Hierunter fallen etwa 50-80% aller Ladungsschäden beim Containertransport[36].

---

[30] Vgl. Helm, Speditionsrecht, §§ 412, 413 HGB Rz. 52ff. m. w. N.. Den Bedenken der Literatur ist der BGH in einer jüngst veröffentlichten Entscheidung gefolgt. Der BGH (NJW 1988, 640, 642) lehnt darin die Anwendung der „Schwerpunktlehre" — vom BGH als Gesamtbetrachtung bezeichnet — auf kombinierte (multimodale) Transporte ab, da „nach dem Auftrag von einer einheitlichen Beförderung nicht ausgegangen werden kann".

[31] Ganz h. M.: Dubischar, § 10 III, S. 160; Helm, Frachtrecht, § 425 HGB Anm. 19; Koller, VersR 1982, 1 (3); Prüßmann / Rabe, Seehandelsrecht, Anh. § 656 D 1; Weipert, Münchner Vertragshandbuch, Bd. 2, 591 (614). So jetzt auch ausdrücklich BGH, NJW 1988, 640 (642).

[32] Der dahinterstehende Rechtsgedanke liegt darin, dem Versender einen „angemessenen Mindestschutz zu gewährleisten" (Dubischar, § 10 III, S. 160). Dies gilt in erster Linie dann, wenn die vereinbarte Einheitshaftung niedriger ist, als die Haftung nach dem Recht der in Frage stehenden Teilstrecke. Vereinbaren die Parteien dagegen eine Haftung, die über die für die Teilstrecke geltende Haftungsordnung hinausgeht, so ist stets zu prüfen, ob darin nicht eine unzulässige tarifwidrige Vergünstigung liegt (Dubischar, § 10 III, S. 161; Weipert, S. 614; vgl. auch Helm, Frachtrecht, § 22 GüKG Anm. 3). Ist das der Fall (z. B. § 22 II GüKG), dann gilt anstelle der tarifwidrigen Abrede der tarifmäßige Inhalt des Vertrages als vereinbart.

[33] Das Recht der Teilstrecke gilt selbstverständlich auch für die Rechtsbeziehung Transport-Operator — Unterfrachtführer.

[34] Dubischar, § 10 III, S. 160. Nach Koller (VersR 1982, 1, 3) reicht es in diesem Zusammenhang nicht aus, wenn der Operator seine Ansprüche gegen den Unterfrachtführer an den Versender abtritt. Andernfalls bestünde die Gefahr, daß Unterfrachtführer eingeschaltet würden, die dem Versender keine ausreichende Sicherheit bei Regreßansprüchen böten.

[35] Dubischar, § 10 III, S. 163; Weipert, Münchener Vertragshandbuch, Bd. 2, 591 (614) m. w. N.

[36] Koller, VersR 1982, 1; Prüßmann / Rabe, Seehandelsrecht, Anh. § 656 Anm. D 1.

Schwierig wird es, wenn der Schadensort unbekannt ist und eine Vereinbarung über die Haftung des Operators in dem Vertrag fehlt. Hier greift dann die strengste Haftungsordnung aller für den speziellen Transport in Betracht kommenden Teilstrecken ein. Kann der Operator nachweisen, daß auf der Teilstrecke, welche die strengste Haftung bestimmt, der Schaden nicht eingetreten ist, so kommt die nächst minder strenge Haftungsordnung in Betracht[37]. Dieses Haftungssystem mit dem Eingreifen von zwingendem Frachtrecht bei bekanntem Schadensort und vereinbarter Haftung bei unbekanntem Schadensort bezeichnet man als ‚Network-System".

b) Transportdokumente

In der Transportbranche besteht ein Bedürfnis dafür, daß der Transport-Operator ein Dokument ausstellt, aus dem sich der Beförderungsanspruch des Versenders über die gesamte kombinierte Strecke, die Bezeichnung des Guts und ein Auslieferungsanspruch des Versenders oder seiner Rechtnachfolger ergibt[38]. Gesetzlich geregelt ist der Anspruch auf ein solches Dokument lediglich im Seefrachtrecht (Konnossement), allerdings mit der Beschränkung auf reine Seefrachtverträge, so daß Abhol- und Zuführstrecken mit der Bahn oder dem Kfz. nicht erfaßt werden können.

Spezielle, auf die Bedürfnisse des kombinierten Verkehrs zugeschnittene Dokumente sind schließlich in Zusammenarbeit von nationalen und internationalen Verbänden des Transportwesens, Handelskammern und Banken entworfen worden. Am gebräuchlichsten sind derzeit das FIATA Combined Transport Bill of Lading (FBL) und das Combined Transport Document (Combidoc)[39]. Letzteres geht auf Initiative der Internationalen Handelskammer in Paris und internationaler Schiffahrtsorganisationen zurück und erfaßt neben der See-

---

[37] Prüßmann / Rabe, Seehandelsrecht, Anh. § 656 Anm. D 2 b. So jetzt auch ausdrücklich der BGH, NJW 1988, 640 (643), der ausführt, daß „es ein aus den allgemeinen Regeln des Beweisrechts abzuleitendes Gebot ist, den Frachtführer bzw. Spediteur-Frachtführer im multimodalen Verkehr die Folgen der Beweislosigkeit tragen zu lassen und ihn damit der dem Auftraggeber günstigsten Haftungsordnung zu unterstellen, wenn offenbleibt, wo der Schaden eingetreten ist." Zu Recht sieht der BGH in dieser Beweisregel keine unzumutbare Belastung des Frachtführers. Denn im Hinblick darauf, „daß der Frachtführer den Transport des Gutes im Rahmen einer Gesamtbeförderung übernommen hat und der Schaden aus Anlaß einer solchen Beförderung, also im Organisations- und Pflichtenbereich des Frachtführers eingetreten ist, steht dieser näher am Beweis als der Geschädigte" (BGH, ebenda).

[38] Vgl. Weipert, Münchener Vertragshandbuch Bd. 2, S. 591 (623).

[39] Zum Ganzen siehe Dubischar, § 10 III 1, 2, S. 161 ff.; Helm, Frachtrecht, § 425 HGB Anm. 26, 27 und § 444 HGB Anm. 6 ff.; derselbe, FS für Hefermehl 1976, 57 (61 ff.); Weipert, Münchener Vertragshandbuch Bd. 2, S. 591 (623 f.).
Soweit für die europäischen Bahnen oder die DB deren Gesellschaften Intercontainer und Transfracht GmbH tätig werden, erstellen diese eigene Dokumente, nämlich den Intercontainer-Übergabeschein oder den Transfracht-Übergabeschein (vgl. hierzu Helm, Frachtrecht, § 425 HGB Anm. 25).

strecke auch die Anschlußbeförderung auf Eisenbahnstrecken oder Straßen. Das FBL hat seinen Ursprung in den Geschäftsbedingungen des Internationalen Spediteurverbandes FIATA.

FBL und Combidoc erfüllen die an ein Dokument des kombinierten Transports gesetzten Anforderungen. In beiden verpflichtet sich der Spediteur oder der Schiffahrtsunternehmer zu einer Gesamtbeförderung, die entweder von ihm selbst oder von Unterfrachtführern auszuführen ist. Auch orientieren sich beide Dokumente in ihren Haftungsverhältnissen an dem „Network-System". Darüber hinaus kommt den Angaben in FBL und Combidoc eine Vermutung für die Richtigkeit der Güterbescheinigung zu und der aus dem Dokument Berechtigte erhält einen Auslieferungsanspruch gegen den Operator.

IV. Zusammenfassung

Die Beantwortung der Frage, welche Haftungsnormen bei Schäden am Gut und bei Schäden am Container eingreifen, ist abhängig von der Art der Beförderung. Man unterscheidet dabei den einfachen Frachtvertrag, den sukzessiven Durchfrachtverkehr und den kombinierten Verkehr, welcher eine Beförderung mit mindestens zwei verschiedenartigen Transportmitteln voraussetzt und beim Transport von Containern überwiegt.

Der kombinierte Verkehr kommt zum einen in der Form vor, daß der Absender mindestens zwei Beförderungsverträge mit unterschiedlichen Partnern abschließt oder nur mit einem Beförderer kontraktiert, der dann die nachfolgenden Beförderungen quasi in Spediteurfunktion besorgt (sog. gebrochener Verkehr). Besondere Bedeutung für den Container-Transport kommt indes einer Vertragskonstellation zu, bei der der Beförderer (Transport-Operator) den Transport für sämtliche Teilstrecken als eigene Verpflichtung übernimmt und diesen entweder selbst durchführt oder Unterfrachtführer einschaltet (sog. echter Durchfrachtvertrag). Der Transport-Operator haftet nach dem sog. „Network-System". Danach greift bei bekanntem Schadensort die maßgebliche Haftungsordnung der Teilstrecke, auf der der Schaden eingetreten ist. Bei unbekanntem Schadensort dagegen greift regelmäßig die mit dem Absender vereinbarte vertragliche (Einheits-)Haftung. Das Gesetz trägt den Bedürfnissen des kombinierten Verkehrs nur in wenigen Ausnahmefällen Rechnung.

B. Schäden am Transportgut

Schäden am Transportgut lassen sich im Zusammenhang mit der Verwendung von Containern zumeist auf drei Ursachen zurückführen: Mängel der Container, nicht ordnungsgemäße Verstauung des Transportguts im Container und das Abweichen der Stückzahl des Containerinhalts von den Angaben in den Begleitdokumenten.

I. Mangel des Containers

Hierbei denke man in erster Linie an Container, die mit besonderen Einrichtungen versehen sind, wie z. B. Kühl-Container. Versagt das Kühlaggregat während des Transports, droht schnell ein Schaden am gesamten Containerinhalt.

Bei dem Einsatz von Paletten ist die Rechtslage diesbezüglich klar. Werden zum Transport nämlich schadhafte Paletten verwendet und entsteht dadurch ein Schaden an einzelnen Packstücken, so handelt es sich um ein Problem der Verpackung[40]. Beim Einsatz von Containern stellt sich die Rechtslage indes komplizierter dar. Hier ist insbesondere für den Bereich des Containertransports auf der Straße ein Streit darüber ausgebrochen, ob der Container als Verpackung, als Gut oder schlicht als Beförderungsmittel anzusehen ist. Zwar kommt diesem Streit primäre Bedeutung zu bei der Regulierung von Schäden an Containern[41], er ist jedoch auch bei Schäden am Gut durch mangelhafte Container relevant. Qualifiziert man nämlich den Container als Verpackung, so kann sich der Beförderer zu seiner Haftungsentlastung auf „Mängel der Verpackung“ berufen[42].

Zur Problemlösung hilfreich ist es, eine Unterscheidung zu treffen zwischen schadhaften Containern, die mit dem Zugfahrzeug fest verbunden sind, d. h. auf diesem fest montiert sind, und solchen, die auf das Zugfahrzeug nur aufgelegt werden. Montierte Container werden gemeinhin[43] als Bestandteile des Fahrzeugs, mithin als Beförderungsmittel angesehen, da im Vergleich zu einem Sattelauflieger nichts anderes gelten kann. Für einen schadhaften montierten Container haftet der Frachtführer daher wie für Mängel des für die Beförderung verwendeten Fahrzeugs (§ 429 HGB, § 14 AGNB, § 29 KVO, Art. 17 III CMR).

Ebenfalls als Beförderungsmittel sind nach einer Auffassung[44] auch die nicht fest montierten Container einzuordnen, während andere diese als Gut[45], zumindest aber als Verpackung des beförderten Guts[46] eingruppieren wollen. Am ausgewogensten erscheint in diesem Zusammenhang die Ansicht von Helm[47], der danach differenziert, wer nach dem Transportvertrag den Container zu stellen hat. Denn nur eine solche Betrachtungsweise schafft auch die

[40] Siehe oben, 3. Kapitel, 4. Abschnitt, Fn. 2.

[41] Siehe unten, C.

[42] Vgl. oben, 3. Kapitel, 4. Abschnitt, A I.

[43] Helm, Frachtrecht, Art. 17 CMR Anm. 15; o. Verf., Güterhaftung im Containerverkehr wird durchleuchtet, DVZ 1967 Nr. 65 S. 2.

[44] Preyer/Willenberg, BB 1970, 1118 (1120); o. Verf., Beförderungsmittel oder Verpackung?, DVZ 1971 Nr. 61 S. 4.

[45] OLG Düsseldorf, VersR 1976, 1161; Scheer, BB 1969, 117 (118); derselbe, BB 1970, 1120 (1121); ablehnend Willenberg, KVO, § 15 Rz. 32.

[46] OLG Hamburg, MDR 1970, 1016f.; Endrigkeit, VersR 1971, 999f. (für Wechselaufbauten); Heuer, S. 96.

[47] Helm, Frachtrecht, Art. 17 CMR Anm. 15.

Möglichkeit, Schadensursachen der Risikosphäre einer Partei angemessen zuzuordnen. War demnach der Container vom Absender zu stellen, so ist darin ein Verpackungsmittel für das beförderte Gut zu sehen[48]. Dies hat zur Folge, daß sich bei einem schadhaften Container der Beförderer von seiner Haftung für Schäden am Transportgut wegen eines „Mangels der Verpackung" befreien kann[49].

Anders ist die Rechtslage hingegen, wenn der Beförderer den Container gestellt hat. In diesem Fall ist ein Mangel am Container gleichzusetzen mit einem Mangel des befördernden Fahrzeugs[50]. Für Transportgutschäden aufgrund solcher Mängel haftet nach allen frachtvertraglichen Sonderbestimmungen unabhängig vom Verschulden stets der Beförderer[51].

II. Nicht ordnungsgemäße Verstauung des Transportguts im Container

Sieht man den vom Absender gestellten Container richtigerweise als Verpackungsmittel an[52], so sind Transportgutschäden, die sich auf eine nicht ordnungsgemäße Verstauung des Guts im Container zurückführen lassen, als ein Verpackungsmangel zu qualifizieren[53]. Der Beförderer verbleibt somit in diesen Fällen haftungsfrei.

---

48 So auch OLG Hamburg, MDR 1970, 1016f.

49 Vgl. für das Straßentransportrecht: § 15 I c AGNB, § 34 S. 1 c KVO, Art. 17 IV b CMR; für das Eisenbahnrecht: § 83 I b EVO, Art. 27 § 3 b CIM; für das Schiffahrtsrecht: § 608 I Nr. 5 HGB, § 59 Ziff. 2 BinnSchG (allerdings ist das BinnSchG komplett dispositiv gestaltet und wird daher in der Branche von den im Binnenschiffahrtsverkehr vorherrschenden Transportbedingungen verdrängt); für das Luftfrachtrecht: Art. 21 WA, §§ 47 i. V. m. 34 LuftVG.
Die Obliegenheit, das Transportgut beförderungssicher zu verpacken, trifft nach allen Frachtrechtsordnungen den Absender / Versender. Zum Straßentransport- und Eisenbahnrecht (vgl. oben, 3. Kapitel, 4. Abschnitt A I); für das Seerecht (Prüßmann / Rabe, § 608 B 5); für das Binnenschiffahrtsrecht (Vortisch-Zschuke, Binnenschiffahrtsrecht, § 59 Anm. 3 a; für das Luftfrachtrecht vgl. Art. 5 Ziff. 3 der Beförderungsbedingungen für Frachtgut der IATA (International Air Traffic Association), wo es heißt: „Das Frachtgut muß so verpackt sein, daß die sichere Beförderung bei gewöhnlicher Sorgfalt in der Behandlung sichergestellt ist und daß keine Personen, Güter oder Eigentum verletzt oder beschädigt werden". (gleichlautend Art. 5 Ziff. 3 der „Allgemeinen Beförderungsbedingungen für Fracht der Deutschen Lufthansa AG", abgedruckt bei Helm, Frachtrecht, § 452, Anh. VII/4).

50 Zur Begründung führt Helm zu Recht an, daß der Beförderungsvertrag sich in diesem Fall nur auf das Transportgut erstreckt, während in dem Fall, in dem der Absender den Container stellt, der Vertrag Transportgut und Container erfaßt (Helm, Frachtrecht, Art. 17 CMR Anm. 15).

51 Vgl. für das Straßentransportrecht: § 14 AGNB, § 29 KVO, Art. 17 III CMR, § 429 I HGB; für das Eisenbahnrecht: § 82 I EVO, Art. 27 § 1 CIM; für das Schiffahrtsrecht: §§ 606, 559 HGB, § 58 BinnSchG; für das Luftfrachtrecht: Art. 18 WA, § 44 II LuftVG.

52 Siehe oben, I.'

53 So ausdrücklich BGH, VersR 1971, 559; zustimmend Heuer, S. 96f. Ebenso Helm, Frachtrecht, Art. 17 CMR Anm. 15.

Handelt es sich andererseits um einen Beförderer-eigenen Container, liegt dagegen ein Ladefehler vor, bei dem die Haftung davon abhängig zu machen ist, welcher Partei die Ladepflicht oblag[54].

III. Abweichen der Stückzahl des Containerinhalts von den Angaben in den Transportdokumenten

Für den Beförderer ist es nahezu unmöglich, eine stückzahlmäßige Kontrolle des Containerinhalts vorzunehmen. Dies liegt zum einen daran, daß die Absender-eigenen Container dem Beförderer verschlossen, beim grenzüberschreitenden Transport oftmals schon von Zollbehörden verplombt übergeben werden. Und selbst wenn der Container für den Beförderer zugänglich wäre, würde sich angesichts des großen Ladevolumens — die weitverbreiteten 40-ft.-Container haben ein Fassungsvermögen von ca. 60 m^3 — eine exakte Kontrolle wohl kaum durchführen lassen. Aus diesem Umstand folgt, daß immer dann, wenn der Beförderer eine Quittung über die Anzahl der übernommenen Container und darüber hinaus über die Anzahl der in den Containern sich befindlichen Packstücke erstellt, dieser Quittung Beweiskraft stets nur bezüglich der Anzahl der Container, nicht aber auch über den transportierten Inhalt zukommt[55]. Insoweit entspricht die Rechtslage derjenigen beim Einsatz von Paletten im Verkehr auf der Straße und mit der Bahn[56].

---

[54] Helm, Frachtrecht, Art. 17 CMR Anm. 15.
Zur Ladepflicht und zur Haftung bei Ladefehlern im Straßentransport- und Eisenbahnrecht, vgl. oben, 3. Kapitel, 4. Abschnitt A II. Im Seerecht wird dem Verfrachter häufig ein schon vom Absender gestauter Container übergeben. Trifft die Pflicht, den Container zu stauen, hingegen den Verfrachter, so haftet dieser für Schäden nach Maßgabe des § 606 HGB.

[55] So ausdrücklich für den Containertransport auf der Straße im Geltungsbereich der KVO, Willenberg, KVO, § 16 Rz. 52 a. Entsprechendes gilt im Bereich der AGNB, der CMR und beim Containertransport mit der Bahn (vgl. oben, 3. Kapitel, 4. Abschnitt A III). Werden beim kombinierten Transport mit der Bahn die Gesellschaften Transfracht GmbH oder Intercontainer eingeschaltet, so haben die erstellten Transportdokumente, der Transfracht-Übergabeschein und der Intercontainer-Übergabeschein, bezüglich der darin enthaltenen Angaben keine Beweiskraft zu Gunsten des Absenders. Die Beweiswirkung ist ausgeschlossen durch die Geschäftsbedingungen der Gesellschaften. In § 9 II Transfracht GB heißt es bspw.: „Der Versender ist für die Angaben im Beförderungspapier verantwortlich. Er haftet für alle Folgen, die sich aus der Unrichtigkeit, Ungenauigkeit, Unvollständigkeit von Angaben oder einer verspäteten Übergabe des Beförderungspapiers ergeben; das gleiche gilt für die erforderlichen sonstigen Transportdokumente. Transfracht ist nicht verpflichtet, die Richtigkeit der Angaben zu überprüfen.“
Ähnlich ist die Rechtslage beim Transport von Containern mit Flugzeugen. So erbringen nach Art. 11 II S. 2 WA die Angaben des Absenders über Menge, Raumgehalt und Zustand des Guts in dem von ihm erstellten Luftfrachtbrief gegenüber dem Luftfrachtführer nur insoweit Beweis, als dieser die Angaben in Gegenwart des Absenders nachgeprüft hat und dies auf dem Frachtbrief vermerkt ist. Die „Allgemeinen Beförderungsbedingungen für Fracht der Deutschen Lufthansa AG“ (abgedruckt bei Helm, Frachtrecht, Anh. VII/4 nach § 452 HGB) bestimmen in Art. 3 Ziff. 4 eine Haftung des Absenders dem Luftfrachtfüher und Dritten gegenüber für Schäden, die diesen aus der Unrichtigkeit,

Die heute gängigsten Dokumente des kombinierten Transports, Combidoc und FBL, orientieren sich in ihrer Beweiswirkung am seerechtlichen Konnossement. Zu Gunsten des aus dem Dokument Berechtigten wird daher vermutet, daß der Transport-Operator die Güter so übernommen hat, wie sie im Dokument beschrieben sind. Diese Güterbeschreibung geht, soweit Combidoc und FBL nicht nur die Anzahl der Container, sondern auch den gesamten Inhalt erfassen, in erster Linie auf die Angaben des Absenders zurück und ist folglich vom Operator nur schwerlich zu überprüfen. Daß die Beweiswirkung und die damit verbundene Haftung des Operators gegenüber dem aus dem Dokument Berechtigten trotzdem so umfassend sein kann, läßt sich damit erklären, daß dem Operator nach den Vertragsbedingungen ein Regreßanspruch gegen den Absender zusteht, soweit dieser falsche Angaben in dem Transportdokument gemacht hat[57].

IV. Haftungshöchstgrenzen

Beziehen sich die Haftungshöchstgrenzen der einzelnen frachtvertraglichen Sondergesetze auf eine bestimmte Summe je Kilogramm des in Verlust geratenen oder beschädigten Roh- oder Bruttogewichts[58], so berechnet sich der Haftungshöchstbetrag nicht nach dem Roh- oder Bruttogewicht der ganzen Verpakungseinheit, sondern nur nach dem Gewicht der tatsächlich verlorengegangenen oder wirklich beschädigten Gegenstände[59]. Beim Containertransport bemißt sich daher der Haftungshöchstbetrag in diesen Fällen lediglich nach dem Gewicht des konkret beschädigten Containerinhalts und nicht nach dem des gesamten Containers.

Anders dagegen, wenn § 54 a Nr. 1 ADSp den Haftungshöchstbetrag mit 4,45 DM je Kilogramm Bruttogewicht jedes beschädigten oder in Verlust geratenen Kollos — maximal 4450 DM je Schadensfall — berechnet. Übernimmt der Spediteur von seinem Auftraggeber einen schon gepackten Container, so ist dieser als Kollo anzusehen[60]. Bei Schäden an einzelnen im Container transpor-

---

Ungenauigkeit oder Unvollständigkeit der Angaben des Absenders in dem Luftfrachtbief erwachsen.
Beim Containertransport mit Seeschiffen schließlich ist es möglich, in das Konnossement nur die Anzahl der Container oder aber jedes einzelne der darin transportierten Packstücke aufzunehmen (vgl. §§ 643 Nr. 8, 660 II HGB). Im ersten Fall erstreckt sich die Beweisvermutung des § 656 II HGB nur auf die Anzahl der Container, im zweiten Fall auch auf den Containerinhalt. Allerdings kann die Beweisvermutung im zweiten Fall zu Lasten des Verfrachters dadurch ausgeschlossen werden, daß der Verfrachter in das Konnossement den Vermerk „Inhalt unbekannt" einfügt (§§ 645 II Nr. 2, 656 III Nr. 2 HGB). Solche sog. „Unbekannt-Klauseln" kennt auch das Binnenschiffahrtsrecht für den Ladeschein (vgl. §§ 73, 74 BinnSchG).

[56] Vgl. oben, 3. Kapitel, 4. Abschnitt A III.

[57] Helm, Frachtrecht, § 444 HGB Anm. 10.

[58] Vgl. § 35 IV KVO, Art. 23 III CMR, § 85 I EVO, Art. 31 § 1 CIM, Art. 22 WA, § 46 II LuftVG.

[59] Siehe oben, 3. Kapitel, 4. Abschnitt A IV.

tierten Packstücken richtet sich der Haftungshöchstbetrag somit nach dem Gesamtgewicht des Containers. Regelmäßig wird dabei der Maximalbetrag von 4450 DM erreicht werden.

Für das Seerecht war nach § 660 HGB a. F. bis zuletzt zwischen Rechtsprechung und Literatur streitig, ob sich die Haftungsbegrenzung von 1250 DM je „Packung" auf den Container als Ganzes bezog oder aber auf die darin verpackt transportierten Güter, die konkret zu Schaden gekommen waren. Durch die Neuregelung des § 660 HGB im Rahmen des Zweiten Seerechtsänderungsgesetzes[61] hat sich dieses Problem mittlerweile erledigt. § 660 II HGB lautet jetzt nämlich: „Wird ein Behälter, eine Palette oder ein ähnliches Gerät verwendet, um die Güter für die Beförderung zusammenzufassen, so gilt jedes Stück und jede Einheit, welche in dem Konnossement als in einem solchen Gerät enthalten angegeben sind, als Stück oder Einheit im Sinne des Absatzes 1. Soweit das Konnossement solche Angaben nicht enthält, gilt das Gerät als Stück oder Einheit." Ebenfalls geregelt wurde durch das Zweite Seerechtsänderungsgesetz die Frage, ob die Haftungsbeschränkungen, insbesondere die nach § 660 HGB, auch für Ansprüche aus unerlaubter Handlung zur Anwendung gelangen. Dies bestimmt § 607 a I HGB jetzt ausdrücklich für „jeden Anspruch gegen den Verfrachter auf Ersatz des Schadens wegen Verlusts oder Beschädigung von Gütern, die Gegenstand eines Frachtvertrages sind, auf welchem Rechtsgrund der Anspruch auch beruht"[62].

C. Schäden an Containern

Bei Palettenschäden (Beschädigungen oder Verlust) hat sich gezeigt, daß die Palette nach einhelliger Auffassung als Packmittel zum Beförderungsgut gerechnet wird. Dies hat zur Folge, daß Schäden an Paletten wie Schäden am Transportgut behandelt werden[63].

Uneinheitlich wird dagegen die Frage bei Schäden an Containern — relevant bei den Absender-eigenen Containern — beurteilt. Während die wohl heute h. M. den Container als Gut[64], zumindest aber als Verpackungsmittel[65] einordnet, ist darin nach einer anderen Auffassung lediglich ein Beförderungs-

[60] So ausdrücklich Helm, Speditionsrecht, § 54 ADSp Rz. 18 (zur Begründung vgl. auch oben, 3. Kapitel, 4. Abschnitt A IV). Dies soll nur dann nicht gelten, wenn der Spediteur den Container ungepackt übernimmt. Ausschlaggebend sei in diesem Fall das Gewicht des konkret beschädigten Packstücks, was sich für den Ersatzberechtigten haftungsmindernd auswirke.

[61] BGBl I, 1986, S. 1120.

[62] Entsprechende Bestimmungen finden sich in Art. 28 CMR, Art. 51 CIM und Art. 24 WA, nicht aber dagegen für die Geltungsbereiche der KVO und EVO. Für letztere ist daher anzunehmen, daß die Haftungsbeschränkungen der § 35 IV KVO und § 85 I EVO keine Geltung für außervertragliche, insbesondere deliktische Ansprüche erlangen (vgl. oben, 3. Kapitel, 2. Abschnitt B III Fn. 34 und Dubischar, § 2 VIII 1, S. 60).

[63] Siehe oben, 3. Kapitel, 4. Abschnitt B.

[64] OLG Düsseldorf, VersR 1976, 1161; Scheer, BB 1969, 117 (118); derselbe, BB 1970, 1120 (1121); wohl auch Helm, Frachtrecht, § 429 HGB Anm. 7.

[65] OLG Hamburg, MDR 1970, 1916f.; Endrigkeit, VersR 1971, 999f.; Heuer, S. 96.

mittel[66] zu sehen. Die unterschiedlichen Auffassungen wirken sich bei Containerschäden insofern aus, als nach der h. M. die Gefährdungshaftungstatbestände[67] der frachtvertraglichen Sonderregeln eingreifen, die eine Haftung des Beförderers ohne Verschulden vorsehen. Hingegen kommt nach der Ansicht von Preyer / Willenberg nur eine verschuldensabhängige Haftung des Beförderers aus pVV[68] oder Delikt in Betracht.

Für die h. M. sprechen in diesem Zusammenhang die besseren Argumente. Die Auffassung von Preyer / Willenberg geht in ihrer überwiegend formalen Begründung — herangezogen werden die Bestimmungen des Reichskraftwagentarifs (RKT) — insofern fehl, als sie die wirtschaftliche Zweckbestimmung des Containers dabei außer acht läßt[69]. Der Transport des Containers ist nicht lediglich eine „zwangsläufige Nebenleistung"[70], sondern der Absender will diesen in der Regel am Bestimmungsort zur Neuladung verwenden und hat daher ein Interesse daran, daß der Container ebenso wie das darin enthaltene Gut unter die frachtvertragliche Haftung des Beförderers fällt. Dies gilt umso mehr, wenn man bedenkt, welchen Vermögenswert der Absender dem Beförderer mit dem Container — Wert je nach Ausführung zwischen 8.000 - 40.000 DM — anvertraut[71]. Den Beförderer für Schäden am Container wie für Schäden am Gut haften zu lassen, ist auch letztlich nicht unangemessen. Zwar erhält er für das Leergewicht des Containers keine Fracht[72]. Dafür fallen aber auch keine Wartezeiten für Be- und Entladen an und, als weiterer Vorteil für den Beförderer, der Container hält das Risiko eines Transportgutschadens durch seine stabile Konstruktion gering[73]. Der Container ist folglich als Gut oder Verpackungsmittel[74] anzusehen mit der Folge, daß der Beförderer für Schäden am Container nach den Gefährdungshaftungstatbeständen der frachtvertraglichen Sonderregeln einzustehen hat.

---

[66] Preyer / Willenberg, BB 1970, 1118 (1120); o. Verf., Beförderungsmittel oder Verpackung?, DVZ 1971 Nr. 61 S. 4. Auch nach den Entscheidungen des OLG Hamburg (Fn. 65) und des OLG Düsseldorf (Fn. 64) immer noch zweifelnd Willenberg, KVO, § 15 Rz. 32.

[67] Man spricht insoweit auch von der frachtrechtlichen Obhutshaftung, vgl. § 14 AGNB, § 29 KVO, Art. 17 CMR, § 82 I EVO, Art. 27 § 1 CIM, §§ 559, 606 HGB. Anders dagegen bei § 58 BinnSchG, Art. 18, 20 WA und §§ 44 II, 45 LuftVG. Hier handelt es sich nicht um Gefährdungshaftungstatbestände, sondern um eine Haftung für vermutetes Verschulden mit der Möglichkeit für den Beförderer, den Entlastungsbeweis zu führen.

[68] So o. Verf., Beförderungsmittel oder Verpackung?, DVZ 1971 Nr. 61 S. 4.

[69] So ausdrücklich Heuer, S. 96.

[70] Preyer / Willenberg, BB 1970, 1118 (1119).

[71] Vgl. Helm, Frachtrecht, § 429 HGB Anm. 7.

[72] Dies sieht der Tarif nicht vor und wäre daher gem. § 22 II GüKG unzulässig.

[73] OLG Hamburg, MDR 1970, 1016 (1017).

[74] Eine Entscheidung darüber, ob der Container „Gut" oder „Verpackungsmittel" ist, kann hier dahinstehen, da der Beförderer jedenfalls für Schäden an beiden nach den frachtvertraglichen Sonderregeln haftet. Bedeutung kommt einer Unterscheidung allerdings bei der Haftung für Transportgutschäden zu, da der Beförderer sich dabei wegen eines Mangels der Verpackung von seiner Haftung befreien kann (siehe oben, B I).

4. Abschnitt

Container und Kreditsicherung

Der hohe Wert der Container drängt die Frage auf, ob und auf welche Weise sie für die jeweiligen Eigentümer als Kreditsicherungsmittel in Betracht kommen können[1]. Aus dem Gesichtspunkt des deutschen Rechts heraus betrachtet, bietet sich dabei als dingliches Sicherungsmittel allein und — weil als besitzloses Sicherungsrecht ausgestaltet — scheinbar ideal das Institut der Sicherungsübereignung an. Bei näherer Betrachtung zeigt sich indes, daß dieses Sicherungsrecht mit der Zweckbestimmung der Container, nämlich weltweit mit ständig wechselnden Standorten im Einsatz zu sein, nicht harmoniert.

Da sind zunächst praktische Schwierigkeiten, die der Sicherungsübereignung entgegenstehen. Die Sicherungsgeber — zumeist Leasinggesellschaften, die die Container an Spediteure und Reedereien weitervermieten — könnten den Sicherungsnehmern im Verwertungsfalle sehr häufig schon nicht einmal den genauen Standort der Container angeben. Und selbst wenn dies der Fall wäre, müßte der Sicherungsnehmer vorab die Unternehmerpfandrechte der Beförderer ablösen. Zudem liefe er Gefahr, den Rücktransport ohne Ladung und damit auf seine Kosten durchführen zu lassen, was den Verwertungserlös beträchtlich schmälern würde[2].

Es ergeben sich aber auch Probleme rechtlicher Art, denn das Institut der Sicherungsübereignung ist bei weitem nicht jeder Rechtsordnung, mit der die Container auf dem Transport in Berührung kommen, geläufig[3]. Dieser Umstand ist insofern bedeutsam, als sachenrechtliche Tatbestände[4] nach dem gewohnheitsrechtlich anerkannten IPR-Grundsatz des „lex rei sitae" sich nach dem Recht des Staates bestimmen, in dem sich die Sachen (auch bewegliche Sachen) zur Zeit des rechtsändernden Aktes befinden[5]. Dies kann dazu führen,

---

[1] Zum Wert von Containern siehe oben, 2. Abschnitt, Fn. 4. Zu den Eigentumsverhältnissen siehe oben, 2. Abschnitt A.

[2] Siehe hierzu Nauck, Kreditsicherung durch Container?, transpR 1986, 139 (142).

[3] Vgl. hierzu Drobnig, Mobiliarsicherheiten im internationalen Wirtschaftsverkehr, RabelsZ 38 (1974), 468 (471 ff.), der eine Übersicht über die Verbreitung der Sicherungsübereignung und die Beschränkung besitzloser Sicherungsrechte in anderen Staaten gibt.

[4] Hierzu gehören neben den gesetzlichen Pfandrechten und hoheitlich dinglichen Verfügungen insbesondere rechtsgeschäftliche Verfügungen (eingehend Palandt-*Heldrich*, Anh. II zu Art. 38 EGBGB Anm. 3).

[5] BGHZ 39, 173 (174), 45, 95 (96); Kegel, Internationales Privatrecht, § 19 III, S. 488; Lau, Container als Kreditsicherheit?, WM 1986, 561.

daß deutsches Sicherungseigentum an einem Container erlischt, wenn dieser ein Land durchreist, dem dieses Sicherungsinstitut fremd ist[6].

Diese Gefahr bestünde allerdings dann nicht, wenn sich Container als „res in transitu" (Sachen im Übergang / Sachen, die sich im Transport befinden) einordnen ließen. Denn bei den „res in transitu" bleibt das Recht des Durchgangslandes in bezug auf rechtsgeschäftliche Verfügungen unberücksichtigt[7], so daß deutsches Sicherungseigentum stets auch in solchen Rechtordnungen erhalten bliebe, die ein besitzloses Pfandrecht nicht kennen. Zwar sind Container als Transportmittel streng genommen keine „res in transitu"[8]. Die Literatur stellt jedoch gewerbliche Transportmittel diesen insofern gleich, als nur hoheitliche Verfügungen und gesetzliche Pfandrechte der „lex rei sitae", rechtsgeschäftliche Verfügungen dagegen grundsätzlich dem Recht des Ortes unterfallen sollen, von dem aus sie eingesetzt werden[9]. Dieser Ort ist für Container ihr Heimatort[10] oder genauer gesagt der Ort der gewerblichen Niederlassung des Containereigentümers. Das Manko liegt nun darin, daß sich, von außen betrachtet, der Heimatort eines Containers nicht zweifelsfrei bestimmen läßt, was aber aus Gründen des Verkehrsschutzes erforderlich wäre. Der BIC-Code[11] gibt zwar unter anderem den Eigentümer oder Dauernutzer an, nicht jedoch ausdrücklich den Heimatort. Und letzterer wird auch nicht automatisch durch den Eigentümer oder Dauernutzer indiziert. Es kommt nämlich vor, daß mehrere Eigentümer / Dauernutzer aus verschiedenen Ländern sich zu einer Organisation zusammenschließen und ihre Container dann einheitlich bezeichnen[12]. Die Einordnung der Container als „res in transitu" kann somit nicht zwangsläufig dem Recht des Heimatortes in bezug auf rechtsgeschäftliche Verfügungen zur Geltung verhelfen.

In der Literatur wird noch eine weitere Möglichkeit aufgezeigt, wie man bei Auslandsberührung zur Anwendung deutschen Rechts und damit zur Aufrechterhaltung von Sicherungseigentum an Containern gelangen kann. Nach dem Grundgedanken des IPR „muß die Rechtsordnung maßgeblich sein, zu der die Sache, die Container, erkennbar den relativ engsten und relativ dauerhaftesten Bezug haben"[13]. Dies ist bei Containern wiederum die Rechtsordnung des Heimatortes. Hier zeigt sich aber das gleiche Problem wie schon vorab bei der

---

[6] Vgl. OGH (Salzburg), ZIP 1984, 1330ff. = IPRax 1985, 165.

[7] Vgl. nur Palandt-*Heldrich*, Anh. II zu Art. 38 EGBGB Anm. 4 d.

[8] Lau (WM 1986, 561) begründet dies überzeugend damit, daß Container „stets auf der Durchreise" sind und nicht — wie für „res in transitu" typisch — auf Dauer im Bestimmungsland verbleiben.

[9] Kegel, Internationales Privatrecht, § 19 V, S. 491 f.; Palandt-*Heldrich*, Anh. II zu Art. 38 EGBGB Anm. 4 d m. w. N.. Zu diesen gewerblichen Transportmitteln zählen auch die im 3. Kapitel behandelten Mehrweg-Paletten.

[10] So Nauck, transpR 1986, 139 (141).

[11] Siehe dazu oben, 2. Abschnitt A.

[12] Lau, WM 1986, 561 (562); Nauck, transpR 1986, 139 (141).

[13] Lau, ebenda; ebenso Nauck, ebenda.

Einordnung der Container als „res in transitu“: der Heimatort läßt sich durch den BIC-Code nicht zweifelsfrei bestimmen.

Es bleibt daher festzuhalten, daß wegen der fehlenden Angabe des Heimatortes am Container das Heimatrecht im Hinblick auf rechtsgeschäftliche Verfügungen weder nach der Lehre der „res in transitu“ noch nach dem Grundgedanken des IPR sicher Anwendung finden kann. Die Gefahr, daß das Sicherungseigentum dem Sicherungsnehmer verloren geht, läßt sich folglich nicht ausschließen. Damit erweist sich die Sicherungsübereignung von Containern zur Kreditsicherung als wenig geeignet und wird daher auch in der Branche kaum gehandhabt[14].

Zur Kreditsicherung geeignet sind dagegen Forderungen, die dem Containereigentümer aus der Vermietung der Container erwachsen, oder die Leasing-Forderungen des Leasinggebers gegen den Leasingnehmer[15]. Die Kreditgeber — zumeist Banken — lassen sich diese Forderungen von ihren Schuldnern abtreten. Die Kreditnehmer versichern die Container zudem gegen die Gefahr, daß die Container beim Mieter oder Leasingnehmer untergehen, und treten diese Versicherungsansprüche an den Kreditgeber ab, so daß dieser lediglich das Risiko der Zahlungsunfähigkeit des Mieters oder Leasingnehmers trägt[16].

---

[14] Lau, ebenda; Nauck, transpR 1986, 139 (142). Gleiches gilt für die Sicherungsübereignung von Paletten, da diese ebensowenig wie Container den Heimatort erkennen lassen. Erschwerend tritt noch hinzu, daß Paletten keine individuellen Merkmale tragen und daher im Verwertungsfalle nicht einmal aus einem Palettenlager ausgesondert werden könnten.

[15] Bei Paletten hingegen entfällt regelmäßig auch diese Sicherungsmöglichkeit, da sie nur in seltenen Fällen vermietet werden und der Mietzins zudem gering ist. Aus diesem Grunde kommen Paletten zur Kreditsicherung grundsätzlich nicht in Betracht (Nauck, transpR 986, 139, 142).

[16] Nauck, ebenda, mit dem Hinweis darauf, daß manche Banken dieses Restrisiko noch dadurch absichern, daß sie sich die Container sicherungsübereignen lassen.

Literaturverzeichnis

Alff: Fracht-, Lager- und Speditionsrecht, Kommentar zu den §§ 407-460 HGB und weiteren fracht- und speditionsrechtlichen Bestimmungen (GüKG, KVO, ADSp u. a.), 1986.

Alternativkommentar: Kommentar zum Bürgerlichen Gesetzbuch (Reihe Alternativkommentare), 1. Auflage, 1979ff. (zitiert: Alternativkommentar-Bearbeiter).

Bandasch: Gemeinschaftskommentar zum Handelsgesetzbuch, 3. Auflage, 1980.

Baumbach / Duden / Hopt: Handelsgesetzbuch mit Nebengesetzen, 27. Auflage, 1987.

Baumbach / Hefermehl: Warenzeichenrecht und Internationales Wettbewerbs- und Zeichenrecht, 12. Auflage, 1985.

Baumbach / Hefermehl: Wettbewerbsrecht: Gesetz gegen den unlauteren Wettbewerb, Zugabeverordnung, Rabattgesetz und Nebengesetze, 15. Auflage, 1988.

Baumbach / Lauterbach / Albers / Hartmann: Zivilprozeßordnung, 45. Auflage, 1987 (zitiert: B/L/A/H).

Baur: Das Eigentum an den Brunneneinheits-Flaschen, Der Mineralbrunnen 1981, 264-270.

— Lehrbuch des Sachenrechts, 14. Auflage, 1987.

— Anm. zu OLG Köln, Urt. v. 30. 09. 1980 — 21 U 6/80 = ZIP 1980, 1098, ZIP 1980, 1101-1102.

Becker: Rechtsfragen um Verpackungsmaterial, BB 1948, 585.

Belke: Die Schadenspauschalierung in Allgemeinen Geschäftsbedingungen (I), DB 1969, 559-565.

Beuthien: Pauschalierter Schadenersatz und Vertragsstrafe, Festschrift für Karl Larenz, 1973, 495-516.

Brox: Allgemeines Schuldrecht, 15. Auflage, 1987.

— Besonderes Schuldrecht, 14. Auflage, 1988.

— Handelsrecht und Wertpapierrecht, 6. Auflage, 1987.

Capelle: Haftungsfragen des internationalen kombinierten Güterverkehrs, Festschrift für Wilhelm Felgentraeger, 1969, 261-275.

Carl: Anm. zu OLG Düsseldorf, Urt. v. 12. 10. 1948 — 4 U 610/47 = BB 1948, 524, BB 1948, 525.

— Anm. zu OLG Düsseldorf, Urt. v. 10. 03. 1949 — 1 U 322/48 = BB 1949, 237, BB 1949, 237-238.

Decker: Die Verwendung von Paletten kompliziert die Haftung, DVZ 1986, 38-41.

Demuth: Zur Verzinsung von Barkautionen im Wohnraummietverhältnis, ZMR 1976, 195-197.

Drobnig: Mobiliarsicherheiten im internationalen Wirschaftsverkehr, RabelsZ 38, 1974, 468-489.

Dubischar: Grundriß des gesamten Gütertransportrechts, 1987.

Düringer-Hachenburg: Das Handelsgesetzbuch, 3. Auflage, 1930-1935.

Dürkes: Rechtsfragen um Verpackungsmaterial, BB 1948, 68-73.

— Gegenstellungnahme zu Witz. Nochmals Rechtsfragen um Verpackungsmaterial = BB 1948, 196, BB 1948, 197-198.

— Die Überlassung von Verpackungsmitteln als Darlehn, BB 1956, 25-27.

— Wertsicherungsklauseln: Möglichkeiten einer Wertsicherung auf der Grundlage der Genehmigungsrichtlinien der Deutschen Bundesbank zu § 3 Satz 2 WährG und der Rechtsprechung insbesondere des Bundesgerichtshofes — mit Beispielen, 9. Auflage, 1982.

Eggert: Anm. zu OLG Nürnberg, Urt. v. 22. 02. 1973 — 2 U 98/72 = NJW 1973, 1974, NJW 1974, 241-242.

Einsatz und Kontrolle von Tauschpaletten, Gutachten der Unternehmensberatung Spedition und Lagerei GmbH, 1982.

Emmerich: Miete, Handkommentar, 3. Auflage, 1986.

Endrigkeit: Zur Unternehmerhaftung für fremde Wechselaufbauten im Güterfernverkehr, VersR 1971, 999-1000.

Enneccerus-Nipperdey: Lehrbuch des Bürgerlichen Rechts begründet von Enneccerus, Kipp und Wolff, Erster Band, Allgemeiner Teil des Bürgerlichen Rechts, 15. Auflage, 1960.

Erman: Handkommentar zum Bürgerlichen Gesetzbuch, 7. Auflage 1981 (zitiert: Erman-Bearbeiter).

Esser / Schmidt: Schuldrecht, Band I, Allgemeiner Teil, 6. Auflage, 1984.

Eyl: Kaufrechtliche Aspekte des Palettenverkehrs, transpR 1984, 237-245.

Fink / Rottke: Zur Frage der Zulässigkeit der „Wiederbeschaffungspreisklausel" bei nicht zurückgegebenem Brunneneinheits-Leergut, Der Mineralbrunnen 1985, 249-252.

Flume: Zur Problematik des verlängerten Eigentumsvorbehalts, NJW 1959, 913-927.

Freise: Multimodaler Verkehr unter Beteiligung der Eisenbahn, transpR 1986, 317-325.

Freund / Barthelmess: Die Verzinsung der Mietkaution, NJW 1979, 2021-2026.

Glöckner: Leitfaden zur CMR: Übereinkommen über den Beförderungsvertrag im internationalen Straßengüterverkehr, 6. Auflage, 1985.

Goltermann-Konow: Eisenbahnverkehrsordnung, Loseblatt-Kommentar, 3. Auflage, 1959ff.

Graßhoff: Anm. zu RG, Urt. v. 06. 10. 1928 — 16 U 5748/28 = JW 1929, 330, JW 1929, 330-331.

Haake: Die Gefahrtragung für zufälligen Verlust oder zufällige Beschädigung beim Einsatz von Mehrweg-Paletten, BB 1982, 1389-1392.

Hagen: Welche Verjährungsfrist läuft für den Anspruch des Kaufmannes auf Rückgabe der Emballage?, LZ 1907, Sp. 735-737.

Helm: Frachtrecht, Güterbeförderung auf der Straße, 1979.

— Speditionsrecht, 2. Auflage, 1986.

— Das Dokument des kombinierten Transports — Ein neues Wertpapier —, Festschrift für Wolfgang Hefermehl, 1976, 57-73.

Heuer: Die Haftung des Frachtführers nach dem Übereinkommen über den Beförderungsvertrag im internationalen Straßengüterverkehr (CMR), 1975.

Hilger: Miteigentum der Vorbehaltslieferanten gleichartiger Ware. Zugleich ein Beitrag zur Theorie der Rechtsgemeinschaft (Göttinger rechtswissenschaftliche Studien. 126.), Dissertation, 1983.

Jaeger: Konkursordnung und Einführungsgesetz, 9. Auflage, 1977ff. (zitiert: Jaeger-Bearbeiter).

Jauernig: Bürgerliches Gesetzbuch, 4. Auflage, 1987 (zitiert: Jauernig-Bearbeiter).

Kegel: Internationales Privatrecht. Ein Studienbuch, 6. Auflage, 1987.

Köhler: Wem stehen die Nutzungen aus einer Mietkaution zu?, ZMR 1971, 3-6.

Koller: Die Bedeutung des § 662 HGB für den multimodalen Transport, VersR 1982, 1-8.

Kollhosser / Bork: Rechtsfragen bei der Verwendung von Mehrwegverpackungen, BB 1987, 909-916.

Krekels: Anm. zu OLG Stuttgart, Nebensitz Karlsruhe, Urt. v. 21. 01. 1948 — Rev. 189/47 = NJW 1949, 68, NJW 1949, 68-69.

Krenkel: Der Euro-Paletten-Pool — eine Bilanz über zwei Jahrzehnte. Die Bundesbahn 1978, 445-450.

Krüger: Umlaufgeschwindigkeit und Umlaufhäufigkeit von Bierflaschen, Brauwelt, 1980, 552-555.

Lange: Schadensersatz (Handbuch des Schuldrechts, Bd. 1), 1979.

Larenz: Lehrbuch des Schuldrechts, Erster Band, Allgemeiner Teil, 13. Auflage, 1982, Zweiter Band, Besonderer Teil, 1. Halbband, 13. Auflage, 1986.

Lau: Container als Kreditsicherheit?, WM 1986, 561-562.

Leiss: Anm. zu BGH, Urt. v. 03. 06. 1958 — VIII ZR 326/56 = JZ 1959, 24, JZ 1959, 24.

Lindacher: Phänomenologie der Vertragsstrafe. Vertragsstrafe, Schadensersatzpauschalierung und schlichter Schadensbeweisvertrag, 1972.

Löwe / Graf von Westphalen / Trinkner: Kommentar zum Gesetz zur Regelung des Rechts der Allgemeinen Geschäftsbedingungen, 1. Auflage, 1977, 2. Auflage, 1982/86.

Martinek: Das Flaschenpfand als Rechtsproblem, JuS 1987, 514-522.

Mayer-Wegelin: Die Verjährung des Anspruchs auf Rückgabe von Emballagen, LZ 1929, Sp. 1450-1454.

Medicus: Bürgerliches Recht, 13. Auflage, 1987.

Mentzel/Kuhn/Uhlenbruck: Konkursordnung, 10. Auflage, 1986.

Meyer: Das irreguläre Pfandrecht, Dissertation, 1931.

Motive zu dem Entwurfe eines Bürgerlichen Gesetzbuches für das Deutsche Reich, Band I, Allgemeiner Teil, 1888 (zitiert: Mot. I), Band II, Recht der Schuldverhältnisse, 1888 (zitiert: Mot. II).

Münchener Kommentar zum Bürgerlichen Gesetzbuch, 1. Auflage, 1977/83, 2. Auflage ab 1984, (zitiert: Müko-Bearbeiter).

Münchener Vertragshandbuch: Band 2, Handels- und Wirtschaftsrecht, 2. Auflage, 1987.

Muth/Lehmann: Kraftverkehrsordnung für den Güterfernverkehr mit Kraftfahrzeugen (KVO), 4. Auflage, 1984.

Nauck: Kreditsicherung durch Container und Paletten?, transpR 1986, 139-142.

Nichterlein: Die Baarkaution nach gemeinem Rechte und dem Rechte des bürgerlichen Gesetzbuches, Dissertation, 1901.

Oertmann: Das Flaschenpfand, LZ 1918, Sp. 479-485.

o. Verf.: Güterhaftung im Containerverkehr wird durchleuchtet, DVZ 1967, Nr. 65.

— Beförderungsmittel oder Verpackung, DVZ 1971, Nr. 61.

— Paletten „ungezählt übernommen", DVZ 1973, Nr. 76.

— Streit um Stückzahl auf Paletten, DVZ 1977, Nr. 104.

Palandt: Bürgerliches Gesetzbuch, 47. Auflage, 1988 (zitiert: Palandt-Bearbeiter).

Planck: Kommentar zum BGB nebst Einführungsgesetz, 5. Auflage, 1933-38.

Preyer/Willenberg: KVO-Haftung bei Beschädigungen und Verlusten von Containern?, BB 1970, 1118-1120.

Prüßmann/Rabe: Seehandelsrecht: 4. Buch des Handelsgesetzbuches, 2. Auflage, 1983.

Raape: Die Verfallklausel bei Pfand und Sicherungsübereignung, 1913.

Rau/Dürrwächter/Flick/Geist: Kommentar zum Umsatzsteuergesetz, 5. Auflage, 1987.

Reinicke/Tiedtke: Die Bedeutung von Pool-Vereinbarungen in Konkursverfahren, WM 1979, 186-194.

RGRK: Das Bürgerliche Gesetzbuch mit besonderer Berücksichtigung der Rechtsprechung des Reichsgerichts und des Bundesgerichtshofes, Kommentar, 12. Auflage, 1974ff, (zitiert: RGRK-Bearbeiter).

Rödding: Die Barkaution im Miet- und Pachtrecht, BB 1968, 934-937.

Roesch: Fehlbestände am Inhalt einzelner Kolli, TD 1976, Nr. 22, 19-20.

— Höchstentschädigungen im Speditions- und Frachtrecht, VersR 1978, 300-304.

Salch: Die umsatzsteuerrechtliche Behandlung des Flaschenpfandes nach Einführung der Mehrwertsteuer, UStR 1968, 314-315.

Schäfer/Schäfer: Eigentums- und schadensersatzrechtliche Probleme des Pfandleergutes, ZIP 1983, 656-663.

Scheer: Zur Vertragshaftung für Schäden an fremden Containern im innerdeutschen Güterverkehr mit Lastkraftwagen, BB 1969, 117-119.

Schlegelberger: Handelsgesetzbuch, Kommentar von Geßler, Hefermehl, Hildebrandt, Schröder, 5. Auflage, 1973ff. (zitiert: Schlegelberger-Bearbeiter).

Schlosser / Coester-Waltjen / Graba: Kommentar zum Gesetz zur Regelung des Rechts der Allgemeinen Geschäftsbedingungen, 1977.

Schmidt: Handelsrecht, 3. Auflage, 1987.

Soergel: Bürgerliches Gesetzbuch mit Einführungsgesetz und Nebengesetzen, 11. Auflage, 1978ff, (zitiert: Soergel-Bearbeiter).

Sölch / Ringleb / List: Umsatzsteuer, 4. Auflage, Loseblattsammlung, Stand 1988.

Staub: Handelsgesetzbuch, Großkommentar, begründet von Staub, 4. Auflage, 1983ff. (zitiert: Staub-Bearbeiter).

Staudinger: Kommentar zum Bürgerlichen Gesetzbuch, 12. Auflage, 1978ff. (zitiert: Std.-Bearbeiter).

Stürner: Aktuelle Probleme des Konkursrechts, ZZP 1981 (94), 263-310.

Trinkner: Wiederbeschaffungspreis-Klauseln in Allgemeinen Geschäftsbedingungen, BB 1984, 1455-1457.

Ulmer / Brandner / Hensen: AGB-Gesetz: Kommentar zum Gesetz zur Regelung des Rechts der Allgemeinen Geschäftsbedingungen, 5. Auflage, 1987.

Vortisch / Zschuke: Binnenschiffahrts- und Flößereirecht, Kommentar, 3. Auflage, 1964.

Westermann: Lehrbuch des Sachenrechts, 6. Auflage, 1969.

Willenberg: Kraftverkehrsordnung (KVO) für den Güterfernverkehr mit Kraftfahrzeugen (Beförderungsbedingungen), Kommentar, 3. Auflage, 1980.

— Rechtsfragen des Palettenverkehrs auf der Straße, transpR 1985, 161-170.

Witz: Nochmals Rechtsfragen um Verpackungsmaterial, BB 1948, 196-197.

Wolf: In welcher Zeit verjährt der Anspruch des Kaufmanns auf Rückgabe geringwertiger Emballagen?, JZ 1905, Sp. 1159-1160.

Wolf / Horn / Lindacher: Gesetz zur Regelung des Rechts der Allgemeinen Geschäftsbedingungen, 1984.

Wolff-Raiser: Lehrbuch des Bürgerlichen Rechts begründet von Enneccerus, Kipp und Wolff, Dritter Band, Sachenrecht, 10. Auflage, 1957.

Zöller: Zivilprozeßordnung mit Gerichtsverfassungsgesetz und Nebengesetzen, Kommentar, 15. Auflage, 1987 (zitiert: Zöller-Bearbeiter).

Kolibri 360 GmbH
Ferdinand-Jühlke-Straße 7
99095 Erfurt, Deutschland
produktsicherheit@kolibri360.de

Druck:
CPI Druckdienstleistungen GmbH
im Auftrag der
Kolibri 360 GmbH
Ferdinand-Jühlke-Str. 7
99095 Erfurt